Detlef Gürtler

Der Minus-Milliardär

Detlef Gürtler

Der Minus-Milliardär

Wie Thomas Haffa EM.TV
erst zur heißesten Aktie
und dann zur heißesten Luft
am Neuen Markt machte

LARDON

Originalausgabe

Gesamtgestaltung: Holger Lindner, Berlin
Titelfoto: dpa
Herstellung: Ebner Ulm
ISBN 3-89769-034-9

Inhalt

Es ist soviel Geld da,
das nicht weiß wohin.

–

Thomas Haffa, Mai 1998

Meinem Team Telekom

Vorwort

„Geht nicht, gibt's nicht", hätte sein erstes Buch heißen sollen. Es hätte im November 2000 auf den Markt kommen sollen, für 44,90 Mark. Es hätte dann aber, im November 2000, schon keiner mehr die Erfolgsrezepte eines Mannes lesen wollen, der gerade bewies, dass er im Herunterprügeln des Aktienkurses des eigenen Unternehmens genauso viel Erfolg haben würde wie zuvor beim Heraufjubeln.

Inzwischen ist Thomas Haffa aus seinem eigenen Unternehmen ausgeschieden: Wenige Tage vor der Hauptversammlung am 1. August 2001, bei der Strahlemann Haffa die blanke Wut der Aktionäre entgegengeschlagen wäre, verkaufte er den größten Teil der ihm noch verbliebenen Aktien, trat mit sofortiger Wirkung vom Vorstandsvorsitz zurück und verschwand. Den Tag der Hauptversammlung verbrachte er bereits auf seiner Yacht vor der französischen Küste.

Thomas Haffa war – ja, was war er eigentlich? Ein gescheiterter Visionär? Ein Unternehmer, der sich übernommen hat? Ein Strohmann, der für Leo Kirch die Anlegermilliarden einsammelte? Ein abgefeimter Abzocker? Nein, alles zu viel der Ehre. Er war schlicht und einfach – ein Verkäufer. Ein Verkäufer, der für ein gutes Geschäft sogar seine besten Freunde übers Ohr haute, der immer wieder verbrannte Erde hinterließ. Und der dann seine große, definitive Aufgabe fand: sich selbst zu verkaufen. Dass er dabei wieder einmal verbrannte Erde hinterließ, braucht ihn jetzt nicht mehr zu kümmern.

Thomas Haffa verkaufte sich als Prototyp. Keiner stand so wie er für den Traum vom schnellen, großen Geld. Keiner verkörperte so wie er einen neuen Unternehmertypus, der sich zum Spaß am Geld verdienen genauso bekennt wie zur Freude am Geld ausgeben. Keiner demonstrierte so wie er das Heranbrechen eines neuen Wirtschafts-Zeitalters, in dem nicht reale Produkte, sondern immaterielle Werte zählen: Lizenzen und Vermarktungsrechte. Keiner war so wie er das leibhaftige Gegenbeispiel zum ewigen Gejammere der deutschen Wirtschaft, zum Herunterreden des Standorts Deutschland. Mit der richtigen Idee, dem richtigen Chef und, nicht zuletzt, der richtigen Story, um die Aktionäre zu überzeugen, war es möglich, innerhalb weniger Jahre einen veritablen Weltkonzern aufzubauen, und den übermächtigen US-Konzernen die Stirn zu bieten.

Aus der Automobilindustrie weiß man: Prototypen sind gut, um auf Messen das Publikum zu begeistern und den Fachblättern schöne Bilder zu liefern. Sie sind auch gut, um die eigenen Leute einmal ausprobieren zu lassen, was technisch und gestalterisch möglich sein kann. Sie würden aber nur selten den Praxistest bestehen, sind zum Teil nicht einmal fahrtüchtig, und in die Serienproduktion darf man sie auf keinen Fall schicken. In den 40er Jahren versuchte Preston Thomas Tucker in den USA, ein solches Auto zu bauen, den Tucker Torpedo, seiner Zeit um Jahrzehnte voraus. Ganze 51 Wagen waren fertig, als ihm 1948 die US-Börsenaufsicht SEC den Laden dichtmachte. Und in den 70ern brach in Deutschland der Ro 80, auch so ein futuristischer Wagen, der Autofirma NSU das Genick.

Doch viele der Innovationen in Technik und Design, die Tucker und NSU in ihre Autos gepackt hatten, wurden in den folgenden Jahren von den großen Automobilkonzernen übernommen. Und einiges von dem, was Thomas Haffa zu sein vorgab, wird in den kommenden Jahrzehnten die deutsche Wirtschaft prägen – allerdings nichts von dem, was Haffa tatsächlich war.

Dieses Buch zeichnet die Geschichte Thomas Haffas nach. Noch ist die Erinnerung frisch, noch sind die Wunden nicht verheilt, noch sieht es so aus, als hätten Aufstieg und Fall von EM.TV einfach nur Flurschaden angerichtet. In weiten Teilen des Buches wird es auch um genau diesen Schaden gehen: um die Methoden, mit denen eine Aktie gegen jede Vernunft nach oben gepustet wurde, um die Katastrophen, die entstehen, wenn sich ein kleiner Familienbetrieb in nur drei Jahren zum Weltkonzern emporschwingen will, um Größenwahn, Gier und Bilanztrickserei. Es wird darum gehen, wer eigentlich von der EM.TV-Story profitiert hat, und wo das Geld der Anleger geblieben ist. Und hin und wieder wird unter der verbrannten Erde, die Thomas Haffa hinterlassen hat, ein Samenkorn auftauchen, das neue Früchte tragen könnte.

Als ich mit der Recherche für dieses Buch begann, hielt ich die Schuldfrage für geklärt: Die Haffas selbst waren natürlich verantwortlich für die Milliardenverluste der Kleinaktionäre. Jetzt, am vorläufigen Ende der Recherche, tue ich mich schwer, den Haffas auch nur eine Mitschuld anzulasten. Sie haben ein Spielchen, das einmal gut ging, immer weiter und weiter getrieben – und schließlich übertrieben. Dass es so lange gut ging, dass keiner vorher die Luft aus EM.TV herausließ, haben nicht sie zu verantworten, sondern andere.

Zu meinem Leidwesen musste ich bei der Recherche auch noch feststellen, dass ich selbst einer von denen bin, die das zu verantworten haben. Von Januar 2000 ab arbeitete ich als Ressortleiter der Anlegerzeitschrift „Die Telebörse“. Das ganze Frühjahr über trug ich den Gedanken mit mir herum, zwei oder drei meiner Leute darauf anzusetzen, sich das Unternehmen EM.TV einfach mal ein bisschen genauer anzuschauen. Heute weiß ich: Sie hätten den Laden innerhalb von zwei Wochen auseinander genommen. Aber immer wieder kam etwas Dringenderes, Aktuelleres dazwischen – Bankenfusionen, Rover-Debakel, UMTS-Auktionen, der Immobilienskandal bei der Deutschen Telekom. So blieb es bei dem Gedanken.

Und, noch ärgerlicher: Ich hätte nicht einmal meine Leute auf EM.TV ansetzen müssen. Im März 2000 bereits hatten wir, wie ich heute weiß, die Haffas schon am Haken. Wir hatten ein Detail des Formel-1-Deals aufgestöbert, das EM.TV sorgsam verschwiegen hatte, und das dem Unternehmen am Jahresende das Kreuz brechen würde. Wir haben es auch gedruckt – aber wir haben schlicht nicht begriffen, was wir da in der Hand hatten. Dass es auch die anderen nicht begriffen haben, ist nur ein schwacher Trost.

Hamburg, im September 2001

1
Der Verkäufer

Der Zufall begünstigt nur den vorbereiteten Geist.
Louis Pasteur

Im Leben der meisten bedeutenden Menschen gibt es einen Moment der Erleuchtung, der ihrem Leben die Bahn weist. Paulus wurde zum Apostel des Christentums, weil Jesus ihm auf der Landstraße erschien, Martin Luther hatte sein „Turmerlebnis", das ihm die Erkenntnis brachte, dass die Gerechtigkeit des Menschen nicht seine eigene Leistung ist, sondern die Gnade Gottes. Bei Archimedes war es ein Wannenbad, das ihn die Gesetze der Wasserverdrängung entdecken ließ, und dem Chemiker August Kekulé offenbarte sich durch einen Traum die Ringstruktur des Benzols.

Thomas Haffa wurde von den Muppets erleuchtet.

Es war im Jahr 1975, der 22-jährige Haffa verkaufte im dritten Jahr für IBM Schreibmaschinen, als ihm und den anderen Jungs aus der Außendienstlertruppe ein zweieinhalbminütiges Motivationsvideo vorgespielt wurde: „The Final Speech." Eine Muppet-Figur, von Jim Henson selbst gesprochen, hält darin eine große, bewegende, sehr amerikanische Rede an die Nation, steigert sich selbst immer mehr in die eigenen Worte hinein, um am Schluss mit überschnappender Stimme auszurufen: „Verkauft eure Mutterschaft. Verkauft Amerika. Verkauft Apfelkuchen. Was immer ihr auch tut. Verkauft. Verkauft. Verkauft!" Thomas Haffa war tief beeindruckt: „Das war so gut gemacht, dass ich das bis heute nicht vergessen habe", sagte er ein Vierteljahrhundert später gegenüber der Süddeutschen Zeitung: „Zum einen war's saukomisch, weil es wunderbar gespielt war. Zum anderen stand es für Wahrheit: Natürlich geht es im Geschäft letztlich *nur* ums Verkaufen."

Je nach eigenen Standpunkt mag man das für eine absonderliche oder auch banale Erkenntnis halten. Für Haffa war es weit mehr als das: Es war endlich die Antwort auf die Fragen, die die meisten Menschen in seinem Alter umtreiben: Wofür bin ich eigentlich auf der Welt? Welchen Sinn hat das, was ich mache? Bin ich auf dem richtigen Weg? Das Muppet-Video gab ihm die Antworten: Du, Thomas Haffa, bist als Verkäufer geboren. Wenn du verkaufst, tust du etwas, was jedem Geschäft erst den Sinn gibt. Und wenn du auf deinem Weg weiter gehst, wirst du in der Lage sein, in der Tat jedem Geschäft einen Sinn zu geben. Und damit deinem Leben.

Besonders attraktiv an dieser Erkenntnis muss für den jungen Haffa gewesen sein, dass sie ihm nicht nur einen Weg für sein weiteres Leben aufzeigte. Sie ermöglichte ihm außerdem, auch seinen bisherigen 22 Lebensjahren einen Sinn zu geben. Rein von der Papierform her hatte er nämlich sehr gute Gründe, um daran zu zweifeln: Schulabbrecher, Lehrling bei einem Autohändler, Klinkenputzer für Schreibmaschinen, das klang nicht nach einer rasend aufregenden Karriere. Thomas Haffa war aus der Enge Pfaffenhofens, aus den Fesseln der Familie ausgebrochen, ohne so recht zu wissen, wohin ihn das führen würde. Jetzt konnte er sich sicher sein, dass er damals die richtige Entscheidung getroffen hatte.

In Pfaffenhofen gab es damals nicht viele, die das ähnlich gesehen hätten. Sicher, er hatte schon als Schüler ein Händchen für Geschäfte jeder Art. „Er wollte immer schon Geld verdienen", erinnert sich seine Mutter Susanne. Thomas Haffa betrieb einen lukrativen Handel mit gebrauchten Fahrrädern, er war der beste Anzeigenverkäufer, den die Schülerzeitung des Pfaffenhofener Gymnasiums jemals hatte, er fiel auf. In seinen eigenen Worten: „Ich organisierte die beste Schülerzeitung, die besten Partys und die besten Schulreisen. Ich war der Superstar." Noch viele Jahre später war Thomas Haffa stolz darauf, „250 Schüler nach England gebracht" zu haben. Allen war klar, aus dem Jungen würde was werden.

Was sich allerdings schlagartig änderte, als er sich 1970 entschloss, kurz vor dem Abitur die Schule zu verlassen. Er nahm seine Mutter mit zum Direktor und verabschiedete sich von ihm und der Schullaufbahn mit dem festen Vorsatz, „Manager zu werden". Die Mutter „fiel vor Scham fast unter den Tisch", die Eltern seiner damaligen Freundin erteilten ihm Hausverbot, weil, so Haffa, „Nichtakademiker dort nicht verkehren durften". Auch seine damaligen Freunde hatten für diese Entscheidung kein Verständnis. „Für die war ich ein Abbrecher", resümierte Thomas Haffa auf dem Höhepunkt seines Ruhms. „Es blieb mir gar nichts anderes übrig, als mich zu beweisen. Und zu zeigen, dass ich auch ohne den klassischen Weg zum Erfolg komme."

Seinen Mitschülern wollte er das zeigen – seinem Vater musste er es zeigen. Denn der sah nur, was sein Sohn durch den Schulabbruch verlor, und nicht, was er dadurch vielleicht gewinnen konnte. Walter Haffa war im Krieg bei der Luftwaffe, wurde bei seinem ersten Einsatz über England abgeschossen und verbrachte sieben Jahre in einem Kriegsgefangenenlager in Kanada. Bald nach seiner Rückkehr nach Deutschland kam Thomas als erstes Kind zur Welt. Walter Haffas berufliche Laufbahn war so unspektakulär, wie man sie sich nur vorstellen kann: Den größten Teil seines Berufslebens verbrachte er als Bundeshauptgeschäftsführer des Landmaschinenhandels – ein Büro in Pfaffenhofen, eins in Bonn. „Alles eben sehr bodenständig", meinte Walters jüngerer Sohn Florian, der allerdings ebenso komplett unbodenständig wie sein Bruder Thomas geraten ist. Stabilität, Sicherheit und eine gute Ausbildung waren wichtige Werte für Walter Haffa – Jura sollte sein ältester Sohn studieren, eine ordentliche Karriere machen. Dass sein Thomas sich für einen völlig anderen Lebensentwurf entschied, trübte das Verhältnis zwischen den beiden stark. „Für unseren Vater war Geld nie das Wichtigste", sagt die jüngste Schwester Petra Birnbaum; da war der Sohn doch aus ganz anderem Holz geschnitzt.

Petra Birnbaum sieht im gespannten Verhältnis ihres Bruders zu seinem 1987 verstorbenen Vater sogar die wichtigste Antriebsfeder Thomas Haffas. Für die ersten Jahre nach dem Schulabbruch mag das zutreffen, für seine gesamte Laufbahn sicherlich nicht. Walter Haffa war keine so übermächtige Vaterfigur, dass sich dieser Sohn sein Leben lang daran hätte abarbeiten müssen. Zudem hatte Thomas ja schon in Pfaffenhofen damit beginnen können, ein Leben nach seinem eigenen Geschmack zu führen – mit tatkräftiger Unterstützung seiner Mutter. Für Susanne Haffa gab es nichts, was ihr Ältester hätte verkehrt machen können. Das Erleuchtungs-Erlebnis von 1975 kam da gerade zur richtigen Zeit, um die schon schwächer gewordenen Schatten der Vergangenheit endgültig zu vertreiben: Es bewies, dass Thomas Haffa das, was er tat, nicht tat, um noch irgendjemand etwas beweisen zu müssen, sondern weil es für ihn selbst das Richtige war.

1970 aber war der Konflikt mit dem Vater noch eine schwere Hypothek für den 18-Jährigen – vor allem in Pfaffenhofen. Hier würde Thomas als der missratene Sohn des alten Haffa gelten, der eine sichere Karriere aus einer Laune heraus weggeworfen hatte. Hier würde ihm keiner eine Chance geben zu zeigen, was tatsächlich in ihm steckte. Hier konnte er nicht bleiben. Wenn es für einen wie ihn einen Weg zum Erfolg gab, dann nicht in der Provinz, sondern in der Metropole. Schon kurz nach dem Schulabbruch verließ Thomas Haffa deshalb das heimatliche Pfaffenhofen und ging nach München.

Aber auch dort wurde es für den Schulabbrecher schwer, den richtigen Einstieg zu finden. Eine Banklehre wollte er machen – keine Chance. Bei Mercedes bewarb er sich – abgelehnt. Schließlich gab ihm der Münchner BMW-Repräsentant Schorsch Maier eine Lehrstelle – 120 Mark waren Haffas erstes Monatsgehalt. Zu wenig zum Leben, zu viel zum Sterben. „Ich habe nachts Zeitungen ausgefahren, kam morgens um vier nach Hause, damit ich mir den Sprit für meinen Fiat 500 leisten konnte", erinnert sich Thomas Haffa im Manager Magazin an diese Zeit.

Nach der Lehre bei BMW heuerte er 1972 als Außendienstler bei IBM Deutschland an. Das war zwar eine völlig andere Branche, es waren völlig andere Produkte, es waren völlig andere Kunden, aber es war die gleiche Aufgabe: Verkaufen. Und es war der gleiche Antrieb: Geld. „Geld hat mich schon im Alter von 15 Jahren glücklich gemacht", sagte er im März 2000 der Süddeutschen Zeitung, „und ich fand es schon mit 25 Jahren toll, ein schickes Auto zu haben. Daran hat sich nichts geändert." Damals war er gerade 20 geworden, und die beste Möglichkeit für einen mittellosen 20-Jährigen, möglichst schnell an möglichst viel Geld zu kommen, war eben – Verkaufen. Welche Produkte er da verkaufte, war ihm egal, solange sie viel Geld einbrachten. Und „The Final Speech" erklärte ihm bald darauf, dass ihm das auch tatsächlich egal sein durfte. Es hätte auch Apfelkuchen sein können – aber nun waren es eben Schreibmaschinen.

Fast von Beginn an war Thomas Haffa einer der Star-Verkäufer der deutschen IBM. Mit 27 Jahren wurde er zum Vertriebsleiter befördert, so früh wie keiner vor ihm. Jetzt war er Manager geworden, also das, was er sich prophezeit hatte, als er seinem Schuldirektor die Brocken hinwarf – aber inzwischen war ihm klar geworden, dass darin nicht seine Zukunft liegen würde. Als Vertriebsleiter musste er vor allem dafür sorgen, dass die ihm unterstellten Verkäufer ordentliche Umsätze machten, also nicht selber verkaufen, sondern andere zum Verkaufen motivieren. Das war nicht sein Ding, sollte es auch nie werden. Er wollte selber verkaufen, er wollte selber der Star sein, er hätte es nicht fertig gebracht, anderen dabei zu helfen, zum Star zu werden. Später sollte sich das als eine der großen Schwächen des Unternehmers Thomas Haffa herausstellen, aber erst einmal verbaute ihm das die ursprünglich angepeilte Manager-Karriere: Thomas Haffa war als Vertriebsleiter fehl am Platz.

Und vor allem in der Schreibmaschinen-Abteilung von IBM. Denn 1979 zeichnete sich bereits ab, dass die Schreibmaschine kein wirklich zukunftsträchtiges Produkt mehr war. 1977 hatten Steve Jobs und Steve Wozniak drüben in Kalifornien den PC erfunden und mit ihrem „Apple" einen wahren Boom ausgelöst. IBM aber, der dicke Computer-Marktführer, hatte den Einstieg ins PC-Geschäft schlicht verschlafen. Computer: Das waren für IBM große Kisten, die irgendwo im Rechenzentrum einer Firma ihre Arbeit taten. Auf die Schreibtische gehörten Schreibmaschinen, und damit basta. Aber die Kunden begannen das anders zu sehen, und IBM brauchte reichlich lange, um das zu bemerken. Erst 1982, fünf Jahre nach der Herausforderung durch Apple, stieg IBM in das PC-Geschäft ein. In dieser Zeit vor die alten Kunden zu treten, ohne ihnen die richtigen neuen Produkte anbieten zu können, das nagte am Selbstbewusstsein und an den Provisionen der Verkäufer. Und dass irgend etwas an seinem Selbstbewusstsein nagte, brauchte Thomas Haffa so dringend wie ein Löwe ein Nagelbrett.

Also würde er einen neuen Arbeitgeber brauchen.

Theoretisch hätte in dieser Situation die neue Herausforderung wohl auch Apfelkuchen heißen können. Dass es dann das Mediengeschäft wurde, lag einfach daran, dass Thomas Haffa just in dieser veränderungswilligen Stimmung mit Leo Kirch bekannt gemacht wurde. Kirch war damals, vor der Erfindung des Privatfernsehens, ein zwar durchaus erfolgreicher, aber noch weitgehend unbekannter Filmhändler. Er hatte ein vergleichsweise kleines Unternehmen, aber ein großes Filmarchiv und damit große Pläne: Die öffentlich-rechtliche Fernsehlandschaft würde früher oder später einem Fernsehmarkt nach amerikanischem Vorbild weichen, neue Technologien würden neue Vermarktungsmöglichkeiten für Filme schaffen, und er würde sie nutzen. Dafür brauchte Leo Kirch Leute wie Thomas Haffa. Und Thomas Haffa brauchte jemand wie Leo Kirch.

„Du gehörst zu mir“, soll Kirch ihm gleich beim ersten Treffen gesagt haben – und Haffa schlug ein. Bei IBM wäre er dazu verdammt geblieben, ein bestenfalls mittelgroßes Zahnrad im globalen Konzerngetriebe zu sein, und schon dafür hätte er, statt verkaufen zu können, Manager sein müssen. Kirch bot die Aussicht auf weitgehend selbstständiges Arbeiten, die Erschließung gänzlich neuer Märkte und den direkten Kontakt zum obersten Boss des Unternehmens.

Und die Erschließung eines gänzlich neuen Marktes war denn auch gleich Thomas Haffas erste Aufgabe bei Kirch. Dieser neue Markt hieß Videokassetten. Videorecorder waren damals in Deutschland ähnlich weit verbreitet wie PCs, also praktisch gar nicht, in ihnen steckte aber ein ähnlich großes Marktpotenzial. Und wie beim PC würde nicht die Qualität der Geräte, sondern die Verfügbarkeit geeigneter Software über den Markterfolg entscheiden. Bei den Computern ging es da um Textverarbeitung, Dateiverwaltung und Ballerspiele, bei den Videorecordern um Spielfilme. Dass sich am Ende von den damals drei konkurrierenden Videosystemen mit VHS das technisch anspruchsloseste durchsetzte, lag vor allem daran, dass es für dieses System das größte Angebot an Spielfilmen gab.

Für Kirchs Video-Mann Thomas Haffa und seinen neuen Geschäftsbereich „CIC Taurus Video“ war das eine gute Startposition: Die Hersteller brauchten ein großes Spielfilmangebot, um ihren Geräten zum Durchbruch zu verhelfen, und Kirch hatte die Filme dafür. Wenn es jetzt noch gelänge, die Filme auch zu den Leuten zu bringen, stünde dem allseitigen Erfolg nichts mehr im Wege.

Der fehlende Baustein für diesen Erfolg war, den passenden Vertriebskanal zu finden, und Haffa hatte die richtige Idee dafür: Convenience, Bequemlichkeit. Die Kunden sollten nicht bis ins Stadtzentrum fahren müssen, um sich ein Video zu kaufen, sie sollten es an der nächsten Straßenecke bekommen können. Zuerst versuchte Haffa, diese Idee mit den bereits bestehenden Convenience-Läden umzusetzen – den Tankstellen-Shops. Aber mit diesem Ansatz kam er nicht weit. Die Tankstellen boten lediglich Platz, um ein paar Top-Seller dort zu platzieren, und damit war es mit der Convenience für den Kunden Essig: Wenn er an der nächsten Tanke nur das kaufen kann, was gerade da ist, aber nicht den Film, den er gerne haben möchte, hält sich seine Begeisterung in engen Grenzen.

Mit dem zweiten Versuch allerdings hatte Haffa mehr Erfolg. Diesmal setzte er auf das Videotheken-Konzept: eigene Geschäfte für Videos, kundennah platziert, mit großer Auswahl. Dass heute an jeder zweiten deutschen Straßenecke Videos gekauft und ausgeliehen werden können, ist nach Business Week in weiten Teilen Haffas Verdienst.

1983 kam Haffas zweite große Aufgabe bei Kirch – und die sollte sein Leben verändern. Es war wieder eine ganz neue Branche, ein neuer Markt mit ganz anderen Kunden, und er war wie geschaffen für Thomas Haffa: Merchandising.

Merchandising, also die Vermarktung von Figuren, Serien und Marken des Film-Geschäfts jenseits des klassischen Filmhandels, war ein Geschäftsfeld, das zu Kirch nicht so recht passte. Leo Kirch wurde erfolgreich als Großhändler: Er verkaufte Filme und Serien in großen Paketen, die zwar eine ordentliche Anzahl begehrter Spitzenfilme enthielten, daneben aber viel Dutzendware und auch einiges an kaum sendefähigen Restposten. Die besten Produkte waren für ihn vor allem der Köder, um auch den Rest seines Archivs zu verwerten. Für Merchandising braucht man eine andere Einstellung zu seiner Ware. Hier zählen nur die Spitzenprodukte, denn nur diese lassen sich erfolgreich in anderen Produktkategorien vermarkten, und hier geht es darum, mit den besten Produkten so viel Umsatz wie möglich zu generieren. Dafür braucht man keinen Händler wie Leo Kirch, sondern einen Verkäufer wie Thomas Haffa.

Kein Wunder also, dass die Kirch-Tochterfirma „Merchandising München“ gerade mal zwei Mitarbeiter hatte, als Haffa die Geschäftsführung übernahm. Und ebenfalls kein Wunder, dass sich daraus in den folgenden sechs Jahren das erfolgreichste Merchandising-Unternehmen in ganz Europa entwickelte. Mit dem geringen Bestand an Kirch-eigenen Vermarktungsrechten gab sich Haffa von Beginn an nicht zufrieden. Er akquirierte große Hollywood-Studios wie Paramount, Warner Brothers, 20th Century Fox und Universal als Lizenzgeber, und auch die Jim Henson Company, deren Gründer er so viel verdankte, und der ihn noch immer begeisterte: „Ich habe Jim Henson, als ich für Leo Kirch arbeitete, immer wieder besucht, war bei den Dreharbeiten der Muppet-Show dabei, war absolut addicted.“ Dass diese Faszination ihn eines Tages teuer zu stehen kommen würde, konnte Thomas Haffa damals noch nicht ahnen.

Das Geschäft lief so gut, dass sich Haffa schon bald die Frage stellte, ob er nicht besser das Kirch-Reich verlassen und seinen eigenen Laden aufmachen sollte. „Das war ein vier Jahre dauernder Prozess“, sagte Haffa über die Abnabelung von seinem großen Vorbild. Das klingt nicht ganz so wie die später so gern verbreitete Geschichte von dem geborenen Unternehmer, der die erste Gelegenheit nutzte, um seine eigene Firma auf- und groß zu machen. Hätte ein geborener Unternehmer wirklich als Angestellter seinem Arbeitgeber das Merchandising-Geschäft so groß gemacht, nur um hinterher mit dem eigenen Laden von ganz unten anzufangen?

Nein, Haffa war kein geborener Unternehmer, er war ein geborener Verkäufer. Er hatte nach vielen Umwegen jetzt endlich die Ware entdeckt, die zu seinen Fähigkeiten am besten passte: Er musste nichts selbst aufbauen, sondern von anderen Aufgebautes bestmöglich verkaufen. Er musste sich nicht mit den Verlierern abgeben, er konnte dazu beitragen, die Sieger noch größer zu machen. Er gehörte, obwohl nur ordinärer Verkäufer, in die Welt von Glitzer und Glamour.

Aber er passte damit nicht mehr zu Leo Kirch. Kirch machte nur Film, ein Merchandiser macht vor allem Nicht-Film. Kirch machte Masse, ein Merchandiser braucht Klasse. Und Kirch hatte keinerlei Verständnis für die schillernde Welt der Marken – doch die Marke, das hatte Haffa bei Merchandising München gelernt, die Marke würde im Mediengeschäft eine entscheidende Rolle spielen. Bei Kirch würde der Merchandiser Thomas Haffa auch als noch so leitender Angestellter ein Fremdkörper in einer Großhandelsfirma sein.

1989 war es dann so weit. Als seine Frau Gabriele gerade mit dem ersten Kind schwanger war, verließ Haffa die Kirch-Gruppe und stellte sich auf eigene Beine. Mit einem Zwei-Zimmer-Büro in der Münchner Finkenstraße und einem

Autotelefon startete er am 1. Juli die „EM-Entertainment München Merchandising Film- und Fernsehgesellschaft mbH“.

2
Der Beinahe-Bankrott

Wenn ich nicht besser bin, so bin ich doch wenigstens anders.
Jean-Jaques Rousseau

So sehr Thomas Haffa auch von der Macht der Marken überzeugt war – bei der Wahl des eigenen Firmennamens scherte es ihn nicht, ob der sich als Markenname eignen würde. Ganz im Gegenteil: „EM-Entertainment München Merchandising Film- und Fernsehgesellschaft mbH“ eignete sich nicht im geringsten dafür, selbst vermarktet zu werden. Aber dafür eignete sich die Firma (die hier der Einfachheit halber durchgängig EM.TV heißt, obwohl sie erst 1997 diesen Namen bekam) in der Anfangszeit auch sonst nicht. Denn wo nichts ist, kann nichts vermarktet werden.

Wie damals beim Verlassen der Schule war Thomas Haffa auch jetzt wieder ins kalte Wasser gesprungen, ohne so genau zu wissen, ob er darin überhaupt schwimmen konnte. Er hatte große Pläne, zweifellos – warum sonst hätte er sich gleich vier Geschäftsfelder in den Firmennamen geholt? Film und Fernsehen, Entertainment und Merchandising, und alles ohne jeden Kunden, ohne jeden Auftrag.

„Ich wusste damals nicht einmal, ob das Geld für die Miete reichen würde“, sagte er im Rückblick. Und so richtig viel Unterstützung hatte er auch nicht: „Außer dem Leo und meiner Frau glaubte damals keiner an mich.“ Haffa verfügte zwar über viele wichtige Kontakte aus seiner Merchandising-Zeit bei Kirch, aber die hatte er ja genutzt, um der Kirch-Gruppe Vermarktungslizenzen zu verschaffen. Und wenn ein ehemaliger Geschäftsführer kündigt, um seine eigene Firma aufzumachen, gehen die Kunden nur dann mit fliegenden Fahnen zur neuen Firma über, wenn die Qualität des Geschäfts in der Person des Geschäftsführers wurzelt. Von den Kunden des Kirch-Merchandisers Thomas Haffa waren offensichtlich nur die wenigsten dieser Ansicht.

Große Pläne, kleine Fische

Um den ihm gebührenden Einstieg ins neue Business zu bekommen, brauchte Haffa Aufträge von einem Großen der Branche. Aber alles, was er am Anfang bekam, war ein kleiner Fisch. Besser gesagt, eine kleine Ente namens Alfred Jodokus Kwak. „Warum bin ich so fröhlich, so fröhlich, so ausgesprochen fröhlich, so fröhlich war ich nie", sang das Zeichentricktier mit Hermann van Veens Stimme im Kinderprogramm – aber für Haffa waren die Kwak-Vermarktungsrechte noch kein rechter Grund zur Fröhlichkeit. So begehrt, dass seine Vermarktung die Unkosten der Firma hätte decken können, war der sympathische Verlierer-Typ Kwak denn doch nicht.

Erst Haim Saban gab der jungen Firma eine Perspektive. Der in Los Angeles wohnende Israeli Saban war damals in den USA in etwa das, was Haffa in Deutschland erst noch werden wollte. Er hatte Merchandising-Rechte für bekannte Figuren aus aller Herren Sender, und, wenn auch damals nur in kleinem Umfang, die Verwertungsrechte für Kinderserien. Und Saban, schon eng mit dem Reich von Rupert Murdoch verbunden, hatte noch keinen deutschen Partner. Thomas Haffa ergriff seine Chance.

Noch 1989 kaufte er von Saban Entertainment die deutschen TV- und Merchandisingrechte für die Serie „Teenage Mutant Hero Turtles" und brachte die Kampfschildkröten bei RTL unter. Nach diesem erfolgreichen Einstieg in die Zusammenarbeit machte Saban EM.TV zu seinem wichtigsten Partner für die Vergabe von Merchandising-Lizenzen im deutschsprachigen Raum. So landeten nach und nach die Vermarktungsrechte unter anderem für Alf (1989), Nintendos Super-Mario (1990), die Familie Feuerstein (1990) und die Sesamstraßen-Bewohner (1991) bei der Haffa-Firma.

Mit den Fernsehsendungen von Alf bis Sesamstraße hatte EM.TV damals allerdings noch nichts zu tun. Anders als bei den Turtles von 1989 ging es bei all diesen Verträgen nur um Merchandising – also Plüsch-Alfs, Ernie-Quietschentchen und Krümelmonsterkekse. Und das hieß: Es ging um Kleinvieh: Bei einer Plüschpuppe, die im Laden 25 Mark kostet, bleibt für den Lizenzgeber etwa eine Mark übrig, bei einer Kekspackung für zwei Mark sind es zwischen fünf und zehn Pfennig. Und von diesen Einnahmen müssen wiederum 50 bis 70 Prozent abgezogen werden, die EM.TV an Saban oder andere Lizenzgeber zu zahlen hatte.

Auch Kleinvieh kann Mist machen. Vor allem aber macht es Arbeit. 1991 war EM.TV bereits auf 20 Beschäftigte angewachsen und war aus München heraus in den Medien-Vorort Unterföhring gezogen. Als einer der ersten war schon 1989 Florian Haffa zum Unternehmen seines 13 Jahre älteren Bruders gestoßen. Anders als Thomas hatte er zwar ordentlich sein Abitur gemacht, war dann aber mit dem Studium nicht so recht glücklich geworden. Ein Betriebswirtschafts-Studium brach er ohne Abschluss ab, hängte noch ein paar Semester Jura dran und befand dann, dass es bei seinem Bruder spannender und lukrativer werden dürfte als an der Uni.

Spannung, ja. Aber das mit der Lukrativität ließ auf sich warten. Zwar verzeichnet die Unternehmensgeschichte in den folgenden Jahren beständig neue Kooperationen, Koproduktionen und Merchandisingverträge:

1992 Unterzeichnung des ersten Koproduktionsvertrags für die Zeichentrickserie Blinky Bill Beginn der Vermarktung der World Wrestling Federation

1993 Unterzeichnung des Koproduktionsvertrags für die Zeichentrickrealisierung von Tabaluga Gründung von EM-Sport

1995 Vermarktungsbeginn des Münchner Oktoberfests Vermarktung der TV- und Merchandisingrechte an Sailor Moon

1996 Gründung der Produktionstochter HaffaDiebold (Twipsy, Lapitch), Vermarktung der Eishockey WM in Wien

Aber die Firma kam nicht so recht vom Fleck. Ganz im Gegenteil. 1994 machte EM.TV 11,4 Millionen Mark Umsatz und 480.000 Mark Gewinn, 1995 waren es zwar schon 15,2 Millionen Mark Umsatz, aber nur noch 130.000 Mark Gewinn, und 1996 wies die Firma bei einem auf 16,7 Millionen Mark gesteigerten Umsatz sogar einen Verlust von 916.000 Mark aus. Die Mitarbeiterzahl hatte sich zwar von 1991 bis 1996 mehr als verdoppelt – aber ein defizitäres Unternehmen mit gerade mal 49 Beschäftigten, das wird nicht das gewesen sein, was sich Thomas Haffa im Jahr 7 nach der Unternehmensgründung vorgestellt hatte.

Die Katastrophenbilanz von 1996

Nicht nur, dass die EM.TV-Bilanz von 1996 fette rote Zahlen auswies, die Firma war auch bis über beide Ohren verschuldet. Die gesamten Verbindlichkeiten lagen Ende 1996 bei knapp 23 Millionen Mark, und damit weit höher als der gesamte Jahresumsatz; allein die Bankschulden betrugen 10,4 Millionen Mark. Zwar standen den Verbindlichkeiten in der Bilanz Vermögenswerte von 24,6 Millionen Mark gegenüber, aber angesichts der großen Unsicherheiten, die mit der Bewertung von Filmrechten und Lizenzen verbunden waren, mussten sich die Kreditgeber ernsthafte Sorgen um ihr Geld machen. Die Beschäftigten übrigens auch: In der EM.TV-Kasse war so gut wie nichts mehr drin – die liquiden Mittel von 470.000 Mark reichten noch gut ein Monatsgehalt weit.

Rein von der Papierform her war damit EM.TV Silvester 1996 so gut wie pleite.

Wie konnte das dem großen Verkäufer Thomas Haffa passiert sein, der doch in all seinen Jobs zuvor gute Arbeit geleistet hatte? Was das operative Geschäft von EM.TV angeht, kommen vor allem drei Gründe in Frage:

1.Thomas Haffa war gar kein so guter Verkäufer. Das Magazin „Focus" zitiert in einer ansonsten eher weihräuchernden Story über Thomas Haffa einen seiner Feinde (natürlich anonym), Haffa sei zwar „der brillanteste Verkäufer" der Branche, habe aber immer wieder „verbrannte Erde" hinterlassen. Diese Eigenschaft bekam auch einer der engsten Haffa-Freunde, der Münchner Schönheitschirurg Werner Mang, zu spüren: „Er verkaufte mir mal sein Segelboot und überzeugte mich, ich hätte ein tolles Geschäft gemacht. Hinterher merkte ich, dass das nicht stimmte." Wer schon mit seinen Freunden so umgeht, wird sich Geschäftspartnern gegenüber kaum anders verhalten. Und in einer Branche, in der man immer wieder mit denselben Kunden zu tun hat, muss sich ein solches Geschäftsgebaren früher oder später rächen.

2. Haffa war kein guter Chef. Thomas Haffa, so steckten (wiederum anonyme) Ex-Angestellte „Focus", „sei ein Choleriker, den schon mal eine kaputte Glühbirne im Flur in Rage versetze. Einer, der sein Team so wenig schont wie sich selbst, ein Arbeitstier und Handy-Maniac, der im Urlaub die

Manager morgens um halb acht aus dem Bett klingele." Solche Verhaltensweisen kann man ganz gut wegstecken, wenn man sieht, dass der Chef damit Erfolg hat und man selbst auf der Erfolgsleiter mit nach oben genommen wird. Aber nicht, wenn der Chef, wie Thomas Haffa, ein Kontrollfreak ist, nicht delegieren kann, niemand neben sich groß werden lässt, alle großen Deals selber macht – und keinen Erfolg hat. Das Resultat: eine enorm hohe Personal-Fluktuation. „Hunderte Mitarbeiter" (Focus) habe Haffa in der Zeit bis zum Börsengang verschlissen.

3. **Haffa war kein guter Geschäftsmann.** Solange man nur Merchandising-Lizenzen vermakelt, kann ja nicht viel schief gehen. Wenn jemand Krümelmonsterkekse fabrizieren möchte, muss er EM.TV dafür bezahlen, und Saban als eigentlicher Lizenzgeber kassiert nur dann seinen Anteil, wenn wirklich bezahlt wird. Anders sieht es mit Filmrechten und Eigenproduktionen aus: Hier muss erst einmal echtes Geld investiert werden, bevor man die Ware weiterverkaufen kann. Und da hatte sich Haffa zu weit vorgewagt. Der Verlust im Jahr 1996 resultierte jedenfalls aus außerplanmäßigen Abschreibungen von 1,1 Millionen Mark auf die Rechte an einer TV-Serie, die offenbar unverkäuflich war. Solche Flops passieren in diesem Gewerbe immer wieder einmal. Aber wenn ein einziger Flop die Existenz einer sieben Jahre alten Firma gefährden kann, müssen die Erträge des Unternehmens bis dahin viel zu niedrig gewesen sein – oder sie wurden aus der Firma abgezogen, anstatt ein Polster für solche Krisen zu bilden.

Alle drei Gründe haben sicherlich dazu beigetragen, dass das Unternehmen EM.TV im Laufe des Jahres 1996 gefährlich in Schieflage geraten war. Für den jämmerlichen Zustand der 1996er Bilanz ist aber ein ganz anderer Grund verantwortlich: Die Zahlen wurden bewusst so schlecht wie möglich gemacht, um im Jahr 1997 mit großartigen Umsatz- und Ergebnissprüngen beeindrucken zu können. Denn Ende

1996 war den Beteiligten schon klar, woher 1997 das Geld kommen sollte, um EM.TV zu retten: von den Aktionären. Vom Neuen Markt.

Mir Haffas eigenen Worten in The Economist liest sich die Geschichte, wie die Idee zum Börsengang aufkam, so: „Als ich gerade angefangen hatte, redeten amerikanische Freunde von mir über die Möglichkeit, an die Börse zu gehen – ich habe überhaupt nicht verstanden, was die damit meinten. 1996 haben mir ein paar Jungs von der WestLB den Neuen Markt vorgeschlagen. Ich, typischer Deutscher, sagte erst einmal ‚Ich will, dass mir alles gehört' und ‚Mehr als ein Schnitzel am Tag kann man nicht essen'." Doch von diesen Zweifeln konnte er sich schnell frei machen: „Das dauerte vielleicht zwei Tage." Angesichts der prekären Situation, in der sich Haffa damals befand, dürfte seine tatsächliche Bedenkzeit höchstens zwei Sekunden betragen haben. Denn zuvor war bereits sein Versuch gescheitert, die Hälfte seines Unternehmens an den Gütersloher Mediengiganten Bertelsmann zu verkaufen. 50 Prozent von EM.TV für 20 Millionen Mark, soll sein Angebot gelautet haben – doch die Bertelsmänner hatten abgewunken.

Hätte Bertelsmann damals schon begriffen, was aus dem Neuen Markt werden konnte, der Konzern hätte es sich wohl anders überlegt. Aber bei einer Firma in der Größenordnung, die EM.TV 1996 hatte – einige Handvoll Mitarbeiter, anderthalb Dutzend Umsatzmillionen, Profit Fehlanzeige –, konnte im damaligen Deutschland niemand davon ausgehen, dass sie auf absehbare Zeit auch nur in die Nähe der Börse kommen könnte. Für kleine, aber wachstumsträchtige Unternehmen gab es hierzulande einfach keine Möglichkeit, an der Börse Kapital zu beschaffen. Das sollte sich erst 1997 mit dem Start des Neuen Marktes ändern.

Vermutlich wäre 1997 für die trudelnde Haffa-Firma zu spät gewesen. Und offensichtlich besaß sogar ein Thomas Haffa damals nicht die Chuzpe, sein Unternehmen als einen geeigneten Börsenkandidaten auszugeben. Drei Jahre später versuchte so ziemlich jeder Unternehmer, der mit seinem Geld nicht auskam, eine Story zu stricken, die einen Börsengang rechtfertigen würde, 1996 aber lag das für Kleinfirmen wie EM.TV in weiter Ferne.

Aber nicht für die großen deutschen Banken. Diese waren als Anteilseigner der Deutschen Börse in die Vorbereitungen für das neue Börsensegment eingebunden, wussten also in etwa, welche Sorte von Unternehmen dafür gebraucht werden könnte. Und um beim Start des Neuen Marktes nicht mit leeren Händen dazustehen, machten die meisten sich schon früh im Jahr 1996 auf die Suche nach Firmen, die als viel versprechende Wachstumsunternehmen verkauft und an die Börse gebracht werden konnten. Und die WestLB wurde in Unterföhring fündig. Zwar war die Merchandisingfirma nicht direkt das, was man sich gemeinhin unter einem High-Tech-Unternehmen vorstellte, aber die Medienbranche konnte durchaus als attraktive Wachstumsbranche durchgehen, der sich durch den technischen Fortschritt noch zusätzliche Wachstumspotenziale eröffneten.

Ein gravierendes Problem war in diesem speziellen Fall allerdings noch zu lösen: EM.TV würde, um die Zeit bis zum Börsengang zu überbrücken, noch fünf Millionen Mark Kredit brauchen. Die WestLB hatte zu diesem Zeitpunkt offenbar noch Skrupel, dieses Geld gegen eine ordentliche Beteiligung am Unternehmen vorzustrecken Später, als die Goldgräberstimmung am Neuen Markt die Sitten verlottern ließ, wurde ein solches Verfahren geradezu üblich. Bei einem Bettelzug durch Deutschlands Bankenlandschaft holten sich die Haffas eine Absage nach der anderen. Bis, ja, bis Bernhard Seidel, Sparkassendirektor in Pfaffenhofen, den Kredit genehmigte. Die offizielle Mär berichtet, dass Seidel, der schon 1968 dem Haffa Thomas sein Moped finanziert hätte, den großen Worten des großen Haffa vertraut habe. Andere Quellen wollen wissen, dass zwei Großbauern aus der Region dem Sparkassendirektor gut zugeredet hatten, weil sie darauf spekulierten, beim Börsengang mit einem dicken Aktienpaket zum Freundschaftspreis bedacht zu werden. Es mag sich auch ganz anders zugetragen haben, aber das Ergebnis war eindeutig: EM.TV bekam den Kredit, der Weg zum Börsengang war frei.

Jetzt musste das Unternehmen nur noch für den Gang an den Neuen Markt fein gemacht werden. Und das hieß erst einmal: Abschminken!

Das deutsche Bilanzrecht kennt und erlaubt viele Möglichkeiten, um die finanzielle Situation eines Unternehmens besser oder schlechter darzustellen. Und alle werden sie je nach momentanem Bedarf angewandt. So ist es üblich, dass langjährige Vorstandsvorsitzende sich auf ihrer letzten Hauptversammlung mit einer „goldgeränderten" Bilanz verabschieden, um sich noch einmal im Beifall der Aktionäre sonnen zu können. Und ebenso üblich ist es, dass der neue Vorstandsvorsitzende nach einer kurzen Schamfrist mit eisernem Besen durch das Zahlenwerk fegt, um zu demonstrieren, dass es dem Unternehmen soo gut denn doch nicht gehe. Auf diese Weise kann er sich selbst die Latte niedrig legen, das Ergebnis im nächsten Jahr problemlos steigern – und sich als Sanierer im Beifall der Aktionäre sonnen.

Vor allem drei Mittel sind gebräuchlich, wenn ein Unternehmen den Gewinn eines Jahres nach unten drücken will:

1. **Abschreibungen**: Die Buchhaltung schaut allen Vermögenswerten des Unternehmens tief in die Augen und befragt sie mit kritischem Blick, ob sie wirklich so viel wert sind, wie in der Bilanz steht. Da kann eine TV-Serie, die 500.000 Mark erbringen soll, aufgrund der (wenn es sein muss, immer schlechten) Marktlage plötzlich nur noch mit 400.000

Mark bewertet werden, eine andere, deren Produktion 1,5 Millionen Mark gekostet hat, deren Ankauf aber vom bisher einzigen befragten Kunden abgelehnt wurde, wird dann wegen drohender Unverkäuflichkeit auf Null abgeschrieben. Der Umsatz des Unternehmens wird von solchen Abschreibungen nicht tangiert, der Gewinn hingegen sinkt entsprechend.

2 Verschiebung von Einnahmen ins nächste Jahr: Üblicherweise werden im Dezember in allen Unternehmen wie wild Rechnungen geschrieben, damit man alle Leistungen, die im laufenden Jahr erbracht wurden, auch noch im gleichen Jahr verbuchen kann. Man kann aber auch ein paar Rechnungen erst im Januar schreiben. Dann sinken damit die Einnahmen im laufenden Jahr, die des Folgejahres steigen entsprechend.

3 Vorziehen von Ausgaben: Wenn der Vorstand im November feststellt, dass er demnächst einen neuen Dienstwagen braucht, weil der alte nicht mehr repräsentativ genug ist, kann das Unternehmen sich damit noch ein wenig Zeit lassen. Es kann dem Chef den neuen Wagen aber auch zu Weihnachten neben den Christbaum stellen. Das steigert die Ausgaben in diesem Jahr und reduziert die Kosten im Folgejahr. Auch die meisten Lieferanten werden nichts dagegen haben, wenn man sie bittet, Lieferung und/oder Abrechnung ein paar Tage vorzuziehen, damit die Ausgabe noch im alten Jahr verbucht werden kann.

Wie gesagt: Das ist alles ganz legal und üblich. Ein Unternehmer, der Ende 1996 schon weiß, dass er im ersten Halbjahr 1997 an die Börse will, wird alles tun, um mit einer strahlenden 96er Bilanz dazustehen. Ein Unternehmer, der zum gleichen Zeitpunkt schon weiß, dass er erst gegen Ende 1997 an die Börse will, kann sich genauso gut dafür entscheiden, die 96er Zahlen nach unten zu schrauben, um dann mit einem großartigen Ergebnis für das erste Halbjahr 1997 zu glänzen.

Und genau dafür entschied sich Thomas Haffa, wie ein paar Vergleichszahlen für die Katastrophenbilanz 1996 und die erste Superbilanz 1997 zeigen:

1996 stiegen die Einnahmen im Vergleich zum Vorjahr um 9,9 Prozent, 1997 um 58,7 Prozent.

1996 lagen die Abschreibungen bei 10,6 Prozent des Gesamtvermögens (Umlaufvermögen plus Anlagevermögen), 1997 nur noch bei 6,8 Prozent.

1996 machte der Materialaufwand 30,7 Prozent des Umsatzes aus, 1997 nur noch 20,1 Prozent.

Und die Höhe der Verschuldung zum Jahresende 1996 musste weder dem Unternehmen noch den Gläubigern ernste Sorgen machen. Mit dem Börsengang würde sich dieses Problem in Wohlgefallen auflösen. Er musste nur noch klappen.

Schminken für den Börsengang

Dass die Ergebnisse von 1996 nicht geeignet waren, um gute Stimmung für einen Börsengang zu machen, war den Haffas natürlich bewusst. Also musste nach dem kräftigen Abschminken von 1996 nun im Jahr 1997 wieder mindestens ebenso kräftig neue Schminke aufgetragen werden, um pünktlich zum Gang an die Börse als saubere und profitable Firma dazustehen. Dafür mussten ein paar Formalien erledigt werden (Umwandlung der EM-Entertainment Merchandising Film und Fernseh-GmbH in die EM.TV & Merchandising AG, Erhöhung des Grundkapitals von 100.000 auf 7,5 Millionen Mark, Beschluss zur Kapitalerhöhung um weitere 2,5 Millionen Mark für den Börsengang), vor allem aber mussten die Zahlen und ihre Verkaufe stimmen.

Was das Verkaufen angeht, war Thomas Haffa natürlich eine Idealbesetzung. Er hatte Fahrräder, Autos, Schreibmaschinen, Videokassetten, Merchandising-Lizenzen und Zeichentrickfilme verkauft, jetzt würde er endlich sich selbst verkaufen dürfen. Wieder ein neuer Markt: der Kapitalmarkt; wieder ein neues Produkt: EM.TV; und wieder neue Kunden: Investoren, Analysten, Journalisten. Für jemand wie ihn, der bei seinen bisherigen Geschäften auf der Gegenseite nicht immer einen guten Eindruck hinterlassen hatte, war das genau die richtige Herausforderung.

Eine erste Probe seines Könnens legte Thomas Haffa am 23. Juli 1997 ab: Auf einer Pressekonferenz wurde erstmals verkündet, dass EM.TV im Herbst den Gang an den Neuen Markt plane. Haffa attestierte seinem Unternehmen ein „unwahrscheinliches Wachstumspotenzial" durch die Verbindung von Fernsehen und Merchandising, prognostizierte in der Süddeutschen Zeitung ein kontinuierliches Umsatzwachstum „in zweistelliger Höhe" und einen überproportionalen Anstieg des Gewinns. Nur mit Zahlen konnte Haffa nicht dienen, was das Handelsblatt mit Kopfschütteln vermerkte: „Zur starken Verwunderung der Journalisten war Haffa nicht bereit, wirtschaftliche Daten seines Unternehmens bekanntzugeben. Stattdessen verstieg er sich zu Formulierungen wie: ‚Meinen Kindern geht es gut' und verwies auf den Börsenprospekt, der Ende August erscheinen soll. Aus seinen Andeutungen kann man schließen, dass EM 1996 einen Umsatz von etwa 23 Millionen Mark erzielte, der in diesem Jahr auf rund 30 Millionen steigen soll."

Von einem 96er Umsatz in Höhe von 23 Millionen Mark konnte natürlich keine Rede sein, aber ganz so dreist, dass er sich schlicht gut sechs Millionen Mark Umsatz dazugelogen hatte, war sogar Thomas Haffa nicht. Tatsächlich gesprochen hatte er nur von einer „mit dem Umsatz gleichzusetzenden Wertschöpfung von 23 Millionen Mark". Wie auch immer er diese „Wertschöpfung“ berechnet hatte, die Journalisten beließen es beim Kopfschütteln, und Haffa hatte sein erstes Glanzstück abgeliefert – eine Pressekonferenz zum Börsengang zu überstehen, ohne dabei Unternehmenszahlen preiszugeben, hätte sonst wohl kaum jemand geschafft.

Wahrscheinlich war ursprünglich geplant, in dieser Pressekonferenz schon die Halbjahreszahlen zu präsentieren. Bei einem Unternehmen dieser Größe und in dieser Situation sollte es eigentlich eine lösbare Aufgabe sein, drei Wochen nach Ende des Halbjahres mit der Rechnerei fertig zu sein. Aber offensichtlich wurde am Zahlenwerk noch gebastelt, und damit war der September als geplanter Termin für den Börsengang nicht mehr zu halten. Die Konsortialführerin des Börsengangs – natürlich die WestLB – legte als neuen Termin den 30. Oktober 1997 fest. Und bei der folgenden Pressekonferenz am 21. Oktober hatte Thomas Haffa natürlich alle Zahlen parat – außer der „Wertschöpfung“ von vor drei Monaten, an die sich offenbar aber auch keiner der Journalisten mehr erinnerte:

10,7 Millionen Mark Umsatz im ersten Halbjahr, das waren bereits zwei Drittel des Gesamtumsatzes aus dem Vorjahr; 1,0 Millionen Mark Halbjahresüberschuss nach einem Fehlbetrag von 0,9 Millionen im Jahr 1996; ein angepeilter Jahresumsatz von mehr als 20 Millionen Mark, sowie ein Jahresüberschuss von brutto über drei Millionen Mark; ein erwarteter Gewinn je Aktie (nach DVFA-Methode) von 0,94 Mark.

Bei einer Preisspanne für die neuen Aktien von 28 bis 34 Mark ergab sich damit, wie die Börsen-Zeitung bemäkelte, „ein stolzes Kurs-Gewinn-Verhältnis von 30 bis 36“, also fast doppelt so viel wie das langjährige Mittel am deutschen

Aktienmarkt. Aber die Analysten der WestLB stellten, durchaus berechtigt, fest, dass solche Durchschnittswerte nicht auf Unternehmen mit hohen Wachstumsraten angewandt werden könnten: Bei einem prognostizierten Anstieg des Gewinns je Aktie auf 1,47 Mark im Jahr 1999 ergebe sich bei einem Ausgabepreis von 34 Mark nur noch ein Kurs-Gewinn-Verhältnis von 23,1. Sollte die Haffa-Firma ihre ehrgeizigen Wachstumsziele tatsächlich erreichen, würden die Anleger mit dieser Aktie also ganz gut fahren.

Und ganz offensichtlich gab es genügend Anleger, die daran glaubten: Die 500.000 neuen Aktien plus weitere 100.000 Aktien aus dem Besitz von Thomas Haffa konnten problemlos zum Maximalkurs von 34 Mark platziert werden.

Die Firma war gerettet.

Christian Strenger, damals Chef der größten deutschen Fonds-Gesellschaft DWS, erzählte 1999 der „Business Week", dass er am 30.10.1997 zufällig im gleichen Flugzeug von Frankfurt nach München gesessen habe, mit dem auch Thomas und Florian Haffa von ihrem ersten Börsentag zurückflogen. Die beiden Haffas seien überglücklich gewesen, dass ihr Unternehmen den ersten Börsentag mit einem Schlusskurs überstanden hatte, der eine Handvoll Prozente über dem Ausgabepreis lag. Sie hätten nicht den Eindruck gemacht, als ob sie in irgendeiner Weise mit der Entwicklung gerechnet hatten, die Thomas Haffa in den kommenden Monaten zum Milliardär machen würde.

Aber nicht einmal ein Thomas Haffa konnte an diesem Tag damit rechnen. Er hatte gerade seine Firma vor der Pleite bewahrt und dazu noch die ersten Millionen auf sein eigenes Konto geschaufelt. Das war für den Anfang ja wohl mehr als genug.

3
Das Kurswunder von Unterföhring

Man nehme einen Sack Zement für 12 Mark, schreibe Systems obendrauf und schon bekommt man dafür an der Börse 120 Mark.
Jörg Loewer, Börsenmakler, im August 1998

Rechnen wir doch mal nach: Von den insgesamt 2.000.000 Aktien der EM.TV & Merchandising AG wurden am 30. Oktober 1997 genau 600.000 Aktien, also 30 Prozent, zum Preis von 34 Mark unters Volk gestreut. Der Marktwert von EM.TV lag damit bei genau 68 Millionen Mark, der Börsengang spülte 20,4 Millionen Mark in die Kasse. Genauer gesagt: in die Kassen, denn 100.000 Aktien stammten aus dem Besitz von Thomas Haffa, der also 3,4 Millionen Mark aufs eigene Konto bekam. Die restlichen 500.000 Aktien stammten aus einer Kapitalerhöhung, 17 Millionen Mark flossen also ins Unternehmen. Davon wiederum sind 2,8 Millionen für die Kosten des Börsengangs selbst draufgegangen – Werbung, Roadshow, Provisionen für die Konsortialbanken und ein paar Kleinigkeiten mehr.

Die Beteiligungsstruktur nach dem Börsengang: 1.325.000 Aktien gehören Thomas Haffa (66,25 % aller Anteile), 75.000 seinem Bruder und EM.TV-Finanzvorstand Florian (3,75 %), und 600.000 den übrigen Anlegern (30 %). Daraus ergibt sich als Ergebnis des Börsengangs für Thomas Haffa: 3,4 Millionen Mark echtes Geld und 45,05 Millionen Mark im Aktiendepot.

Und jetzt die gleiche Rechnung für Freitag, den 15. Mai 1998: Bei unveränderten Beteiligungsverhältnissen notierte die EM.TV-Aktie an diesem Tag bei 829 Mark. Thomas Haffas

Anteile waren damit 1.098.425.000 Mark wert – die Milliarde war geknackt. Einen Börsentag später, am 18. Mai 1998, stieg die Aktie noch einmal 72 Mark weiter und Haffas Depot war noch einmal 95,4 Millionen mehr wert – allein diese Steigerung von einem Tag auf den anderen machte mehr aus als den gesamten Marktwert von EM.TV am Tag des Börsengangs. Und der war ja gerade erst 200 Tage her.

Eine Performance von 2.500 Prozent in einem guten halben Jahr – da muss doch etwas passiert sein, das dieses Resultat rechtfertigt. Das war ja auch so. Aber mit dem eigentlichen Geschäft von EM.TV hatte das nur am Rande zu tun:

- Der Umsatz von EM.TV stieg zwar 1997 auf 26,5 Millionen Mark, 58,7 Prozent über dem Ergebnis des Vorjahres und immer noch ein Drittel mehr, als die beim Börsengang in Aussicht gestellten 20 Millionen.
- Der Gewinn je Aktie lag mit 1,21 Mark auch noch um einiges über den 0,94 Mark, die im Oktober anvisiert wurden, aber deutlich unter den 1,61 Mark, die die Analysten der WestLB im Februar prognostiziert hatten.
- Die Dividende von 6 Pfennig je Aktie lag weit unter den 16 Pfennig, die im Oktober 1997 als Ziel genannt wurden.

Insgesamt also ein durchaus erfreuliches Ergebnis, aber mitnichten eins, das eine Kurssteigerung in diesem Ausmaß gerechtfertigt hätte. Das Kurs-Gewinn-Verhältnis, das der Börsen-Zeitung beim Börsengang mit 36 schon „stolz“ vorkam, lag an dem Tag, als Thomas Haffa Milliardär wurde, bei rekordverdächtigen 685! Auch Thomas Haffa dürfte nicht im entferntesten mit den Kursexplosionen gerechnet haben, die ihn so rasant aus dem Millionärs- in den Milliardärsclub befördern würden – oder hätte er sonst am 8. Dezember 1997 so euphorisch mit seinen Mitarbeitern ein paar Flaschen

Veuve Cliquot geköpft, nur weil der Aktienkurs von den anfänglichen 34 auf 50 Mark geklettert war?

Nein, die primären Kurstreiber waren zwei andere Ereignisse: Anfang 1998 wurde in Deutschland der Neue Markt entdeckt. Und wenige Tage später wurde auch EM.TV entdeckt.

Die Entdeckung des Neuen Marktes

Entdeckt werden – zwei magische Worte für all die, die sich zu Höherem berufen fühlen als dem, was sie gerade sind und tun. Junge Mädchen, die sich für einen Model-Contest melden, träumen davon, als die nächste Claudia Schiffer entdeckt zu werden. Jede Band in ihrem Probenkeller träumt davon, dass endlich jemand entdeckt, dass sie das Zeug haben, den Beatles nachzufolgen. Überall, wo Stars gebraucht werden, träumen Menschen davon, dass sie als der Star entdeckt werden.

Auch Thomas Haffa war, vorsichtig ausgedrückt, nicht ganz frei von solchen Träumen. Schon im Oktober 1997 bekam die EM.TV-Belegschaft einen Vorgeschmack von dem, was zu Haffas Markenzeichen werden sollte. „Am Tag unseres Börsengangs hatte ich meine Mitarbeiter aufgefordert aufzuschreiben, wo wir in fünf Jahren stehen werden. Die einen tippten auf hundert Millionen Umsatz, ganz Mutige meinten, wir könnten 500 Millionen erreichen." Der Chef aber war extra-mutig, wie er im April 2000 der Frankfurter Rundschau gestand: „Ich habe das gesagt, was wir in drei Jahren gemacht haben: Wir erwarten für das laufende Jahr einen Umsatz von bis zu 1,5 Milliarden Mark. Und da hieß es, der Haffa leidet an Realitätsverlust." Ähnlich extra-mutig äußerte er sich im April 2000 auch über die Zukunft, ohne sich wirklich festzulegen: „Wenn ich jetzt eine Prognose für die nächsten fünf Jahre gäbe, würden sicher einige wieder dasselbe glauben. Wir haben 1997 rund

22 Millionen Mark umgesetzt, eine Umsatzprognose von anderthalb Milliarden wirkte da völlig absurd."

Ob er sich beim Börsengang tatsächlich auf diese Zahl festgelegt hatte, ist fraglich. Der Telebörse gegenüber sprach er im Oktober 2000 jedenfalls nicht mehr von einer 5-Jahres-, sondern von einer 3-Jahres-Prognose, und nicht mehr von anderthalb Milliarden, sondern von „über eine Milliarde Mark". Aber Thomas Haffa nahm es mit den Zahlen ohnehin nicht immer so genau. Ob er selbst damals seine Milliardenprophezeiung geglaubt hatte, ist allerdings noch fraglicher. Es gab schließlich in der realen Welt der damaligen EM.TV absolut keinen Anhaltspunkt, aus dem er solch ein exorbitantes Wachstum hätte erwarten oder auch nur erhoffen können. Und noch weit fraglicher ist, ob den Aktionären eine solche Prognose, hätten sie damals davon erfahren, gefallen hätte. Wahrscheinlich hätten sie Thomas Haffa nicht für einen visionären Star, sondern schlicht für wahnsinnig gehalten.

1998 sah das aber schon ganz anders aus. 1997 noch brauchte die Börse keine Stars. 1998 brauchte sie welche.

Nichts an dem Mann, der diesen ganzen Starkult verursachte, hätte darauf schließen lassen, welche Rolle ihm in diesen Tagen erwachsen würde. Ein schmächtiger Muttersöhnchen-Typ, noch dazu ein Journalist, der als One-Man-Show einen Börseninformationsdienst herausgab, einen von vielen, gerade erst ein paar Monate auf dem Markt, dessen Namen draußen im Land noch keiner kannte – nichts prädestinierte Egbert Prior dazu, die deutsche Börse aus ihrem Dornröschenschlaf zu wecken.

Und nichts an der Fernsehsendung, die diesen ganzen Starkult verursachte, hätte vermuten lassen, dass ausgerechnet sie dazu in der Lage sein würde. Es war eine kaum beachtete Börsensendung auf dem wohl eingeschlafensten aller öffentlich-rechtlichen Kanäle, der allenfalls für Kultursendungen bekannt war, und sie wurde zu einer Zeit ausgestrahlt, Freitag abends um 21.30 Uhr, zu der normale Menschen besseres zu tun hatten, als drei Anzugträgern zuzusehen, die sich über ihre Lieblingsaktien unterhielten. Nichts prädestinierte die 3sat-Börse dazu, die deutsche Aktienkultur zu revolutionieren.

Bis Egbert Prior im Februar des Jahres 1998 in der 3sat-Börse die Mobilcom-Aktie in den heißesten Tönen lobte und ein geradezu lächerlich hoch scheinendes Kursziel von 1000 Mark verkündete – und in den Tagen darauf die Mobilcom-Aktie tatsächlich raketenartig nach oben schoss. Von da an war alles anders.

Mobilcom war eine der beiden Aktien gewesen, mit denen am 10. März 1997 in Frankfurt das neue Börsensegment „Neuer Markt" aus der Taufe gehoben wurde. Es sollte kleinen, aber wachstumsträchtigen Firmen die Möglichkeit geben, an der Börse Geld für ihr Wachstum einzusammeln, aber die Begeisterung der Anleger und der Unternehmen hielt sich das ganze Jahr 1997 hindurch sehr in Grenzen. Die Firmen am Neuen Markt wurden mit den gleichen Instrumenten bewertet wie die großen Kollegen in Dax und M-Dax, und da war nicht viel Honig draus zu saugen.

Egbert Priors Mobilcom-Coup hingegen änderte das Bild schlagartig. Jetzt wurden die Firmen nicht mehr nach dem bewertet, was sie zur Zeit taten, sondern danach, welches Potenzial in ihnen steckte. Sie wurden nicht anhand der aktuellen Gewinne bewertet, sondern anhand der Gewinne, die sie in den kommenden Jahren machen könnten. Sie wurden nicht wie etablierte Unternehmen bewertet, sondern wie Wachstumsunternehmen – die sie ja auch waren. Auch wenn sich darin schon der Keim für kommendes Übel verbarg, Priors Argumentation war schlicht angemessen. Schließlich wird an Börsen nicht die Vergangenheit oder die Gegenwart gehandelt, sondern die Zukunft. Und Unternehmen, die keine Vergangenheit und kaum Gegenwart haben, aber eine große Zukunft versprechen, können durchaus beanspruchen, nicht an der Gegenwart, sondern an der Zukunft gemessen zu werden – wenn man ihnen die Story von der großartigen Zukunft abnimmt.

Fast alle der damals gerade einmal zwei Dutzend Aktien des Neuen Marktes profitierten kräftig vom Mobilcom-Boom. Denn wer das Gefühl hatte, bei Mobilcom nicht rechtzeitig zum Zuge gekommen zu sein, suchte sich lieber ein anderes der Wachstumsunternehmen, um damit den Mobilcom-Erfolg wiederholen zu können.

Natürlich war das reine Spekulation. Bei einigen Aktien konnte man kaum verstehen, was diese Unternehmen eigentlich machten, geschweige denn einschätzen, wie sich der Markt und das Unternehmen in den nächsten Jahren weiter entwickeln würden. Aber bei keiner anderen Aktie des Neuen Marktes ging diese Spekulation so gut auf wie bei EM.TV. Es habe eben Zeit gebraucht, „bis die Analysten unser Geschäft und die darin liegenden Chancen verstanden haben“, sagte Thomas Haffa im Mai 1998 bei der Präsentation des 1997er Ergebnisses, ohne auch nur den Hauch eines Zweifels, ob da nicht auch ein wenig Übertreibung dabei war: „Ich habe mich noch nie in meinen Zielen eingeschränkt. Tut mir saumäßig leid, wenn das arrogant klingt, aber für mich gibt's kein Limit.“

So redet jemand, der – endlich! – entdeckt worden ist. Der schon immer davon überzeugt war, dass er in eine andere Liga gehört als in die, in der 50-Mann-Klitschen nun mal spielen. Für den die Börsenbewertung vor allem eine Bestätigung der eigenen Qualitäten ist. Anders als die meisten anderen Chefs der damaligen Neue-Markt-Unternehmen schreckte es Haffa nicht, dass die Begeisterung der Aktionäre ihn geradezu zwingen würde, in die Weltliga vorzustoßen. Denn genau da meinte er hinzugehören. „Es ist so viel Geld da, das nicht weiß, wohin", sagte er in seinen ersten Milliardärstagen dem Spiegel – und er würde dem Geld schon zeigen, wo es am besten aufgehoben war.

Das Geld war da, klar. Die Reaktionen auf Egbert Priors Mobilcom-Empfehlungen, die rasanten Kurssteigerungen bei fast allen Werten des Neuen Marktes zeigten überdeutlich, dass da draußen in der Republik tausende von Menschen nur darauf warteten, eine märchenhafte Story aufgetischt zu bekommen, um sofort die dazu passenden Aktien zu kaufen. Aber wieso eigentlich? Ein Jahr zuvor war dieses Geld doch noch nicht dagewesen. Warum jetzt so plötzlich? Und so viel?

Wie immer, wenn sich an der Oberfläche einer Gesellschaft erdbebenartige Verwerfungen ereignen, gab es in der Zeit davor eine ganze Reihe von Strömungen, die im Untergrund den Boden für dieses Erdbeben bereiteten. Ohne Anspruch auf Vollständigkeit sollen hier einige aufgeführt werden:

Die Baby-Boomer kamen ins Anlegeralter. Traditionell haben Menschen zwischen 40 und 60 Jahren die meisten freien Mittel zur Geldanlage zur Verfügung. In den Jahren davor wird das meiste Geld für den Aufbau des gewünschten Lebensstandards und für die Familie ausgegeben, aber etwa ab 40 nehmen bei weiter steigendem Gehalt diese Investitionen ab. Zugleich kommt langsam die Rente in Sichtweite, der Vorsorgegedanke wird stärker – und damit steigt die Neigung zur Geldanlage. Etwa ab Mitte der 90er Jahre erreichten die geburtenstarken Jahrgänge der Wirtschaftswunderzeit dieses Alter. Folglich stieg das für Anlagezwecke zur Verfügung stehende Kapital.

Das Vertrauen in die gesetzliche Rente nahm ab. Dass die Rente sicher sei, behauptete außer Norbert Blüm eigentlich keiner mehr. Immer mehr alte, immer weniger junge Menschen, das konnte schon rein rechnerisch nicht aufgehen. Selbst wenn es dem Staat gelingen würde, das System der gesetzliche

Rentenversicherung noch 30 Jahre aufrecht zu erhalten, für große Sprünge würde diese Rente kaum noch reichen. Die einzige Alternative: private Vorsorge, also Geldanlage.

Die Aktie war populär geworden. Der Börsengang der Deutschen Telekom im Oktober 1996 hatte viele Deutsche erstmals zu Aktionären gemacht. Die durchaus erfreuliche Kursentwicklung, die die T-Aktie nach ersten Anlaufschwierigkeiten genommen hatte, gab den Neu-Aktionären erstens ein gutes Gefühl und zweitens Lust auf mehr. Viele begannen, sich in die Kursteile ihrer Tageszeitung hineinzuarbeiten oder kauften Börsenzeitschriften – und begaben sich auf die Suche nach Investment-Ideen.

Die New Economy lag in der Luft. Es wäre übertrieben zu behaupten, dass Anfang 1998 das Silicon-Valley-Feeling schon in Deutschland angekommen wäre. Aber die ersten Ausläufer hatten das Land bereits erreicht. Da war, natürlich, der Neue Markt, der langsam Gestalt annahm, da war das Internet, das sich mit großer Geschwindigkeit verbreitete. In Martinsried bei München wuchs ein Zentrum für Biotech-Startups aus der Wiese, der Spiegel-Verlag beschloss im Oktober 1997, eine eigene Zeitschrift für die neue Wirtschaft auf den Markt zu bringen, die Zahl der Venture-Capital-Firmen nahm rasant zu. Als Gerhard Schröder im Juni 1998 den langjährigen High-Tech-Unternehmer Jost Stollmann als Wirtschaftsminister seines Schattenkabinetts benannte, dämmerte es vielen, dass die New Economy vielleicht doch mehr als eine kurzlebige Modeerscheinung sein könnte.

Der Jahrtausendwechsel rückte näher. Runde Zahlen üben eine starke Magie aus. Eine so runde Zahl wie das Jahr 2000 ganz besonders. Der Übergang vom 20. ins 21. Jahrhundert, vom zweiten ins dritte Jahrtausend würde mit Sicherheit auch vielfältige Übergänge in Politik, Wirtschaft und Gesellschaft markieren. Nur welche es sein würden, war unsicher. Der Übergang zur Wissensgesellschaft? Oder zur Informationsgesellschaft? Das Zeitalter der Gentechnik? Oder des Internets? Eine Ära des ewigen Friedens? Oder allgegenwärtigen Terrors? Der Übergang zur grenzenlosen Mobilität? Oder zur immerwährenden TV-Berieselung? Der Aufbruch zum Mars? Oder das Schmelzen der Polkappen? Oder alles auf einmal? Oder etwas ganz anderes? Irgendwie würde irgendetwas passieren. Und irgendwie würde man als Zeitgenosse des Jahrtausendwechsels mit dabei sein.

Alles zusammengenommen hatte sich Anfang 1998 ein idealer Nährboden für die Unternehmen am Neuen Markt entwickelt: Es gab ein großes Bedürfnis, Geld anzulegen. Es gab eine große Bereitschaft, dies in Aktien zu tun. Und es gab ein diffuses Gefühl, dass etwas Großes, Neues passieren würde. Egbert Priors Initialzündung machte schlagartig klar, dass alle diese Strömungen in geradezu idealer Weise im Neuen Markt kanalisiert werden konnten.

Und EM.TV wiederum bot eine ideale Kombination, um einen möglichst großen Anteil der nun beginnenden Euphorie und des dazugehörigen Geldes auf sich zu ziehen:

- EM.TV hatte eine klare, jedem Anleger verständliche Story. Immer mehr TV-Sender brauchen immer mehr Programm, und wer das Programm hat, braucht sich um den Profit nicht zu sorgen. Haim Saban, einer der ersten Geschäftspartner von EM.TV überhaupt, fasste die Story für Business Week prägnant zusammen: „Das digitale Fernsehen kommt. Das wird einen großen Bedarf für Content erzeugen. Und Thomas Haffa hat den Content."
- EM.TV hatte einen vorzeigbaren Chef. Thomas Haffa war in der Lage, sowohl Analysten als auch Journalisten und Aktionären die Vision von der großen, strahlenden Zukunft seines Unternehmens zu verkaufen. Er wollte ganz groß rauskommen, und das ließ er jeden wissen und spüren.

- EM.TV hatte News. Selbst in der Anfangszeit, als noch keiner der großen Deals auch nur in Sichtweite war, gab es einen beständigen Strom an Neuigkeiten aus Unterföhring. Hier eine neue Koproduktion, da einen neuen Lizenzvertrag, dort einen neuen Vermarktungsabschluss, und immer wieder Kooperationen mit renommierten Partnern. Klar, wer die deutschsprachigen Rechte für Welterfolge kauft, schließt immer wieder Verträge mit den Produzenten von Welterfolgen – und ein Teil deren Renommees strahlt auf den kleinen Deutschen ab.

Doch selbst wenn wir Thomas Haffa durchaus abnehmen können, dass er persönlich glaubte, dass die Verfünfundzwanzigfachung des Aktienkurses in erster Linie die Bestätigung seines eigenen Wertes war – ein paar andere Faktoren haben weit stärker dazu beigetragen, dass ausgerechnet EM.TV zum absoluten Highflyer am jungen Neuen Markt wurde.

Drei dieser Faktoren tragen Namen. Sie heißen Kurt Ochner, Marian von Korff und Bernard Tubeileh. Ein Fondsmanager, ein Finanzjournalist und ein Aktienanalyst sind die drei Hauptverantwortlichen für das EM.TV-Kurswunder im Jahr 1998 – und nicht Thomas Haffa.

Ein Fondsmanager treibt den Kurs

Kurt Ochner, damals Fondsmanager des „Julius Bär Special German Stock Fund“, hat in den wilden Jahren des Neuen Marktes gleich mehrere Ehrentitel eingeheimst. Mal positiv (Guru des Neuen Marktes, Großmeister des Geldes), mal wertneutral (Mr. Neuer Markt), mal negativ (der Pate des Neuen Marktes). Schon weit vor der

Erfindung des Neuen Marktes war Ochner Spezialist in einer der ältesten Finessen des Aktiengeschäfts: Man sammelt nach und nach Aktien von Unternehmen ein, bei denen nur sehr wenig Papiere im Streubesitz liegen, und kann so die Kurse dieser Firmen fast beliebig nach oben treiben. Da der Durchschnittspreis der gekauften Aktien weit unter dem Höchstkurs liegt, kann man sich so eine hervorragende Performance basteln – und wenn die so traumhaft gestiegene Aktie das Interesse von Kleinanlegern weckt, kann man bei denen, nach und nach, die eingesammelten Aktien zu Höchstkursen wieder abladen.

Ein Beispiel mit einem fiktiven Unternehmen macht deutlich, wie dieser Trick funktioniert:

Von der Hotzenplotz AG werden 1.000.000 Aktien an der Börse gehandelt. Kurs vor Einstieg des Zauber-Fonds: 10 Euro. Jetzt fängt der Manager des Zauber-Fonds an, den Markt leerzukaufen. Die ersten Stücke bekommt er noch günstig, aber mit der Zeit steigt naturgemäß der Preis. Das sieht etwa so aus: Er kauft

50.000 Aktien für je 10 Euro und zahlt dafür	500.000 Euro
50.000 Aktien für je 15 Euro und zahlt dafür	750.000 Euro
50.000 Aktien für je 20 Euro und zahlt dafür	1.000.000 Euro
50.000 Aktien für je 25 Euro und zahlt dafür	1.250.000 Euro
50.000 Aktien für je 30 Euro und zahlt dafür	1.500.000 Euro
50.000 Aktien für je 35 Euro und zahlt dafür	1.750.000 Euro
50.000 Aktien für je 40 Euro und zahlt dafür	2.000.000 Euro
Zahlt also insgesamt für 350.000 Aktien	8.750.000 Euro

Aber wie hoch ist jetzt der Wert der Hotzenplotz-Aktien im Zauber-Fonds-Depot? Der berechnet sich natürlich auf der Basis des aktuellen Hotzenplotz-Kurses, beträgt also

350.000 Aktien x 40 Euro =	14.000.000 Euro

Der Manager des Zauber-Fonds hat also mit Hotzenplotz eine Performance von 60 Prozent gemacht. Damit liegt er natürlich weit vor den Fondsmanager-Kollegen, die nur mit den üblichen Methoden arbeiten, bekommt einen Spitzenplatz in den Fonds-Ranglisten der Anlegermagazine und damit einen stärkeren Zulauf von Anlegern, die an der Magie des Zauber-Fonds teilhaben wollen. Gleichzeitig werden die Anleger und die Presse auf die Hotzenplotz-Aktie aufmerksam – denn die hat ja ihren Kurs in kürzester Zeit vervierfacht. Der Hotzenplotz-Vorstand freut sich, dass endlich jemand die wahre Qualität seiner Arbeit zu schätzen weiß, und einige Anleger setzen darauf, dass Hotzenplotz noch einmal 300 Prozent Kurssteigerung schaffen könnte.

Wenn der Zauber-Fonds dabei bleibt und weiter zukauft, ist das natürlich kein Problem. Aber wenn der Fondsmanager sich statt der Hotzenplotz-Aktie ein neues Spielzeug suchen will, kann er bei den renditehungrigen neuen Hotzenplotz-Fans nach und nach seine Aktien abladen. Die Fonds-Performance, die eben noch nur auf dem Papier stand, hat sich in echten Profit verwandelt – und die Anleger, die auf dem hohen Niveau eingestiegen sind, sitzen auf überteuerten Aktien und verstehen die Welt nicht mehr.

Ende der 80er Jahre hatte Ochner diesen Trick mit dem Fonds SMH-Special bereits kräftig praktiziert. Seine Spielzeuge waren damals ebenso solide wie marktenge Werte wie „Leonische Drahtwerke“ und „Maschinenfabrik Müller-Weingarten“, deren Kurse sich innerhalb von zwei Jahren verdoppelten oder gar verdreifachten – und damit SMH-Special in Renditevergleichen eine Spitzenstellung einbrachten. Allerdings hatte er damals Schwierigkeiten, den privaten Anlegern solche exotischen Werte schmackhaft zu machen. Als 1992 der Markt nach unten drehte, lagen die Aktien wie Blei im Fonds-Depot. Anfang 1993 wurde Ochner dann der SMH-Special-Fonds aus der Hand genommen. Er bekam bei SMH noch einmal eine neue Spielwiese, einen reinen Nebenwerte-Fonds, wechselte dann aber zum Schweizer Bankhaus Julius Bär, wo er seit 1996 für den Special German Stock Fund verantwortlich war.

Für einen wie Ochner war der Neue Markt ein gefundenes Fressen. Denn hier gab es jede Menge marktenge Werte, hier konnte man Kurse nicht nur verdoppeln, sondern auch mal verzwanzigfachen, und hier gab es, spätestens ab Anfang 1998, jede Menge Kleinanleger, die geradezu unbändige Lust hatten, ihm Aktien abzukaufen, die bereits ein paar hundert Prozent Wertsteigerung hinter sich hatten.

Vor allem EM.TV hatte Kurt Ochner zum Fressen gern: Auf der EM.TV-Jahreshauptversammlung am 21. Juli 1998 bekannte er, dass er für seinen Julius-Bär-Fonds bereits ein Drittel aller im Umlauf befindlichen Aktien „eingesammelt" habe. Bei insgesamt nur 600.000 Aktien im Streubesitz musste er dafür das Vermögen seines Fonds gar nicht so sehr strapazieren.

Was wiederum im Umkehrschluss bedeutet, dass der immer wieder gern zitierte Anleger, der mit ein paar tausend Mark Einsatz beim Börsengang zwei Jahre später zum Millionär wurde, eigentlich nur in der Theorie existierte. Während, so die Schätzung der Börsen-Zeitung, am Anfang etwa 80 Prozent der ausgegebenen EM.TV-Aktien im Besitz von Kleinanlegern waren, habe sich dieser Anteil ein Jahr später auf etwa 30 Prozent reduziert. Bis Anfang 1999 ging der Kleinanleger-Anteil am Streubesitz noch weiter zurück und lag irgendwo zwischen 10 und 20 Prozent. Der Rest liege in den Händen institutioneller Investoren, also vor allem von Fonds wie dem von Kurt Ochner. „Die Kleinanleger haben zu früh Kasse gemacht", resümierte die Börsen-Zeitung – ein durchaus vertrautes Phänomen: Gewinne zu früh mitnehmen, Verluste zu lang aussitzen sind die zwei typischen Fehler der meisten privaten Anleger. Manche mögen noch das Ende der Spekulationsfrist, damals sechs Monate, abgewartet haben; doch danach gab es 2000 Prozent Profit, steuerfrei, wenn man verkaufte – und der Weg für den Fonds-Zocker und seine Freunde war frei.

Ein Journalist trommelt für Haffa

Der für EM.TV wichtigste Ochner-Freund war zu dieser Zeit gerade ins Fonds-Business eingestiegen: Am 6. Mai 1998 wurde erstmals der Aktienfonds „VMR Strategie Quadrat" notiert, der vor allem in Unternehmen des Neuen Marktes investierte. Offiziell als Berater, faktisch als Manager dieses Fonds fungierte der Finanzjournalist Marian von Korff, Jahrgang '66, schon damals ein guter Bekannter von Kurt Ochner. „Korff hat mich oftmals auf Investitionsideen aus dem Münchner Bereich hingewiesen", bekennt Ochner gegenüber dem Spiegel – und eine dieser Ideen hieß EM.TV.

Dass sich zwei konkurrierende Fondsmanager gegenseitig Tipps geben, ist an sich schon ungewöhnlich genug. Besonders pikant wird die Causa Korff aber durch die einzigartige Mehrfach-Kompetenz des gelernten Bankkaufmanns:

- Als verantwortlicher Redakteur für die Geldmarktseiten des Münchner Nachrichtenmagazins Focus hatte von Korff bis Anfang 1999 weitgehend freie Hand, welche Aktientipps er jede Woche dem Focus-Millionenpublikum servieren wollte.
- Über seine Firma „Fair Invest" kaufte von Korff privat in großem Umfang Anteile von Neuer-Markt-Firmen – und besonders gerne von Firmen, die erst noch an den Neuen Markt gehen würden, wie Ricardo oder i:Fao.
- Als Fondsberater entschied von Korff wiederum weitgehend autonom, welche Aktien er für seine Fonds-Kundschaft ins Depot legen wollte.

Bei EM.TV schließlich kam noch eine weitere pikante Note hinzu: Florian Haffa und Marian von Korff kannten sich noch vom Gymnasium in Pfaffenhofen und waren enge Freunde. Der Firmensitz von Korffs „Fair Invest" befindet sich zudem in Ilmmünster, etwa vier Kilometer von Pfaffenhofen entfernt.

Das Ergebnis: Focus empfahl im Oktober 1997 die Zeichnung von EM.TV-Aktien – es sei „mit Kursexzessen zu rechnen. Glücklich, wer hier Aktien zum Ausgabepreis erhält – wer teuer kauft, ist selber schuld." Einer dieser Glücklichen war, na logisch, Marian von Korff: Ihm und seiner Frau wurden beim Börsengang mehr als 1.000 EM.TV-Aktien fürs Privatdepot zugeteilt. In den Folgemonaten wurde das Unternehmen auf den Focus-Geldmarktseiten immer wieder über den grünen Klee gelobt. Im März 1998 zum Beispiel, als sich der Kurs seit Börsengang bereits verzehnfacht hatte, hieß das Focus-Urteil zu den weiteren Chancen der Aktie schlicht „top". Und VMR Strategie Quadrat engagierte sich von Anfang an heftig bei der Firma der Haffa-Brüder – Ende 1998 machte allein EM.TV 22,4 Prozent des Fondsvermögens aus.

Das Prinzip, nach dem Börsenjournalisten wie Marian von Korff arbeiten, ist die „Self-fulfilling prophecy": Man nimmt einen marktengen Wert, für den sich noch kaum jemand so richtig interessiert hat – und entdeckt ihn. Findet großartige Zukunftsperspektiven, einen visionären Vorstand, hoch interessante, demnächst auf den Markt kommende Produkte, mischt ein bisschen Übernahme- oder sonstige Fantasien dazu und tischt das ganze seinen Lesern – oder Zuschauern – auf. Wenn genügend Leser an die Story glauben und die Aktie kaufen, steigt dadurch der Kurs steil an, die Prophezeiung hat sich erfüllt, und der Aktienentdecker kann sich von Mal zu Mal mehr einen Nimbus von Treffsicherheit oder gar Unfehlbarkeit aufbauen. Wobei das Spiel auch funktionieren kann, wenn die Leute nicht an die Story glauben: Sie müssen nur glauben, dass es sich lohnen könnte, ganz schnell zu kaufen, um kurz darauf einen Dummen zu finden, an den sie teurer verkaufen können.

Ein Meister in dieser unappetitlichen Kunst war lange Zeit der Kulmbacher Bernd Förtsch. Als Herausgeber zweier Börsenzeitschriften („Der Aktionär", „Neuer Markt"), Betreiber diverser Aktientipp-Hotlines, Berater des „DAC-Fonds UI" und zeitweilig auch noch als regelmäßiger Gast der „3sat-Börse" holte er völlig unbedeutende Aktien wie etwa OAR Consulting aus dem Mauerblümchendasein ins Scheinwerferlicht und sorgte für einen traumhaften Kursanstieg – dem schon bald darauf ein alptraumhafter Absturz folgte. Marian von Korff hatte diese Masche etwas modifiziert. Zum einen hatte er es nur selten nötig, selbst in die Tasten zu hauen: Auch nach seinem Abschied bei Focus im Januar 1999 waren ihm seine Zöglinge dort treu ergeben – allen voran Frank Pöpsel, wie Florian Haffa ein Schulfreund aus Pfaffenhofener Zeiten. Als Pöpsel dann Chefredakteur beim Schwesterblatt Focus Money wurde, konnte er seine Bewunderung für Korff noch ungenierter zeigen. So enthielt etwa im April 2000 das erste „Musterdepot" von Focus Money vier Aktien: EM.TV, Baader, buecher.de und TV Loonland. Alle vier waren damals zentrale Investments des Korff-Fonds VMR Strategie Quadrat. Und zum anderen favorisierte er statt des schnellen Rein-Raus-Spielchens längerfristige Engagements. Damit verfügte er bei den Unternehmen seiner Wahl über weitaus größeren Einfluss als Bernd Förtsch und konnte sich gleichzeitig deutlich von dessen Schmuddel-Image abheben.

Für den Journalisten springt beim Zocker-Quickie – neben dem auch nicht zu verachtenden Nimbus – üblicherweise ein ordentlicher Batzen Geld heraus. Denn natürlich hat er sich, wissend um die Wirkung seiner Empfehlung, vorher einige

Stücke dieser Aktie ins Depot gelegt, und kann sie dann, sobald seine Fans auf den abfahrenden Zug aufspringen, an diese mit Gewinn abstoßen. Theoretisch handelt es sich hierbei um verbotene Insidergeschäfte, praktisch aber werden solche Fälle in Deutschland nicht geahndet. Dem windigen Guru Egbert Prior konnte zwar nachgewiesen werden, dass er gleich in drei Fällen Aktien kurz vor einem Auftritt in der Sendung „3sat-Börse“ gekauft hatte, die Aktien dort empfahl und sie kurz danach mit Gewinn verkaufte, dennoch eröffnete das Oberlandesgericht Frankfurt erst gar nicht das Hauptverfahren gegen ihn. Die bemerkenswerte Begründung: Es werde nicht mit der erforderlichen Sicherheit der Nachweis zu führen sein, dass Prior zum Zeitpunkt seiner Aktienkäufe bereits entschlossen gewesen sei, die Papiere in der nachfolgenden Sendung zu empfehlen.

Wenn den Gurus das Leben so leicht gemacht wird, ist es nicht verwunderlich, dass sie sich, zumindest in guten Börsenzeiten, vieler Fans erfreuen: Wer zweimal bei diesem kettenbriefähnlichen Spiel Gewinn gemacht hat, wird auch beim dritten, beim vierten und beim fünften Mal wieder mitmachen, und immer darauf hoffen, den richtigen Zeitpunkt zum Auf- und zum Abspringen zu erwischen.

Beim Roulette gewinnt immer die Bank. Beim Zocken mit Guru-Journalisten immer der Journalist. Im November 1996 begründete Focus-Chefredakteur Helmut Markwort in einem seiner Editorials ebenso naiv wie entlarvend, warum er zu den Jungs aus seinem Geldanlageressort so großes Vertrauen habe: „Erstens, weil sie ihre eigenen Tipps beherzigen. Und zweitens, weil sie ganz einfach wohlhabend wirken.“ Für Marian von Korff galt zumindest Letzteres in besonders ausgeprägtem Maße. Im Jahr 2000 tätigte er eine für einen langjährigen Journalisten eher ungewöhnliche Investition: Für 2,5 Millionen Mark kaufte er sich eine 25-Meter-Yacht. Dem Verkäufer war dieses Schiffchen zu klein geworden, er hatte sich gerade eine 35-Meter-Yacht bauen lassen. Der Name des Verkäufers: Thomas Haffa.

Ein Analyst heizt die Stimmung an

Der dritte Mann im Haffa-Fanclub schließlich war Bernard Tubeileh. Im Jahr 1998 spielte der Medien-Analyst des Investment-Bankhauses Merrill Lynch eine herausragende Rolle beim Gipfelsturm der EM.TV-Aktie. Anfang April 1998 überraschte er selbst hart gesottene EM.TV-Fans mit einem Kursziel von 720 Mark – was praktisch auf eine Kursverdopplung hinauslief. Die wurde allerdings innerhalb eines einzigen Monats auch erreicht. Im Juni legte Tubeileh dann noch einmal nach und schraubte sein Kursziel für die EM.TV-Aktie auf 1200 Mark. Und auch diese Marke wurde in kürzester Zeit erreicht.

Tubeileh war mit dieser Juni-Studie der erste Analyst, der sich bei der Bewertung der EM.TV-Aktie vom traditionellen Bewertungsmaß des Kurs-Gewinn-Verhältnisses (KGV) verabschiedete: Angesichts des starken Wachstums der Haffa-Firma sei das KGV nicht mehr der richtige Maßstab. So habe, gemessen an den für 1998 erwarteten Zahlen, EM.TV ein exorbitant hohes KGV von 145, lege man aber die von Merrill Lynch erwarteten Ergebnisse für 2001 zugrunde, ergebe sich nur noch ein KGV von 19 – damit wäre EM.TV geradezu ein Schnäppchen.

Im September 1998 schraubte Tubeileh das Kursziel noch einmal nach oben – 760 Mark für die inzwischen im Verhältnis 1:1 gesplittete Aktie, und im Januar 1999 legte er die Latte für EM.TV auf 1000 Mark.

Und jedes Mal folgten ihm die Märkte. Denn er hatte zwei Faktoren auf seiner Seite:

- Anders als die ebenfalls für EM.TV sehr positiv gestimmte WestLB konnte Merrill Lynch als neutrale Instanz gelten. Die WestLB war eine der drei Banken gewesen, die EM.TV an die Börse gebracht hatten, und die Studien der Emissionsbanken werden im Markt generell mit Vorsicht genossen.

- Tubeileh war damals der einzige Analyst, der für EM.TV Kursziele angab. Alle anderen Studien endeten zwar mit einer Anlage-Empfehlung wie „Kaufen", „Outperformer" oder „Vorsicht vor Rückschlag" (so die DG-Bank in einer Studie vom April 1998), aber in einer Situation, in der „so viel Geld da ist, das nicht weiß wohin" (Thomas Haffa), machte ein Kursziel die Sache für die heiß gewordenen Kleinanleger übersichtlicher.

Dazu kam schon bald der Guru-Effekt: Hat ein Analyst sich zweimal mit seinen Prognosen weit aus dem Fenster gehängt und Recht bekommen, vertrauen die Anleger darauf, dass er auch bei der dritten und vierten und fünften Prognose Recht haben dürfte – und wenn sie dann seinen Ratschlägen folgen, sorgen sie quasi automatisch dafür, dass sich auch die kühnsten Prognosen erfüllen.

Der gebürtige Gummersbacher Bernard Tubeileh, 33, Sohn eines jordanischen Bankers und einer deutschen Mutter, war damals nur einer von vielen jungen Analysten, die gerade frisch zu Merrill Lynch gekommen waren. Nach dem Studium an der European Business School in London hatte er ein Jahr bei der Investmentbank Morgan Stanley gearbeitet, danach etwa drei Jahre bei Sal. Oppenheim in Frankfurt, wo er vor allem Bauaktien beobachtete. Seit 1997 erst analysierte er für Merrill Lynch in Frankfurt Medienaktien. Alte Hasen waren dort 1997 so gut wie keine mehr im Analystenteam – was einen leicht erklärlichen Grund hatte: „Merrill Lynch war damals das erste Institut in Deutschland, das eine enge Verbindung zwischen Research, Sales und Corporate Finance geschaffen hatte", sagt der Frankfurter Börsenjournalist

Sascha Magsamen – oder, etwas deutlicher formuliert: „Merrill Lynch war die erste Bank, bei der der Analyst so etwas wie ein Büttel der Sales-Abteilung war." Die Kauf- oder Verkaufsstudien der Analysten gäben demnach also nicht unbedingt deren tatsächliche Einschätzung eines Unternehmens wider, sondern orientierten sich an den Interessen der Aktienhändler von Merrill Lynch. „Das alte Researchteam von Merrill Lynch hat diesen Schwenk nicht mitgemacht", so Magsamen, „und deshalb kamen da auf einen Schlag lauter junge Leute."

Und die tobten sich aus – so wie Tubeileh bei EM.TV. Versetzen wir uns einmal in die Rolle des Jung-Analysten Bernard Tubeileh Anfang des Jahres 1998: Er hat eine für ihn völlig neue Branche zu betreuen, die bis dahin in Deutschland nur ein Schattendasein spielte, denn von den vielen bedeutenden deutschen Medienunternehmen waren nur der Axel-Springer-Verlag und Pro Sieben an der Börse notiert. Er hat sich in seiner Zunft noch keinen Namen machen können, aber natürlich will er das. Er hat keine Sales-Power, seine Studien bewegen also die Märkte nicht, aber natürlich will er auch das. Er kann mit Zahlen wesentlich besser umgehen als mit Menschen, er hat eine extrem schnelle Auffassungsgabe, und er weiß ziemlich gut, wie die Spiele an der Börse funktionieren. Und er hofft auf seine große Stunde.

Da schießt urplötzlich eine der wenigen Aktien aus seinem Beritt steil in die Höhe – allein im ersten Quartal des Jahres 1998 verachtfacht sich der Kurs von EM.TV, ohne dass es Nachrichten gegeben hätte, die eine solche Bewegung erklären könnten. Aber in seiner Position kann es für Tubeileh nicht schwer gewesen sein herauszufinden, was bzw. wer hinter diesem Kursanstieg steckte. Er konnte lesen, wie Korff in Focus über EM.TV schrieb bzw. schreiben ließ, er konnte sehen, wie Ochner für seinen Fonds EM.TV-Aktien kaufte, und er konnte unschwer daraus schließen, dass hier ein marktenger Wert hochgejubelt wurde. Er hatte sich die Haffas genau angesehen, und er hatte wohl auch dem Heimatrevier der Haffas und Korffs einen Besuch abgestattet – schließlich spielte in den Jahren 1997 und 1998 sein Bruder Alex Tubeileh im Sturm der Eishockeymannschaft des EC Pfaffenhofen. Zudem hatte er gesehen, wie Egbert Prior mit Mobilcom den Markt zum Ausflippen brachte, und er wusste natürlich ganz genau, dass viele Anleger da draußen geradezu darauf warten, in die nächste Story à la Mobilcom hineingetrieben zu werden.

Von den so gewonnenen Erkenntnissen aus ist es nur noch ein Schritt bis zu der Überlegung, was wohl passieren würde, wenn ein unabhängiger Analyst in Egbert-Prior-Manier exorbitante Kursziele für EM.TV ausgibt. Klar: Focus würde sofort darauf anspringen, und Ochner würde mitziehen, und das nicht nur einmal, sondern auch zweimal und dreimal. Andere Medien würden auf die Aktie aufmerksam werden, die Sales-Abteilung würde ihren Kunden jede Menge EM.TV-Aktien verkaufen können, sein Name würde in der Analysten-Zunft Furore machen – und falls ein Analyst eines anderen Instituts die EM.TV-Story bezweifeln sollte, würde der damit Schiffbruch erleiden: Bei einer Aktie mit einem Streubesitz von gerade mal 600.000 Stück sollte man sich besser nicht mit Kurt Ochner anlegen.

Bernard Tubeileh konnte also nur gewinnen, wenn er mit Korff und Ochner auf den Höhenflug von EM.TV setzte. Und gewinnen wollte er.

Die Haffa-Firma war Tubeilehs großer Durchbruch. Mit der dort errungenen Propheten-Reputation im Rücken konnte er auch bei anderen Medienfirmen über seine Prognosen die Kurse fast nach Belieben beeinflussen. Im Januar 2000 zum Beispiel setzte er die Aktie des Rechtehändlers Highlight Communications auf "Kaufen", noch am selben Tag erreichte die Aktie fast exakt das von ihm prognostizierte Kursziel von 155 Euro.

Doch wie unabhängig kann ein solcher Analyst wirklich sein, wenn er erst einmal gemerkt hat, dass er mit seinen Studien Gott spielen kann? „Spätestens nach einem halben Jahr hatte Tubeileh gemerkt, welche Rolle er da spielte", sagt jemand, der ihn aus dieser Zeit kennt. Bei aller Macht, die diese Rolle ihm verlieh, war er durch sie auch gefesselt. Wenn er seine gerade errungene Position nicht gefährden wollte, konnte er EM.TV nicht so einfach untreu werden, solange die Haffas keine entscheidenden und vor allem: keine in der Öffentlichkeit bemerkten Fehler machten. Und das würde noch sehr lange dauern.

Investoren, Journalisten und Analysten waren die wichtigsten Kunden, denen EM.TV seine Story vom unendlichen Wachstum verkaufen musste. Mit Ochner, Korff und Tubeileh verfügte die Haffa-Firma im Jahr 1998 in jedem dieser drei Bereiche über jeweils einen treuen Fan, der auch die scheinbar absurdesten Kurssprünge nicht zum Anlass nahm, sich von der Aktie zu verabschieden. Und mehr konnte sich EM.TV nicht wünschen.

Bilanztricks und Luftblasen

Es ist zwar nicht besonders schwierig, den Kurs einer marktengen Aktie nach oben zu pusten. Aber auch mit noch so viel Trickserei ist es nicht möglich, ihn dauerhaft oben zu halten oder noch höher zu schrauben, wenn das Unternehmen es nicht hergibt. Wenn die Story vom unendlichen Wachstum halten soll, müssen auch die Unternehmenszahlen dazu passen.

Die EM.TV-Zahlen passten. Und wie sie passten! Ein Bericht der sonst knochentrockenen Börsen-Zeitung von der außerordentlichen EM.TV-Hauptversammlung am 15. Februar 1999 zeigt, wie sehr das Unternehmen damals mit seinen Ergebnissen beeindrucken konnte: „Mit jeder verlesenen Ergebnisziffer wurde Florian Haffa von den rund 800 anwesenden Aktionären mit Applaus unterbrochen. Schon im vergangenen Jahr erklomm das DVFA-Ergebnis nach vorläufigen Zahlen mit 17,5 Millionen Mark neue Höhen und versechsfachte sich gegenüber 1997. Entsprechend Zuspruch fand der Finanzvorstand auch mit dem Hinweis, dass EM.TV 1998 mehr Gewinn gemacht hat, als das Unternehmen 1997 an Umsatz erzielte. Das Ergebnis der gewöhnlichen Geschäftstätigkeit sprang bereinigt um die Aufwendungen für die Kapitalerhöhung auf 30,1 Millionen Mark (Vorjahr 4,7 Millionen). Haffa betonte, dass alle Beteiligungen und Tochtergesellschaften ein positives Betriebsergebnis ausweisen würden (und wieder Applaus). Der Umsatz erreichte 1998 mit 100,3 Millionen Mark knapp das Vierfache des Vorjahres (26,6 Millionen). Für 1999 ist ein Umsatz von 200 bis 260 Millionen Mark vorgesehen."

Ein Vergleich dieser Zahlen mit denen, die Monate später im Geschäftsbericht für 1998 veröffentlicht wurden, ist aufschlussreich:

- Der Umsatz im Jahr 1998 betrug nicht etwa 100,3 Millionen, sondern nur 81,4 Millionen Mark.
- Der Umsatz im Jahr 1997 wird zwar im „Überblick" auf Seite 2 mit 26,549 Millionen Mark beziffert, im Zahlenwerk auf Seite 49 sind es aber nur 22,56 Millionen Mark.
- Das Ergebnis der gewöhnlichen Geschäftstätigkeit lag zwar bei 30,4 Millionen Mark – aber eben nicht „bereinigt um die Aufwendungen der Kapitalerhöhung" in Höhe von 13,3 Millionen Mark.
- Wenn man unter „Gewinn" wie üblich das versteht, was am Ende übrig bleibt, also in diesem Fall den „Jahresüberschuss nach Steuern und Anteilen Dritter", so liegt er mit 9,6 Millionen Mark nicht einmal halb so hoch wie der 97er-Umsatz.

- Einzig das endgültige DVFA-Ergebnis lag mit 17,2 Millionen Mark fast so hoch wie die von Florian Haffa verkündete vorläufige Zahl.

Unterm Strich bedeutet das: EM.TV hat im Jahr 1998 die selbst verkündeten vorläufigen Ergebnisse deutlich verfehlt. Zudem bringt es das Unternehmen sogar fertig, in ein und demselben Geschäftsbericht völlig unterschiedliche Umsatzzahlen für das vorvergangene Geschäftsjahr zu veröffentlichen. Würde sich heute ein Unternehmen am Neuen Markt einen solchen Umgang mit Zahlen erlauben, die Aktie würde sofort – und zu Recht – in den Keller verstoßen. Damals fiel es nicht einmal auf.

Natürlich sahen auch die offiziellen Zahlen der Geschäftsberichte grandios aus: Einer Vervierfachung des Umsatzes im Jahr 1998 folgte eine weitere Vervierfachung im Jahr 1999. Einer Verachtfachung des Jahresüberschusses im Jahr 1998 folgte eine weitere Verachtfachung im Jahr 1999. Die Umsatzrendite (Ergebnis vor Steuern durch Gesamtleistung) kletterte von 19,5 Prozent im Jahr 1997 über 37,3 Prozent 1998 auf satte 46,2 Prozent im Jahr 1999 – das sollte den Haffas erst einmal einer nachmachen.

Eigentlich müsste man eher sagen: Das sollte den Haffas bitte keiner nachmachen. Denn etwas zu vollmundige Verlautbarungen waren nur eines der harmloseren Mittel, die die Haffas anwandten, um die EM.TV-Fans am Kapitalmarkt bei Laune zu halten. Nachdem sich das vorige Kapitel kurz damit beschäftigt hatte, wie man eine Bilanz nach unten drehen kann, sollte jetzt einmal betrachtet werden, wie EM.TV seine Bilanz nach oben drehte. Dabei spielten vor allem zwei Methoden eine maßgebliche Rolle: Die eine heißt „Abschreibungspolitik“, und die andere „Umsatzrealisierung“.

Das Abschreibungsgebaren der Unterföhringer war manchen Beobachtern schon früh aufgestoßen. Die Börsen-Zeitung mokierte sich im Dezember 1998 darüber, dass EM.TV den Wert seiner Filmrechte nicht degressiv abschrieb, wie etwa Pro Sieben, sondern linear: „In der Abschreibungsmethodik sieht so mancher den Grund für den außerordentlich positiven Ertragsverlauf."

Um das nachzuvollziehen, sollten wir uns für einige Augenblicke aus den Höhen von Stars, Storys und Visionen in die Niederungen ordnungsgemäßer Buchführung begeben. Nehmen wir dafür ein anderes, unverdächtiges Beispiel, um den Einfluss der Abschreibungsmethodik auf den Profit zu erläutern.

Angenommen, Sie haben von Tante Erna 100.000 Mark geerbt, haben sich dafür einen Jaguar gekauft und steigen damit ins Mietwagengeschäft ein. Pro Jahr haben Sie dabei Fixkosten von 10.000 Mark, von der Tagesmiete von 500 Mark gehen 200 Mark für variable Kosten weg, es bleiben also 300 Mark pro Tag als Reinerlös übrig. Wenn wir jetzt noch annehmen, dass Sie den Wagen an 100 Tagen im Jahr vermietet haben, können wir rechnen:

Jahresumsatz:	(100 Tage à 500 Mark)	50.000 Mark
- Fixkosten		10.000 Mark
- variable Kosten	(100 Tage à 200 Mark)	20.000 Mark
		=========
bleiben übrig		20.000 Mark

Diese 20.000 Mark sind Ihr EBITDA, also das Ergebnis vor Zinsen, Steuern, Abschreibungen und Wertberichtigungen. Interessant sind für uns im Moment nur die Abschreibungen, also der Wertverlust Ihres Anlagevermögens namens Jaguar. Wie wollen Sie den abschreiben?

Erste Variante: Sie schreiben linear über 5 Jahre ab, weil Sie den Wagen danach für kaum noch vermietbar halten. Folglich fallen in diesem Jahr 20.000 Mark Abschreibungen an. Ihr Gewinn vor Steuern liegt damit bei Null. Die Vorteile für Sie: Sie zahlen keine Steuern, und wenn der Wagen nach fünf Jahren noch frisch ist, können Sie um so höhere Gewinne machen, weil keine Abschreibungen mehr anfallen. Der Nachteil: Keiner wird glauben, dass Ihr Geschäft bombig läuft.

Zweite Variante: Sie schreiben degressiv 15 Prozent pro Jahr ab, weil Sie denken, dass der Wagen noch längere Zeit vermietbar sein wird, aber wahrscheinlich zu sinkenden Preisen. Das macht im ersten Jahr 15.000 Mark Abschreibung, im zweiten noch 12.750, im dritten 10.837,50 und so weiter. Nach zehn Jahren steht Ihr Jaguar dann noch mit einem Wert von knapp 20.000 Mark in der Bilanz. Im ersten Jahr machen Sie so einen Vorsteuergewinn von 5.000 Mark, also eine Umsatzrendite von 10 Prozent.

Dritte Variante: Sie schreiben linear über 20 Jahre ab, weil Sie behaupten, dass Ihr Jaguar mit den Jahren kaum an Wert verliert – es ist eben kein Polo, sondern ein Jaguar. Das macht pro Jahr 5.000 Mark Abschreibung, Ihr Gewinn vor Steuern im ersten Jahr liegt bei 15.000 Mark, Ihre Umsatzrendite bei phänomenalen 30 Prozent. Ihre Nachteile: Sie müssen erst einmal ordentlich Steuern zahlen, und wenn sich hinterher herausstellen sollte, dass kein Kunde für einen alten Jaguar 500 Mark pro Tag zahlen will, sieht Ihre Firma sogar noch älter aus als Ihr Jaguar. Ihr Vorteil: Wenn man Ihnen die Geschichte vom ewig jungen Jaguar abkauft, können Sie mit dieser prächtigen Umsatzrendite zum Börsenstar werden – und wenn Sie das erst mal sind, wird sich keiner mehr dafür interessieren, ob Ihr Jaguar tatsächlich so viel wert ist, wie in der Bilanz steht.

Vom Rechenbeispiel zurück zur realen EM.TV. Die hatte sich nämlich auch eine solche Story vom ewig jungen Jaguar zurecht gelegt: Zeichentrickfilme seien wesentlich zeitloser und langlebiger als Fernsehfilme, an deren Wert schon nach der ersten Ausstrahlung erhebliche Abstriche gemacht werden müssten. Deshalb sei es durchaus gerechtfertigt, den Wert der Zeichentrick-Bestände erstens linear und zweitens über lange Zeiträume abzuschreiben. Im Geschäftsbericht für das erste Halbjahr 1999 klang das so: „Bei unbegrenzter Laufzeit der Film- und Merchandisingrechte wurde eine Nutzungsdauer von 20 Jahren angesetzt. Diese Abschreibungsmethoden wurden angewandt, weil Film- und Merchandisingrechte im Kindergeschäft besonders langlebig sind. Die Erfahrung der Vergangenheit hat gezeigt, daß auch nach vielen Jahren Filmrechte erfolgreich vermarktet werden können."

Andere Unternehmen der Branche sahen das allerdings ganz anders: „Solche Abschreibungsmethoden sind unseriös", sagte Andrea Keidel vom ebenfalls auf Kinderprogramme spezialisierten Münchner Unternehmen RTV Family Entertainment im Herbst 2000 dem Spiegel. RTV habe ursprünglich seine Filme über zehn Jahre abgeschrieben und beschlossen, den Abschreibungszeitraum sogar auf fünf Jahre zu verkürzen.

Dass es sich bei der Abschreibungsmethode um einen für EM.TV äußerst heiklen Punkt handelte, zeigt eine kleine Episode, die Michael Kölmel widerfuhr, dem Chef der Kinowelt AG – ebenfalls aus München, ebenfalls am Neuen Markt, ebenfalls ein Medienunternehmen. Als Kölmel öffentlich über die Abschreibungspraxis von EM.TV redete, habe ihm, so wiederum der Spiegel, Kurt Ochner mit ernsten Konsequenzen für den Börsenkurs der Kinowelt-Aktie gedroht, wenn er weiter solche geschäftsschädigenden Äußerungen über Wettbewerber verbreite.

Thomas Haffa selbst führte immer wieder die Biene Maja und Pippi Langstrumpf ins Feld, um zu zeigen, dass Kinderprogramm tatsächlich nicht altere, sondern mit den Jahren sogar noch an Wert gewinnen könne. Mit den Zahlen nahm er es dabei, ganz der Firmenphilosophie entsprechend, nicht immer ganz genau: So gab er 1999 auf einer Pressekonferenz zum besten, dass die Biene Maja aktuell wesentlich mehr Geld bringe als 1973 in der privatfernsehlosen Zeit. Das mit den geringen Umsätzen im Jahr 1973 stimmte zwar, aber das lag nicht so sehr an fehlender Senderkonkurrenz, sondern daran, dass die Biene Maja erst drei Jahre später, im September 1976, das erste Mal über den Bildschirm flatterte.

Haffas Wirtschaftsprüfer und die Analysten ließen sich von der Biene Maja überzeugen, obwohl diese Argumentation auf sehr schwachen Beinen steht. Betrachtet man stattdessen etwa die beiden ersten Serien, die Haffas EM.TV im Programm hatte, die Ente Kwak und die Teenage Mutant Hero Turtles, so hält sich deren heutiger Marktwert in sehr bescheidenem Rahmen. Bei Disney sieht es kaum anders aus: Natürlich sind Mickey, Donald und Goofy Klassiker, auch Bambi und Cinderella, aber „Bernhard und Bianca" oder „Pocahontas" haben diesen Status nicht erreicht. Und die Augsburger Puppenkiste könnte „Urmel aus dem Eis" heute sicherlich immer noch gut verkaufen – aber bei „Kleiner König Kalle Wirsch" fällt das schon schwerer.

Darf man britische Comedy über 20 Jahre abschreiben, nur weil Monty Python und „Dinner for One" immer noch gerne gesehen werden? Ist „Casablanca" der Beweis dafür, dass US-Spielfilme aus der Zeit des 2. Weltkriegs nicht altern? Cervantes' Don Quijote wird auch nach Jahrhunderten noch gelesen – sollte man deshalb die Rechte an Isabel Allende auch über 100 Jahre abschreiben? Und was ist mit der Musik? Zeitlos wie Bach, Beethoven und die Beatles, oder doch nur kurzlebig wie BAP, Bananarama und die Bay City Rollers? In jedem Bereich künstlerischer Produktion gibt es einige Evergreens und viele, viele Kurzläufer. Dass ausgerechnet bei Kinderfilmchen die Evergreendichte wesentlich höher liegt als irgendwo sonst, hat Thomas Haffa zwar immer wieder behauptet, aber nie belegt.

Wie stark der Abschreibungseffekt das EM.TV-Ergebnis beeinflusst hat, lässt sich nicht genau beziffern, da ein Teil des EM.TV-Programmstocks auch aus Lizenzen mit begrenzter Laufzeit bestand. Um eine ungefähre Abschätzung vornehmen zu können, nehmen wir an, dass in den Jahren von 1997 bis 1999 bei seriöser Buchführung jeweils doppelt so hohe Abschreibungen hätten vorgenommen werden müssen. Bei sonst unveränderten Zahlen (nur die steuerlichen Effekte des reduzierten Ergebnisses werden berücksichtigt) hätte EM.TV dann das Jahr 1997 statt mit einem Gewinn von 1,1 Millionen Mark mit einem Verlust in etwa der gleichen Höhe abgeschlossen, im Jahr 1998 hätte der Überschuss statt 9,6 Millionen Mark nur etwa 7 Millionen betragen, und 1999 hätten unterm Strich nicht 83,0 Millionen Mark gestanden, sondern nur etwa 48 Millionen Mark – schon ein bedeutender Unterschied.

Noch finsterer wird das Bild, wenn man darüber hinaus die EM.TV-Vorgehensweise bei der Umsatzrealisierung hinzuzieht. Im Geschäftsbericht für das 1. Halbjahr 1999 wird dieses Verfahren wie folgt erläutert: „Die Umsatzerlöse im TV-Rechtehandel wurden zum Zeitpunkt der Übertragung der Exklusivausstrahlungsrechte realisiert, vorausgesetzt, daß unsere Gesellschaft ihre Verpflichtungen im wesentlichen erfüllt hat, das heißt, die Serien bzw. die TV-Programme zur Ausstrahlung bereit sind und lediglich vom TV-Sender angefordert werden müssen." Der Umsatz wird also nicht dann gebucht, wenn das Geld eintrifft, und auch nicht dann, wenn die entsprechenden Filme geliefert werden, sondern bereits dann, wenn der Vertrag abgeschlossen wird. Gerade für eine Firma, die, wie EM.TV in den Jahren 1998 und 1999, von sehr geringer Basis aus sehr viele neue Filmrechte eingekauft hat, ist dieses Verfahren extrem hilfreich, um ordentliche Umsätze vorweisen zu können. Da die meisten Fernsehsender ihre Programme weit im Voraus planen, würde eine Umsatzbuchung bei Lieferung bzw. Ausstrahlung nämlich bedeuten, dass die meisten Umsätze erst im Geschäftsjahr nach dem Ankauf der Rechte durch EM.TV verbucht werden könnten. Das Resultat wäre ein weit langsameres Umsatzwachstum und eine weit schlechtere Ertragslage, als sie EM.TV tatsächlich aufwies. Und daran hatten die Haffas natürlich kein Interesse.

Als Florian Haffa im Februar 1999 so fröhlich den 98er Umsatz 18 Millionen höher ansetzte, als er hinterher tatsächlich ausfiel, hatte er dieses Verfahren denn doch zu kreativ praktiziert: Im Oktober 1998 hatte EM.TV die internationalen Senderechte an den nächsten fünf Boxkämpfen mit Mike Tyson erworben (außer für USA, Kanada und Karibik) und auch noch im Jahr 1998 die deutschen Rechte an den Kirch-Sender Premiere weiterverkauft. Also wollte der Finanzvorstand den Umsatz auch für 1998 buchen. Pech nur, dass im Jahr 1998 gar kein Tyson-Boxkampf mehr stattfand – die „Übertragung der Exklusivausstrahlungsrechte“ war zwar realisiert, aber das Programm eben noch nicht „zur Ausstrahlung bereit“. Und die fast 21 Millionen Mark, die EM.TV bereits im Jahr 1998 für die Rechte bezahlt hatte, die bei einer Verbuchung als Ausgabe aber äußerst unschön ausgesehen hätten, wurden flugs in eine „Anzahlung“ umdefiniert und landeten in der Bilanz unter der Rubrik „Sonstige Vermögensgegenstände“.

Sein Meisterstück an frühzeitiger Umsatzrealisierung aber lieferte Florian Haffa im Geschäftsbericht für das 1. Halbjahr 1999. Am 28. Juni 1999, also am drittletzten Tag dieses Rumpfgeschäftsjahres, hatte EM.TV mit Sat.1 einen Vertrag geschlossen, wonach Sat.1 ab 2000 fünf Jahre lang insgesamt 3.000 Programmstunden von EM.TV abnehmen würde (mehr darüber im 5. Kapitel). Einnahme pro Jahr: 40 Millionen Mark, also insgesamt 200 Millionen. Und obwohl die ersten Filmchen erst am 8. Januar 2000 ausgestrahlt wurden, buchte EM.TV bereits zum 30. Juni 1999 satte 125 Millionen Mark Verkaufserlös ein – also mehr als dieser Vertrag bis Ende 2002 an Einnahmen bringen würde!

Allerspätestens hiermit hätte klar sein müssen: Das Kurswunder von Unterföhring war eine einzige Luftnummer. EM.TV bog sich durch eine ebenso kreative wie unsolide Buchführungspraxis seine Umsätze und Gewinne so hin, wie die Haffas es brauchten, um die bisherigen Kursgewinne zu rechtfertigen und die Story vom Superstar der Medienbranche und des Neuen Marktes weiterschreiben zu können. Doch dann geschah das eigentliche Wunder: Keinem fiel das auf. Die Story ging einfach so weiter.

Wie konnte das passieren?

4
Und keiner, keiner wundert sich

Also will auch nötig seyn
ein wachendes Auge und gute Ordenung
bey dem Müntzende zu haben
do das nicht geschicht
so nimpt der Menschen List
Eygennutz und Geitzigkeit die Uberhandt
Aus dem „Müntz-Spiegel des
Magisters Tilemann Friese" von 1592

Da ist also ein Unternehmen, das durch den Börsengang vor der Pleite gerettet wurde und mit ein bisschen Geld auf Expansionskurs gehen konnte. Da ist ein Unternehmer, der an seinen Worten gemessen schon kurz vor der Welteroberung stehen musste, faktisch aber über das Stadium eines kleinen Mittelständlers nicht hinausgekommen war. Und da ist eine Aktie, die im Lauf des Jahres 1998 durch die unermüdliche Arbeit dreier Fans und eine kreative Buchhaltung in unvorstellbare Höhen gepuscht wurde.

Wobei, um das ganz deutlich zu sagen, zwar viele der Elemente, die zu dieser Kursexplosion führten, unappetitlich oder unseriös gewesen sein mögen, aber deshalb noch lange nicht illegal waren. Fondsmanager können kaufen, was sie wollen, Journalisten können schreiben, Analysten können empfehlen, was sie wollen. Und die Bilanzen, die Florian Haffa gebastelt hatte, waren sämtlich von der großen und anerkannten Wirtschaftsprüfungsgesellschaft Price Waterhouse (später dann PricewaterhouseCoopers) abgesegnet worden. Obwohl rein ökonomisch gesehen in den Geschäftsberichten viele rote Warnlampen blinkten, war juristisch gesehen bei EM.TV alles im grünen Bereich. Und solange der Dreier-Fanclub EM.TV die Treue hielt, konnten die Signale weiter auf Kursaufschwung stehen.

Aber neben dieser ganz speziellen, fast gänzlich virtuellen Welt der Haffas, Ochners, Korffs und Tubeilehs existierte doch eigentlich noch die reale Welt. In der es nicht nur einen Investoren, einen Journalisten und einen Analysten gibt, sondern von allem viele. Und in dieser realen Welt müsste doch dem einen oder anderen von diesen vielen aufgefallen sein, dass bei EM.TV etwas faul war. Denn Ungereimtheiten und Merkwürdigkeiten gab es, wie eben gesehen, bei diesem Unternehmen zuhauf, und Thomas Haffa, der scheinbar unverwundbare Siegfried des Neuen Marktes, er hätte mit Leichtigkeit zur Strecke gebracht werden können. Aber niemand schlug zu.

Das Versagen der Analysten

In der Wildwestzeit des Neuen Marktes schienen die Analysten der großen Banken noch die seriöseste Quelle für Anlageinformationen zu sein. Ihre zahlenbefrachteten Studien erweckten den Anschein, als hätten die Damen und Herren die Unternehmen auf Herz und Nieren durchgecheckt, und als wüssten sie, wovon sie da schrieben.

Dieser Anschein sollte ja auch erweckt werden. Er war aber natürlich fernab jeder Realität. Die meisten Unternehmen des Neuen Marktes bewegten sich schließlich in völlig neuen Branchen und entwickelten neue Produkte für neue Märkte, die bisher bestenfalls im Ansatz existierten – und zwar sowohl die Produkte als auch die Märkte. Zudem war, wie die Entwicklung EM.TVs sehr deutlich zeigte, völlig unklar, in welche Richtung und mit welchem Tempo sich die Unternehmen in den nächsten Jahren bewegen würden. Um den aktuellen fairen Wert einer Aktie zu berechnen, brauchten die Analysten aber Zahlenreihen für zehn und mehr Jahre im Voraus. Was sollte man anderes tun, als sich die Zahlen aus den Fingern zu saugen?

Nur ein Beispiel: In einer Studie vom Dezember 1999 versuchte Oliver Rupprecht vom Bankhaus M.M. Warburg & Co., den fairen Wert der EM.TV-Aktie nach der so genannten Discounted-Cash-Flow-Methode zu berechnen. Die dafür benötigten Zahlen, also Umsatz, Gewinnmarge und OFCF (operativer freier Cash Flow) rechnete er treu und brav bis einschließlich 2012 auf tausend Mark genau aus: Im Jahr 2012 würde EM.TV demnach 9 Milliarden 706 Millionen und 875 Tausend Mark Umsatz machen, eine Marge von 27,7 % erzielen und dadurch einen OFCF von 2 Milliarden 687 Millionen und 851 Tausend Mark erreichen. Erst für die Jahre ab 2013 wurde Rupprecht dann pauschaler und kalkulierte mit einem konstanten Umsatzwachstum von 5 % pro Jahr und einer Gewinnmarge von konstant 24 %. Nach diversem Hin- und Herrechnen ergab sich dann als Ergebnis für EM.TV ein fairer Wert von 74 Euro je Aktie. Und da der Kurs damals „nur" 61 Euro betrug, konnte Rupprecht guten Gewissens eine Kaufempfehlung aussprechen.

So präzise, geradezu absurd präzise diese Berechnungen für Jahrzehnte im Voraus waren, so schlampig wurde mit der Prüfung der aktuellen Unternehmenszahlen verfahren. So ist Rupprecht offenbar nicht aufgefallen, dass der hohe Umsatz, den EM.TV im Jahr 1999 mit TV-Rechten erzielte, vor allem auf eine großzügige Vorwegnahme der Einnahmen aus dem Geschäft mit Sat.1 zurückzuführen war. Stattdessen übernimmt er eine offenkundig von EM.TV selbst stammende Statistik, die zwar nicht direkt behauptet, aber doch den Eindruck erweckt, dass EM.TV für das Jahr 1999 knapp 7.000 der insgesamt 20.000 Junior-Filmchen verwertet habe – und das nur in Deutschland. Die Frage „An wen denn?" hätte

Rupprecht dann allerdings stellen müssen. Schließlich werden im Geschäftsbericht nur zwei Kunden genannt: Sat.1 (1.200 Episoden pro Jahr ab 2000) und der Disney Channel (540 Episoden pro Jahr ab Oktober 1999). Fehlen also noch 5.260 Episoden oder besser gesagt: Es fehlen noch fast alle der 7.000 Episoden – schließlich betrifft nur der Vertrag mit dem Disney Channel in einem geringen Umfang auch das Jahr 1999. Auf die Frage nach den Abnehmern dieser vielen Episoden hätten wohl auch die sonst um keine Antwort verlegenen Haffas wenig zu sagen gewusst.

Genauso gut hätte Rupprecht die Frage stellen können, wie denn allein das eine Unternehmen EM.TV nur in Deutschland 300 Millionen Umsatz pro Jahr mit der Verwertung von Kinderfilmen machen könne, wenn alle deutschen Fernsehsender zusammen nur 170 Millionen Mark im Jahr mit Werbung im Kinderprogramm einnehmen. Auch hier hätte wohl kaum eine befriedigende Antwort gegeben werden können.

Nun könnte es ja sein, dass solche Fragen sich zu sehr auf einzelne Inhalte beziehen und nicht so sehr auf die Zahlen des Unternehmens – dass solche Fragen eher von Journalisten gestellt werden sollten als von Analysten. Aber reine Zahlen-Fragen, wie sie nicht von Journalisten, sondern von Analysten gestellt werden müssten, wurden ebenfalls nicht beachtet: Eine Kennziffer, die als Maßstab für den Erfolg eines Unternehmens in den letzten Jahren immer wichtiger geworden ist, nennt sich „Economic Value Added“, kurz EVA. Sie misst den Gewinn nach Abzug realer wie hypothetischer Kapitalkosten und kommt dem relativ nahe, was Karl Marx seinerzeit als „Mehrwert“ bezeichnet hatte. Je höher EVA, desto besser wirtschaftet ein Unternehmen. Oliver Rupprecht hat den EVA von EM.TV zwar berechnet, aber nicht kommentiert – vielleicht, weil er nicht so rasend gut zu den sonstigen Zahlen passte, denn EM.TV produzierte nicht

Mehrwert, sondern Wenigerwert: 1997 waren es minus 0,5 Millionen Mark, 1998 minus 26,6 Millionen Mark, und für 1999 erwartete Rupprecht einen EVA von minus 136,2 Millionen Mark. Hätten die Haffas dafür wohl eine Erklärung liefern können?

Die Arbeitsweise, die der Warburg-Medienanalyst bei dieser Studie an den Tag gelegt hatte, war leider keine Ausnahme, sondern die Regel. Viele der Analysten, die für die Unternehmen des Neuen Marktes zuständig waren, kamen frisch von der Uni oder hatten maximal drei Jahre Berufserfahrung. Sie hatten noch niemals ein Unternehmen von innen gesehen, sie kannten noch nicht das Trick-Arsenal der Finanzvorstände, und sie hatten fürchterlich viel Stress: Die Zahl der Unternehmen, die zu betreuen war, wuchs wesentlich schneller als der Personalbestand in den Research-Abteilungen.

Sie hatten keine Erfahrung und sie hatten keine Zeit, also machten sie schlicht das, was ihnen auf der Uni beigebracht worden war: die richtigen Zahlen zu den richtigen Fachbegriffen stellen, die richtige Formel anwenden und alles einmal durch die Computer jagen. Analysten brauchen Zahlen, viele Zahlen, um ihre Berechnungen durchführen zu können. Und wenn ihnen all die Zahlen, die sie brauchen, halbwegs überzeugend präsentiert werden, prüfen sie nicht lange nach, ob die Zahlen auch stimmen, sondern fangen an zu rechnen. Und im überzeugenden Präsentieren auch der absurdesten Zahlen waren die Haffas kaum zu übertreffen.

Zur Ehrenrettung der Zunft sollte allerdings angemerkt werden, dass es zu keiner Zeit so war, dass alle Analysten EM.TV-Aktien zum Kauf empfahlen. Vor allem zwei von ihnen hoben sich mit ihren Studien deutlich vom Rest der Branche ab: Harald Heider von der DG-Bank und Christoph Benner von der Deutschen Bank. Bereits in der ersten Aufstiegsphase, im April 1998, warnte die DG-Bank, dass der

EM.TV-Kurs fundamental nicht mehr gerechtfertigt sei und ein baldiger Rückschlag drohe. Statt beim damals aktuellen Kurs von 413 Mark hielt die DG-Bank EM.TV bei einem Kurs von 260 Mark für „fair bewertet". Auch in der Folgezeit riet die DG-Bank immer wieder einmal, EM.TV zu reduzieren, so im Juli1999: Die Manager von EM.TV seien zwar hervorragende Marketingexperten und die Nachfrage nach den Inhalten von EM.TV werde aufgrund der technischen Entwicklung in den kommenden Jahren voraussichtlich deutlich zulegen. Der damals aktuelle Börsenwert von etwa 13 Milliarden Mark lasse sich mit der Realisierung der Planzahlen dennoch nicht rechtfertigen. Auch auf dem Höhepunkt der EM.TV-Euphorie, im Februar 2000, blieb DG-Bank-Analyst Harald Heider standhaft bei „Reduzieren": Das Unternehmen könne zwar eine exzellente Entwicklung aufweisen, sei aber viel zu hoch bewertet. Im Januar 2000 riet aus eben diesem Grund Dresdner Kleinwort Benson den EM.TV-Aktionären dazu, ihre Gewinne mitzunehmen und die Aktien zu verkaufen.

Ähnlich skeptisch wie Heider war Christoph Benner, Medienanalyst der Deutschen Bank, der im ganzen Jahr 1999 und bis in den Februar 2000 hinein EM.TV als „Marktperformer" einstufte. Zwar hob Benner in seinen Studien immer wieder die Dynamik des Managements und des Unternehmens hervor, trotzdem prognostizierte er regelmäßig eine nur durchschnittliche Kursentwicklung. In der damaligen Hype-Zeit war „Market Perform" fast schon ein Misstrauensvotum – und das noch dazu von einem Analysten der Deutschen Bank, die doch sowohl als Kreditgeber wie als Konsortialmitglied bei der Kapitalerhöhung 1999 mit EM.TV Geschäfte machte.

Doch ausgerechnet im Februar 2000, als die EM.TV-Aktie ihren absoluten Höchststand erreichte, wechselte Benner ins Lager der EM.TV-Anhänger und gab erstmals eine Kaufempfehlung ab – mit Kursziel 125 bis 130 Euro. Der von Börsianern für wahrscheinlich gehaltene Grund für diesen Sinneswandel war allerdings nicht, dass Benner jetzt plötzlich von den Zahlen der Unterföhringer überzeugt war. Nein, Benner habe sich wohl der Stalldisziplin unterworfen: Im Februar 2000 zeichnete sich ab, dass die Deutsche-Bank-Tochter „Morgan Grenfell Private Equity" zum EM.TV-Großaktionär werden würde. Thomas Haffa würde in die Formel 1 einsteigen, und für die Anteile, die Morgan Grenfell bis dahin an der Formel 1 hielt, würde er mit vielen, vielen EM.TV-Aktien zahlen. Und so unabhängig von den Geschäftsinteressen des eigenen Arbeitgebers kann auch der beste Analyst nicht sein – Benner musste an den Zahlen aus dem Hause Haffa nun wohl oder übel Gefallen finden.

Bei der WestLB dagegen, die EM.TV ja 1997 an die Börse gebracht hatte, machten sich die Analysten die Sache einfacher: Von Beginn an wurde EM.TV zum Kauf empfohlen und in der Folge wurde diese Einschätzung immer wieder bekräftigt. Auch für die meisten anderen Analysten war EM.TV bis weit ins Jahr 2000 hinein ein klarer Kauf. Das war schlicht die einfachere und auch sicherere Lösung. Wenn zehn Analysten eine Aktie zum Kauf empfehlen, gehört für den elften schon eine gehörige Portion Mut dazu, das genaue Gegenteil zu behaupten.

Dass Analysten weit mehr Kauf- als Verkaufsempfehlungen gaben, war damals zudem keine EM.TV-Spezialität. In der Überhitzungsphase des New-Economy-Booms um die Jahrtausendwende gab es schlichtweg so gut wie keine Verkaufsstudien mehr. Man kann das als hässliche Masche verteufeln, um Anleger um ihre Spargroschen zu bringen. Und natürlich gibt es auch Fälle, in denen Kaufstudien nicht geschrieben werden, weil eine Aktie so überzeugend ist, sondern weil die Handelsabteilung der Bank einen größeren Posten dieser Aktie zu hohen Preisen bei den Kleinanlegern abladen will. Aber es war eben auch eine Zeit, in der die Anleger geradezu nach Kaufempfehlungen gierten. Kritische Studien wären einfach nicht zur Kenntnis genommen worden – also schrieben die Analysten das auf, was die Anleger von ihnen erwarteten. Zur Zeit hingegen befindet sich der Neue Markt im tiefen Tal der Tränen, und die Analyse-Abteilungen überbieten sich nur so mit Verkaufsstudien. Auch diesmal reagieren sie damit nicht so sehr auf die veränderten Zahlen der Unternehmen, sondern folgen dem Herdentrieb und den Erwartungen des Marktes.

Ob sie damit nun Recht haben oder nicht: Den Nimbus der vertrauenswürdigen Experten haben die Analysten im Jahr 2000 verspielt. Stattdessen haben sich vier andere Erfahrungen herausgebildet, die der real existierenden Analystenbranche wohl weit eher entsprechen als das Alleskönner-Image vergangener Jahre: Auch Analysten wissen nicht immer, was sie zu wissen vorgeben, sie folgen einem Herdentrieb, sie sind nicht dafür da, Menschen vom Aktienkauf abzuhalten, und sie haben hin und wieder nicht das Interesse der Anleger im Auge, sondern das Interesse des eigenen Arbeitgebers.

Das Versagen der Journalisten

Alte Presseartikel über EM.TV nachzulesen ist noch weitaus deprimierender als das Blättern in alten Analystenstudien. Fast alle Artikel laufen nach dem gleichen Schema ab: EM.TV präsentiert einen neuen Deal oder neue Zahlen, Thomas Haffa offeriert die dazu passende große Vision, es folgt eine Passage über den märchenhaften Aufstieg der Firma mit den gerade aktuellen xtausend Prozent Kurssteigerung seit Börsengang und den vielen Millionären, die das Unternehmen produziert hat. Es geht weiter mit den aktuellen und den fürs nächste Jahr prognostizierten Umsatz- und Gewinnzahlen und ein, zwei Statements von Analysten, die EM.TV weiterhin zum Kauf empfehlen, und Ende der Geschichte. Thomas Haffa ist immer der Superstar mit Villen, Yachten, wilden Parties, und in den Interviews darf er jeweils den gerade aktuellen Deal begründen, seine weiteren Pläne ausbreiten und am Ende die ach so kritische Frage beantworten, ob sein Unternehmen mit aktuell x Milliarden Börsenwert nicht doch etwas überbewertet sein könnte.

Natürlich gab es wie bei den Analysten auch bei den Journalisten Ausnahmen von der Regel: Hans-Jürgen Jakobs, dem Medienredakteur des Spiegels, war EM.TV von Anfang an suspekt und er stieß auch auf einige Leichen im Unterföhringer Keller – etwa die freche Vorausbuchung der Einnahmen aus dem Sat.1-Vertrag, das Missverhältnis zwischen den erhofften Erlösen aus dem Junior-Filmpaket und dem gesamten Werbeaufkommen im Kinderprogramm und die enge Verbindung zu Marian von Korff. Auch die Börsen-Zeitung bemerkte hin und wieder einmal eine Schwachstelle im Haffaschen Zahlenwerk. Geradezu katastrophal hingegen liest sich die Performance des Lokalmatadoren, der Süddeutschen Zeitung, sowie der übrigen Tageszeitungen mit anerkannter Wirtschaftskompetenz: Weder die Frankfurter Allgemeine noch das Handelsblatt noch die Financial Times Deutschland fanden Haare in der EM.TV-Suppe – wahrscheinlich, weil sie gar nicht erst danach gesucht hatten. Das Manager-Magazin adelte Thomas Haffa im April 2000 sogar zum „Vorbild einer neuen Gründergeneration". Im Januar 2001 attestierte das gleiche Blatt ihm dann „eine krachende Karriere, bar jeder Demut und bar jeden Sinns", aber zu dem Zeitpunkt konnte das ja jeder.

Sicher, aus der heutigen Sicht ist es sehr leicht, den Journalisten, die zur Zeit des EM.TV-Höhenflugs über das Unternehmen berichteten, Blindheit und handwerkliche

Mängel vorzuwerfen. Und auch hier gibt es, genau wie bei den Analysten, ein paar durchaus verständliche Gründe, warum Haffa so durchgängig gefeiert wurde:

Herdentrieb: Wie überall sind auch bei Journalisten diejenigen dünn gesät, die sich trauen, eine gänzlich andere Position als der versammelte Rest ihrer Branche einzunehmen.

Marktsituation: Was hätte es denn gebracht, eine skeptische Position gegenüber EM.TV einzunehmen, solange man damit rechnen musste, kurzfristig von der Kursentwicklung widerlegt zu werden? Da lässt man doch lieber die Finger von der Aktie, als sich allein gegen den Rest des Marktes zu stellen.

Fehlende Erfahrung: In den meisten Redaktionen wurde die Berichterstattung über die Firmen des Neuen Marktes in die Hände junger, relativ unerfahrener Kollegen gelegt. Die alten Hasen fühlten sich in der Welt der großen Standardwerte wohler, weil sie nicht verstanden, nach welchen Gesetzen der Neue Markt funktionierte. Wie sich im Nachhinein zeigte, war dieses Unverständnis durchaus begründet, aber damals war eben ein diffuses Gefühl weit verbreitet, dass die New Economy mit neuen Regeln und Gesetzen die Finanzmärkte komplett umkrempeln und dabei „Opas Börse“ (Friedhelm Busch) den Garaus machen würde.

Überzeugende und einfache Story: Die Geschichte „Vom Studienabbrecher zum Milliardär“ hatte ihren Charme, und natürlich wusste man aus eigener Erfahrung, dass Internet und Digitalisierung die ganze Medienbranche umkrempeln würden. Vielleicht hatte Thomas Haffa ja tatsächlich das Glück gehabt, zur richtigen Zeit am richtigen Ort zu sein. Die Journalisten jedenfalls hatten bei einem Unternehmen, das mit Biene Maja, Pippi Langstrumpf und Ernies Quietschentchen handelte, wenigstens das Gefühl, dass sie das Geschäft, das da betrieben wurde, verstanden – ganz anders als bei Unternehmen, die Maschinen zur Herstellung von Verbindungshalbleitern oder zur Reinigung von Desoxyribonukleinsäure produzierten und auf kryptische Namen wie Aixtron oder Qiagen hörten.

Und die Börsenjournalisten im engeren Sinne, also diejenigen, die von der Branche und den Lesern an der Performance ihrer Empfehlungen gemessen werden, tendieren in noch weit stärkerem Maß als die Analysten eher zu Kauf- als zu Verkaufsempfehlungen.Die wichtigsten Gründe für diese Kauf-Lastigkeit liegen dabei in den Erwartungen und in den Reaktionen der Leser:

1. Mit einer Kaufempfehlung ist der Journalist psychologisch auf der sicheren Seite. Was kann passieren, wenn ich eine Aktie zum Verkauf empfehle? Sie kann steigen oder fallen. Steigt sie, sind diejenigen sauer, die auf meinen Rat hin die Aktie verkauft haben, weil ihnen die schönen Gewinne entgangen sind. Fällt sie, sind diejenigen sauer, die nicht verkauft haben – weil meine Verkaufsempfehlung schuld daran ist, dass die Aktie abschmiert. Was auch immer passiert, mit der Verkaufsempfehlung kann ich nur verlieren. Bei der Kaufempfehlung ist es genau umgekehrt: Steigt danach die Aktie, bin ich fein raus – und wenn sie fällt, kann ich wenigstens mit gutem Gewissen sagen, dass das nicht an meinem Artikel lag.
2. Für Kaufempfehlungen ist der Markt wesentlich breiter als für Verkaufsempfehlungen. Wer kann sich für Kaufempfehlungen interessieren? Alle Anleger. Und für Verkaufsempfehlungen? Eigentlich nur die Anleger, die diese Aktie bereits besitzen. Und außer bei der Deutschen Telekom, deren Aktie bei etwa jedem zweiten deutschen Aktionär im Depot liegen dürfte, ist bei allen anderen Unternehmen die Zahl der Aktionäre stets wesentlich kleiner als die der Nicht-Aktionäre
3. Die Nutzer von Empfehlungen wollen kaufen, nicht ver-

> kaufen. Wer interessiert sich für Analystenstudien? Wer kauft Anlegermagazine? Doch wohl in erster Linie diejenigen, die Geld anlegen wollen. So wie Reisemagazine von denen gelesen werden, die verreisen wollen – und Reiseführer, die immer nur erzählen, was vor Ort gerade besonders furchtbar ist, ihren Beruf verfehlt haben. Immobilienblätter werden von denen gelesen, die eine Immobilie kaufen wollen. Börsenmagazine lesen natürlich auch ein paar Leute, die sich einfach für Aktien interessieren, auch wenn sie gerade keinerlei Kaufabsicht hegen. Aber der Löwenanteil der Leser jedweder Art von Empfehlung sind Leute, die Anregungen zum Kaufen suchen, nicht zum Verkaufen.

Man sollte das Verständnis allerdings auch nicht übertreiben. Denn bei der Behandlung von EM.TV wurde kollektiv traditionellen journalistischen Tugenden der Garaus gemacht. „Mann beißt Hund" ist bekanntlich die bessere Geschichte als „Hund beißt Mann" – und „Haffa verkauft EM.TV-Aktien" wäre die bessere Geschichte gewesen als „Haffa kauft eine Yacht". Aber geschrieben wurde immer nur die Yacht-Geschichte. Dabei hatte doch Thomas Haffa selbst eine gute Fährte gelegt, im August 2000 in der Financial Times Deutschland: „Die Presse stellt mich immer als jemanden dar, der einen Porsche fährt, eine Harley hat und eine Yacht. Was für ein Scheißdreck. Diese Dinge sind doch selbstverständlich, wenn man so viel Geld hat wie ich."

Hat irgendwann einmal irgendjemand sich gefragt, wo Thomas Haffa denn dieses ganze Geld her hatte? Das Geld für Porsche, Harley und Yacht, für die Villen in München-Bogenhausen, in Kitzbühel und auf Mallorca? „Für mich gibt es kein besseres Investment als das ins eigene Unternehmen", hatte Haffa im März 1998 gesagt, als er von Focus gefragt worden war, ob er nach dem Ende der Haltefrist im

April denn gedenke, Aktien zu verkaufen. Dass er ganz offensichtlich anders handelte, dass er in großem Stil EM.TV-Aktien verkaufte, um seinen Lebensstil zu finanzieren (mehr hierzu im 9. Kapitel), hätte jedem auffallen können.

Es fiel aber keinem auf. In keinem Interview gab es die doch eigentlich so nahe liegende Frage: „Von welchem Geld haben Sie Ihre Yacht eigentlich gekauft, Herr Haffa?" Das rastete so selbstverständlich ein, die Begriffe „Milliardär" und „Yacht" passten so gut zusammen, dass keiner bemerkte, dass es sich bei den Milliarden eigentlich nur um Milliarden auf dem Papier handeln durfte. Dass Haffa als typischer Unternehmer am Neuen Markt eben kein Geld haben durfte, sondern nur Aktien. Jede Wette, dass diese Geschichte die Leser interessiert hätte – und die Aktionäre erst recht.

Ein anderes, ebenso ärgerliches Beispiel: Bei der EM.TV-Hauptversammlung im Sommer 1998 hatte Kurt Ochner öffentlich bekannt, dass er für seinen Fonds ein Drittel aller im Umlauf befindlichen Aktien des Unternehmens eingesammelt hatte. Es gab damals viele Journalisten in Frankfurt, die wussten, was es bedeutet, wenn Ochner in dieser Weise in einen Wert hineingeht. Die Aktionäre hingegen wussten das nicht. Hat irgend jemand von all diesen Wissenden damals seine Kenntnisse an die Anleger weitergegeben? Ganz im Gegenteil, Ochner erklomm mit seiner Masche in jedem Performance-Vergleich der Fondsmanager das Siegertreppchen – und wurde in den Anlage-Magazinen kritiklos dafür gefeiert. Man muss die Tricks, mit denen ein Ochner arbeitet, nicht gleich in Grund und Boden verdammen – aber die Leser haben ein Recht darauf, erklärt zu bekommen, wie der Trick funktioniert und unter welchen Bedingungen er nicht mehr funktionieren würde.

Und dann gibt es natürlich noch die Journalisten, die ebenfalls mit Tricks arbeiten. Dass es in jedem Land unter den

Börsenjournalisten Schmuddelkinder wie Egbert Prior und Bernd Förtsch gibt – geschenkt. Sie sind leicht zu erkennen, ihre Maschen sind einfach zu durchschauen, und es gibt genug seriöse Medien, die deutlich davor warnen, sich auf dieses Spiel einzulassen. Aber solange es genügend Leute gibt, die geradezu wild darauf sind, bei diesen Spielchen mitzumachen, werden solche Schmuddelkinder existieren. Man sollte eben die Finger von Aktien lassen, die gerade von den Förtschs und Priors bearbeitet werden. Aber in der Neue-Markt-Hysterie von 1998 bis 2000 verlotterten auch bei einigen als seriös geltenden Medien die Sitten. Die traurige Spitzenstellung hierbei nehmen die Redaktionen von Focus und (ab März 2000) dem Schwesterblatt Focus Money ein. Hier traf ein an Naivität grenzender Mangel an Unrechtsbewusstsein des Chefredakteurs Helmut Markwort auf die höchst konsequent und überhaupt nicht naiv agierende Clique um Marian von Korff. Wie wenig Markwort von den Regeln der Börse begriffen hatte, zeigt das bereits erwähnte Editorial aus dem November 1996, in dem er schildert, wie die Focus-Redakteure ihren Auftrag „und immer an die Leser denken" verstanden: „Nachdem wir das Titelthema über Aktien diskutiert haben, werden mehrere Teilnehmer der Redaktionskonferenz beobachtet, wie sie eilig ihre Bank anrufen." Selbst wenn solche Geschäfte auch in den besten Redaktionen hin und wieder vorkommen – ein Chef, der sich geradezu darüber freut, dass seine Leute früher als alle anderen die von Focus empfohlenen Aktien kaufen, lädt die Mannschaft geradezu ein, die Aktientipps als Selbstbedienungsladen zu missbrauchen.

Ob es sich bei dieser Verhaltensweise um illegale Insider-Geschäfte handelt, ist unter Juristen umstritten. Das Wertpapierhandelsgesetz in der Fassung vom August 1998 bezeichnet als Insider einen Menschen, der „aufgrund seines Berufs oder seiner Tätigkeit bestimmungsgemäß Kenntnis von einer nicht öffentlich bekannten Tatsache hat, die geeignet ist, im Falle ihres öffentlichen Bekanntwerdens den Kurs der Insiderpapiere erheblich zu beeinflussen.“ Kann eine Empfehlung in einem Medium den Kurs erheblich beeinflussen? Bei der Deister- und Weserzeitung eher nicht, bei Focus, Handelsblatt oder Telebörse sicherlich. Spielt es für eine Aktie überhaupt eine Rolle, ob sie von einem wichtigen Medium empfohlen wird? Bei BMW wohl kaum, bei EM.TV schon eher, bei einem Außenseiter wie U.C.A. ganz bestimmt. Je wichtiger das Medium, und je kleiner die Aktie, desto eher müsste also auf Insider-Tatbestände hin geprüft werden. Es wird aber nicht geprüft. Und solange Aufsichtsbehörde, Staatsanwalt und Justiz keinen Handlungsbedarf sehen, können die Redaktionen ganz nach Belieben verfahren.

In den USA mit ihren weit strengeren Insider-Regelungen würden insider-verdächtige Journalisten nicht lange Journalisten bleiben. Beim Wall Street Journal zum Beispiel ist es den Redakteuren überhaupt nicht erlaubt, ihr Geld in einzelnen Aktien anzulegen. Im Deutschland der späten 90er Jahre hingegen werden solche Figuren nicht nur toleriert, sondern sogar gefeiert. So immer wieder von Focus-Chefredakteur Helmut Markwort, der sich im Juni 2000 in einem Editorial geradezu zu Hymnen auf seinen Ex-Untergebenen Marian von Korff hinreißen ließ: „Ein Trüffelschwein für Aktienwerte“ sei der „fröhliche Kollege“ von Korff gewesen, „ein überdurchschnittliches Finanztalent. Die Passion fürs Börsengeschäft muss in seinen Genen stecken.“ Und 225 Seiten später wird im selben Heft zu den Focus-Tipps das Fazit gezogen: „Wer die empfohlenen Aktien kaufte, konnte viel Geld verdienen.“ Einer der Aktientipps, die „die herausragende Marktkenntnis“ des Focus-Anlageteams belegen sollen, ist natürlich EM.TV.

Sicher, Markwort war provoziert worden: Ein Spiegel-Artikel der Vorwoche hatte unter der Überschrift „Aktien, Aktien, Aktien“ über die merkwürdigen Übereinstimmungen zwischen den Empfehlungen von Korffs und dessen eigenen Aktien-Dispositionen berichtet. Aber dass sich Markwort als Chefredakteur eines renommierten Nachrichtenmagazins so eindeutig auf die Seite Marian von Korffs schlug, macht deutlich, wie schlecht es um die Aktienkultur in der deutschen Medienlandschaft bestellt ist.

„Ist Markwort von allen guten Geistern verlassen, das nicht nur zu rechtfertigen, sondern auch noch als Vorteil für seine Leser auszulegen?", fragte sich nach diesem Artikel der altgediente Börsenjournalist Manfred Gburek, um sich dann selbst die Antwort zu geben: „Wahrscheinlich blieb ihm nichts anderes übrig, denn er hatte nur die Wahl zwischen den folgenden drei Möglichkeiten: 1. ‚Ich trage für alles die Konsequen-zen.' 2. ‚Wir haben einen Fehler gemacht, der nie wieder vorkommen soll.' 3. ‚Ich gehe zum Gegenangriff über, schließlich haben ja auch andere Blätter ihre Affären.'"

Das sollte sich als durchaus richtig herausstellen. Denn der Stern, dem damals ebenfalls belastendes Material gegen Marian von Korff vorlag, hatte einen delikaten Grund, um in dieser Angelegenheit lieber keinen Staub aufzuwirbeln: Im Jahr 1996 hatte Werner Funk, der damalige Chefredakteur der Hamburger Illustrierten, intensiv und hatnäckig versucht, Marian von Korff als Geldanlage-Redakteur für den Stern zu engagieren.

Das Versagen der Investoren

Eigentlich klingt es unlogisch, den Investoren eine Mitschuld daran zu geben, dass nicht früher aus EM.TV die Luft herausgelassen wurde. Wer an das Potenzial einer Aktie glaubt, kauft sie sich und ist dann an steigenden Kursen interessiert. Wer nicht daran glaubt, ordert sie erst gar nicht, und wenn er sie schon hat, verkauft er sie. Und danach ist er an dieser Aktie überhaupt nicht mehr interessiert.

Ja, so war sie, die schöne heile Börsenwelt im Deutschland des 20. Jahrhunderts. Es gab immer nur Marktteilnehmer, die steigende Kurse sehen wollten, im höchsten Fall einmal jemand, der sich eine kurzfristige Korrektur nach unten wünschte, um einen günstigeren Einstiegskurs zu bekommen. Aber für Investoren, die eine Aktie für heillos überbewertet halten und auf fallende Kurse setzen wollten, gab es nur die Möglichkeit, zu Put-Optionen zu greifen – eher ein Spielzeug als ein veritables Investment. Wer genauso aggressiv aus einem Kurs die Luft herauslassen wollte, wie die Ochners und Korffs sie vorher hineingepumpt hatten, kam mit Put-Optionen nicht weit, da er den Kurs selbst nicht bewegen konnte.

Dass es in der Börsenwelt auch anders zugehen kann, war allerdings auch in Deutschland schon bemerkt worden. Und das Instrument, mit dem ein Anti-Ochner hätte hantieren können, wäre auch in Deutschland einsetzbar gewesen: Short-Selling. Und dass so ein Anti-Ochner nicht nur einzelne Aktien, sondern auch ganze Staaten erschüttern konnte, hatte der bekannteste Vertreter dieser Spezies schon mehrfach demonstriert: George Soros. Denn sowohl sein legendärer Angriff auf das britische Pfund im Jahr 1992 als auch die Attacke gegen die thailändische Währung Baht im Sommer 1998 waren klassische Short-Selling-Operationen.

Angenommen, George Soros hätte sich im Herbst 1999 vorgenommen, die Haffa-Aktie zum Absturz zu bringen – Wohltäter, der er ist, kurz bevor die nächste Kapitalerhöhung wieder ein paar zehntausend Anleger um fast eine Milliarde Mark erleichtern sollte. Er borgt sich also am 5. Oktober bei ein paar Investmentfonds zusammen eine Million EM.TV-Aktien aus, zahlt dafür eine Leihgebühr und garantiert die Rückgabe der Aktien in genau einem Monat. Die ausgeliehenen Aktien verkauft er noch am gleichen Tag zum aktuellen Kurs von 51 Euro. Am nächsten Tag gibt er bekannt, dass er gegen EM.TV spekuliert und gibt noch ein paar Gründe zum besten, warum er dieses Unternehmen für grotesk überbewertet hält. Soros gegen Haffa, das wäre als Story mindestens so spannend wie Mannesmann gegen Vodafone. Journalisten und Analysten, Klein- und Großaktionäre würden in heißen Debatten darüber streiten, wer von den beiden wohl a) recht haben, und b) gewinnen würde. Und nach spätestens einer Woche hätte Soros gewonnen: EM.TV muss die Kapitalerhöhung absagen, der Kurs stürzt ins Bodenlose und landet am 5. November bei, großzügig bemessen, 10 Euro. Jetzt kauft Soros eine Million Aktien auf, gibt sie an die Entleiher zurück und hat, nach Abzug von Leihgebühr und sonstigen Spesen, 35 Millionen Euro verdient. Und der EM.TV-Kurs wäre wieder ungefähr da gelandet, wo er eigentlich ohnehin hingehört hätte.

Nicht nur, dass die Geschichte bekanntlich so nicht ablief, sie hätte auch praktisch wohl kaum so laufen können. Erstens wären 35 Millionen Euro Verdienst für einen Soros wohl kaum Anreiz genug gewesen, sich auf EM.TV zu stürzen, zweitens hätte er eine Menge von einer Million EM.TV-Aktien nicht so einfach auf den Markt werfen können, denn das wäre in etwa so viel gewesen, wie sonst an einem durchschnittlichen Tag gehandelt wurden, und drittens wäre wohl kaum ein Fonds bereit gewesen, George Soros eine genügend hohe Stückzahl an EM.TV-Aktien zu leihen. Da es Soros mit fast hundertprozentiger Sicherheit schaffen würde, die Aktie in den Keller zu treiben, konnte sich jeder Fondsmanager ausrechnen, dass das auch bei sehr üppiger Leihgebühr ein schlechtes Geschäft geworden wäre.

Aber es geht hier ja auch nicht um George Soros, es geht um das Prinzip des Short-Selling. In den USA ist dieses Instrument seit langem gängig und auch Kleinanlegern erlaubt, in Deutschland ist es für Kleinanleger faktisch verboten und in den Handelsräumen der Banken zählt es zwar zum regulären Handwerkszeug, doch gilt es als nicht opportun, dieses Mittel einzusetzen, um eine Aktie nach unten zu prügeln: Schließlich können dabei eine Menge Aktionäre viel Geld verlieren, und diejenigen davon, die bisher Kunden bei der angreifenden Bank waren, würden sich danach wohl kaum für diese Aktion bedanken.

Aber es hätten ja auch nicht die Banken sein müssen, die diese äußerst lukrative, aber naturgemäß unpopuläre Drecksarbeit erledigen. Es gibt schließlich genügend private Großspekulanten vom Kaliber eines Karlheinz Ehlerding, die ein schlechtes Image locker wegstecken können, wenn dafür die Kasse stimmt. Vor gut zehn Jahren betätigte sich diese Spezies als „Corporate Raider“: James Goldsmith in Großbritannien oder Carl Icahn in den USA attackierten mit geliehenen Milliarden fette Mischkonzerne, um sie nach erfolgter Übernahme aufzuspalten und die Einzelteile für insgesamt mehr Geld wieder zu verkaufen, als sie zuvor für das gesamte Unternehmen zahlen mussten. Auch wenn sie sich damit nicht viele Freunde machten, hatten sie die ökonomische Logik auf ihrer Seite: Wenn ein Konzern den Wert seiner einzelnen Bestandteile nicht vergrößert, sondern verringert, hat er seine Existenzberechtigung verwirkt.

In den Jahren ab 1998 hätte das umgekehrte Verhalten die ökonomische Logik auf seiner Seite gehabt: Wenn ein Unternehmen tatsächlich weit weniger wert ist, als seine Aktionäre glauben, wäre es gesamtwirtschaftlich sinnvoller, die dort gebundenen Ressourcen an anderer Stelle einzusetzen. Also ab in den Keller mit dem Kurs, und das so verdiente Geld an anderer Stelle produktiver arbeiten lassen. Aber die heimischen Großspekulanten haben die Chance verpasst, sich auf Kosten vieler kleiner Aktionäre zu bereichern – dabei allerdings einer noch weit größeren Zahl von erst später eingestiegenen Kleinanlegern die seither angehäuften Verluste zu ersparen. Auch als der Börsenboom längst irrationale Züge angenommen hatte, suchten die Ehlerdings dieses Landes lieber die Stecknadel im Heuhaufen (nämlich noch unterbewertete Aktien), anstatt sich am überreichlich vorhandenen Heu (den überbewerteten Aktien) gütlich zu tun.

In den vergangenen Monaten allerdings hat sich Short-Selling auch in Deutschland breit gemacht. Die Akteure sind meist große Hedge-Fonds, und solange nicht mit Brachialgewalt zum Sturm auf eine Aktie geblasen wird, sind die Aktienfonds, die diesen Wert im Depot liegen haben, auch durchaus ausleihfreudig. Bei der Deutschen Bank sind weltweit bereits 250 Mitarbeiter mit der Abwicklung der Aktienleihe beschäftigt, bei der Dresdner Bank sind es 50 Beschäftigte, mit steigender Tendenz.

Das Geschäft mit dem Short-Selling missfällt zwar den jeweils angegriffenen Unternehmen und ihren Aktionären, stößt aber sonst auf einhellige Zufriedenheit aller Beteiligten. Und das völlig zu Recht, wie Eike Reneerkens von der Fondsgesellschaft Union Investment im September 2001 in der Zeitung „Die Welt" erklärte: „Kurzfristig kann eine Aktie durch Hedge-Fonds mal ins Trudeln geraten. Langfristig setzt sich das faire Kursniveau durch. Die Hedge-Fonds beseitigen Marktineffizienzen."

Für die Beseitigung der weit gravierenderen „Marktineffizienzen", die es zwischen 1998 und 2000 ja nicht nur bei EM.TV, sondern bei vielen Unternehmen am Neuen Markt gegeben hatte, kommt dieser Aufschwung des Short-Sellings allerdings zu spät. Nicht nur die Kleinanleger haben demnach im Kaufrausch Unreife bewiesen – auch und gerade die Profi-Investoren haben hier eine einmalige Chance vertan, den windigen Kurstreibern eben diesen Wind aus den Segeln zu nehmen und sich selbst dabei kräftig zu bereichern. Schade. Es wäre volkswirtschaftlich sinnvoll gewesen.

Aber beim nächsten Aktienboom sind bestimmt alle schlauer.

5
Der Cartoon King

Entweder ist EM.TV ein echtes Wunder oder die größte Seifenblase, die die Welt je gesehen hat.
Helmut Thoma, Ex-RTL-Chef, im Jahr 1998

Es gibt immer wieder Situationen, in denen ganze Volkswirtschaften von unten nach oben gekehrt werden, in denen das Große nicht groß bleibt, und klein nicht das Kleine, in denen alte Macht nichts mehr gilt und dem Mutigen (oder dem Rücksichtslosen) die Welt offen steht. Meist sind diese Situationen mit revolutionären Umstürzen oder mit Kriegen verbunden. Wenn sie in politischen Friedenszeiten auftreten, dann sind sie in der Regel die Begleiterscheinung einer Inflation.

Technische Fortschritte ebnen für einzelne neue Unternehmen den Weg nach oben – so wie die Rockefellers mit dem Erdöl und Bill Gates mit dem PC reich wurden. Inflationen dagegen können in vergleichsweise rasender Schnelligkeit den Zusammenbruch von scheinbar unangreifbaren Imperien bewirken – und in ebensolchem Tempo Abenteurer an die Spitze neuer Imperien spülen.

In Deutschland geschah das das letzte Mal in der Hyperinflation von 1923. Damals waren es vor allem zwei Männer, die sich mit der gleichen Taktik aus vergleichsweise kleinen Anfängen ein Konzernreich aufbauten; Hugo Stinnes und der Österreicher Camillo Castiglioni. Die Taktik: Ich kaufe jetzt und bezahle später – und auch wenn das „später" nur zwei Wochen waren, so bekam man dadurch ein Haus für den Preis einer Wohnung, eine Fabrik für den Preis eines Hauses, einen Konzern für den Preis einer Fabrik. Man musste dafür nur jemand finden, der dumm oder verzweifelt genug war, sich auf so ein Geschäft einzulassen.

Ganz am Ende des 20. Jahrhunderts war wieder einmal Inflationszeit. Diesmal waren nicht die Währungen direkt betroffen: In allen wirtschaftlich bedeutenden Nationen lagen die Inflationsraten auf traumhaft niedrigem Niveau. Aber es gab eine stark inflationierte Nebenwährung: Aktien. Eine volkswirtschaftlich relevante Größenordnung erreichte diese Inflation zwar erst mit dem Liquiditätsschub in den letzten Monaten vor der Jahrtausendwende (mehr dazu im nächsten Kapitel), aber 1998 wurde bei einigen Unternehmen das Übertreiben schon mal geübt. Und wohl bei keiner anderen deutschen Aktie war die inflationäre Übertreibung so früh schon so gewaltig wie bei EM.TV. Bereits bei seinem ersten großen Deal, dem Junior-TV-Joint-Venture mit Leo Kirch im Dezember 1998, spürte Thomas Haffa, welch mächtige Waffe damit in seinen Händen lag.

Die Aktie als Geldmaschine

Zum Jahresende 1998 stand der so vehement als Geld- und Glücksbringer gefeierte Thomas Haffa vor einem Problem: Die Börsenbewertung war inzwischen so hoch, dass es nicht ausreichen würde, mit den bisherigen Unternehmensbereichen einfach weiter zu arbeiten und Wachstum und Profite aus eigener Kraft zu steigern. Denn früher oder später wäre doch die Frage aufgetaucht, warum eine zwar ertragreiche, aber, mit Verlaub, winzige Firma vier Milliarden Mark wert sein sollte. Ohne schlüssige Antwort darauf würde sich dieser Wert wieder genauso schnell verflüchtigen, wie er entstanden war – aus einer Spekulationsblase wird die Luft wieder herausgelassen. Am Ende wäre von der EM.TV-

Story nichts anderes übrig geblieben, als dass die eine oder andere Milliarde umverteilt worden wäre: Ein Teil der Aktionäre hätte eben Geld verloren, und ein anderer Teil insgesamt genauso viel Geld gewonnen.

Thomas Haffa hätte auch in dieser Situation sicherlich zu den Gewinnern gehört. Zwei Villen (in Kitzbühel und auf Mallorca) sowie eine Yacht hatte er sich zu diesem Zeitpunkt bereits gekauft, und das wohl kaum auf Kredit. Aber so wichtig ihm Geld und das, was man dafür kaufen konnte, auch war, er hatte die Show der vergangenen Monate doch nicht nur abgezogen, um endlich mal ein paar Millionen zu verdienen. Er fühlte sich zu Höherem berufen, er wollte ganz groß werden, und er hatte das ganze Jahr 1998 hindurch seiner Kundschaft auch exakt diese Botschaft verkauft.

Und er war auch von anderen so verkauft worden: Im Februar 1998 hatte Hubert Burda, unter anderem Verleger von „Bunte" und, ja genau, von „Focus", ihm eine Einladung zum Weltwirtschaftsforum in Davos verschafft und ihn dort bei einer der abendlichen Stehparties allen Versammelten präsentiert. Nach Haffas eigener Darstellung in der Süddeutschen Zeitung lief das folgendermaßen ab: „Der Hubert Burda kommt rein, sieht mich, führt mich am Arm in die Mitte des Saals, bittet um Ruhe und sagt nur kurz: ‚Meine Lieben, darf ich euch Thomas Haffa vorstellen, den Chef von EM.TV, ein toller Kerl, von dem werdet ihr in den nächsten Jahren noch viel hören.'"

Toller Kerl! Noch viel hören! Das sagte einer der größten deutschen Verleger über ihn, als seine Firma gerade mal 200 Millionen Mark wert war. Inzwischen war sie vier Milliarden wert, und nun konnte er sich mit vollem Recht sagen, dass auch seine Aktionäre genau das von ihm erwarteten: dass er endlich groß wurde. Die Anleger, die Analysten und die Journalisten wollten keinen etwas größeren, etwas profitableren Trickfilm- und Plüschpuppenvermarkter – sie wollten einen deutschen Disney. Oder einen deutschen Murdoch oder einen jungen Kirch, auf jeden Fall wollten sie einen Helden.

Thomas Haffa war bereit. Er wollte Held sein – und er sollte Held sein. Also spielte er den Helden. Und ging ans Einkaufen.

Einkaufen? Moment mal: Thomas Haffa war doch ein brillanter *Ver*käufer, der auch leicht angestoßene Ware zu Höchstpreisen unters Volk brachte. Und jetzt sollte er groß werden, indem er *ein*kaufte? Es gibt wohl auf der ganzen Welt keinen Top-Verkäufer, der gleichzeitig auch ein Top-Einkäufer ist, dafür sind die Anforderungen an die Persönlichkeit viel zu unterschiedlich: Verkäufer müssen eine Ware loben, ihrem Gegenpart schmeicheln, ihn umgarnen, extrovertiert agieren, Einkäufer müssen eine Ware schlecht reden, ihren Gegenpart angreifen, verunsichern, nach innen wirken. Alles keine wirklichen Haffa-Qualitäten, wie sich zeigen sollte, wie er es aber auch schon vorher hätte wissen können.

Musste Thomas Haffa, so wie er gestrickt war, diese Deals wirklich selbst machen? Hätte er sich nicht jemand engagieren müssen, der das für ihn erledigte? Nüchtern betrachtet: Ja. Aus Haffas damaliger Perspektive: Nein. Einmal ganz abgesehen von seiner grundsätzlichen Unfähigkeit, jemand anderem Verantwortung zu überlassen: Für die Zukunft von EM.TV war es Ende 1998 nicht entscheidend, den bestmöglichen Deal zu machen – sondern den, den man nach draußen am besten verkaufen konnte. Also fiel das Dealmaking in Thomas Haffas Metier.

Ein großer Deal würde es sein müssen, um das Potenzial, das in Haffa steckte, zu demonstrieren. Und er würde für den Deal, welchen auch immer, Geld brauchen. Von den 17 Millionen aus dem Börsengang war nämlich praktisch nichts mehr da:

- 2,8 Millionen Mark hatte der Börsengang selbst gekostet
- 10 Millionen Mark waren in den Schuldenabbau geflossen
- 2,7 Millionen Mark hatte EM.TV für die 50prozentige Beteiligung an dem Mecklenburger Spielzeugproduzenten Igel gezahlt.

Für jeden weiteren Zukauf fehlte das Geld. Schon die vergleichsweise läppische Garantiesumme von 20,9 Millionen Mark für die Rechte an den Tyson-Boxkämpfen hatte EM.TV im Oktober 1998 komplett über kurzfristige Kredite finanzieren müssen. Eine ordentliche Akquisition würde noch weit mehr kosten – und ohne ordentliche Akquisition keine Weltliga.

Aber das Geld, da konnte sich Haffa sicher sein, würde er schon bekommen: In der Euphorie über den Neuen Markt im Allgemeinen und EM.TV im Besonderen würde es für ihn kein Problem sein, an der Börse Geld für Deals in fast beliebiger Größenordnung locker zu machen.

Damit wurde ein wichtiger Wendepunkt in der Geschichte der EM.TV-Aktie erreicht – ab jetzt sollten nicht nur die Aktionäre von den hohen Kursen profitieren, ab jetzt würde auch das Unternehmen davon profitieren können. Und es würde die Gelegenheit haben, die irreale Bewertung, die in seinem Börsenkurs steckte, in reale Werte zu verwandeln.

Im ganzen Verlauf des Jahres 1998 war die EM.TV-Aktie lediglich ein Spielball der Spekulanten gewesen. Die einen hatten gekauft, die anderen verkauft, viele Anleger waren mit Gewinn ausgestiegen, einige große und viele kleine Anleger waren zu hohen Kursen eingestiegen und konnten sich nun, bei noch höheren Kursen, über fette Gewinne freuen – nur auf dem Papier natürlich. Das Unternehmen hingegen hatte noch nichts davon gehabt außer den paar Millionen aus dem Börsengang.

Aber die eigentliche Aufgabe, die der Neue Markt erfüllen sollte, war es ja nicht, die Anleger reich zu machen. Das war ein durchaus erwünschter Nebeneffekt. Es ging darum, jungen, wachstumsträchtigen Unternehmen Kapital für die Finanzierung des weiteren Wachstums zur Verfügung zu stellen. Das ist typische Risikokapitalbeschaffung, und das ist eine der volkswirtschaftlich wichtigsten Funktionen von Börsen. Unternehmen können dadurch ein Wachstum in jeder beliebigen Größenordnung finanzieren – wenn sie es schaffen, den Kapitalmarkt von ihren Plänen zu überzeugen.

Einige Unternehmen schafften es schon beim Börsengang, den Aktionären all das Geld abzuknöpfen, das sie im Lauf der nächsten Jahre brauchen würden (ein besonders dreistes Beispiel hierfür war Anfang 2000 der Börsengang von Lycos Europe), andere Unternehmen bekamen nur das Geld für die ersten Wachstumsschritte und waren damit gezwungen, sich schon bald und immer wieder neues Kapital zu besorgen. Dafür sollte EM.TV das Paradebeispiel werden.

Prinzipiell gibt es dabei drei unterschiedliche Vorgehensweisen, um sich mit der eigenen Aktie Geld am Kapitalmarkt zu beschaffen:

1. **Geld für Zukunftspläne**: Das Unternehmen malt ein schönes Bild, was es in der Zukunft alles machen könnte, wenn es nur das Geld dafür hätte, und geht dann an der Börse mit der Sammelbüchse um. Wenn genügend Leute genügend Geld in die Büchse einwerfen, erhalten sie dafür Aktien, das Geld kommt aufs Firmenkonto und das Unternehmen darf dann zeigen, ob seine Zukunft tatsächlich so schön aussieht wie auf dem Bild gemalt. Dieser Weg wird meistens bei Börsengängen gewählt.

2. **Geld für aktuelle Investitionen**: Das Unternehmen möchte eine neue Fabrik bauen, den US-Markt erobern, eine Innovation zur Marktreife bringen, einen Konkurrenten aufkaufen, möchte also in seine Zukunft investieren. Es rechnet

aus, was die Investition kosten wird und schaut dann, ob die Börse bereit ist, im Tausch gegen Aktien des Unternehmens das dafür benötigte Geld zu zahlen. Das ist der typische Weg, mit dem bereits börsennotierte Unternehmen jeglicher Größe immer wieder einmal den Kapitalmarkt anzapfen.

3. **Aktien als Akquisitionswährung**: Das Unternehmen möchte ein anderes Unternehmen kaufen und bietet dessen Eigentümern an, sich statt in bar in Aktien bezahlen zu lassen. Es spart sich dadurch den zeitlichen und finanziellen Aufwand, der mit einer Kapitalerhöhung verbunden ist, und es muss nicht den gesamten Kapitalmarkt davon überzeugen, dass seine Aktie so viel wert ist, sondern nur die Eigentümer des zu kaufenden Unternehmens. Dieser Weg wird bei vielen Akquisitionen beschritten, ist aber besonders beliebt auf dem Höhepunkt von Spekulationsblasen: Da tauschen die Aktionäre der einen hoffnungslos überbewerteten Internetfirma ihre Papiere gegen die Aktien einer anderen hoffnungslos überbewerteten Internetfirma ein und hoffen, dass die Fusionsfantasie ein paar noch dümmere Anleger dazu verleiten könnte, ihnen ihre Aktien abzukaufen.

Ein kleines, nur unwesentlich überzeichnetes Beispiel, für das wieder die bereits im 3. Kapitel gegründete Jaguar-Autovermietung herangezogen werden kann: Sie haben aus Ihrem Jaguar, Ihrem Schreibtisch und Ihrem Telefon die „Jaguarent AG" gemacht, mit 100.000 Aktien zu je einer Mark. Ein Kumpel von Ihnen hat sich die „Internetcam AG" gebastelt, in die er eine Digitalkamera und seine HTML-Programmierkenntnisse eingebracht hat. Auch er hat 100.000 Aktien zu je einer Mark. Nun kaufen Sie ihm 100 Aktien für 1.000 Mark pro Stück ab, und er macht das gleiche mit Ihren Aktien. Der Marktwert der Jaguarent AG beträgt damit 100 Millionen Mark (100.000 Aktien mal 1.000 Mark Kurswert), und für die Internetcam AG gilt das Gleiche. Jetzt beschließen Sie die Fusion der beiden Unternehmen, um damit die weltweit erste e-Commerce-Jaguar-Autovermietung mit Internet-Live-Übertragung zu schaffen. Da es ein „Merger of Equals“, also die Fusion gleich großer Unternehmen ist, geben Sie 100.000 neue Aktien aus, die Ihr Kumpel gegen seine Internetcam-Aktien eintauschen kann. Das Ergebnis: Für 100 Millionen Mark hat Ihr hoffnungsvoller Börsenneuling einen anderen Börsenneuling geschluckt und wird nun durch die Hebung vielfältiger Synergien in gänzlich neue Dimensionen vorstoßen – und wenn irgendjemand diese Story glaubt und Ihnen ein Paket Aktien abkauft, können Sie damit sogar echtes Geld verdienen.

Eine mit Aktien bezahlte Übernahme und auch ein Aktientausch sind an sich noch nicht anrüchig. Es gibt schließlich auch viele ordentliche Fusionen oder Akquisitionen, die einen Aktientausch beinhalten – zuletzt in Deutschland zum Beispiel der Zusammenschluss von Veba und Viag zu E.on. In solchen Fällen sitzen auf jeder Seite des Verhandlungstisches Horden von Investmentbankern und Wirtschaftsprüfern, die versuchen, den fairen Wert der beiden Unternehmen zu berechnen und dabei naturgemäß zu unterschiedlichen Ergebnissen kommen. Dann ist es die Aufgabe der Verhandlungsführer, einen für alle Seiten befriedigenden Kompromiss zu finden. Auch der wird zwar hinterher von einigen Aktionären angezweifelt oder gar bekämpft werden, und häufig achten die Verhandler auch eher auf die Interessen der Großaktionäre als auf die der Kleinanleger, aber im Prinzip werden die Interessen der jeweiligen Aktionäre bei den Verhandlungen berücksichtigt.

Sogar wenn nur innerhalb eines Konzerns umstrukturiert werden soll, wird meist ein ähnlich hoher Aufwand betrieben, wenn Aktionärsinteressen dabei berührt werden. Jüngstes Beispiel: die im September angekündigte Fusion von Kirch Media und Pro Sieben Sat 1. Eine Investmentbank (Lehman Brothers) macht ein Bewertungsgutachten für Kirch Media, eine andere (Credit Suisse First Boston) macht eins für Pro Sieben Sat 1, und ein unabhängiger Gutachter soll am Ende den endgültigen Kurs festlegen.

Bei EM.TV sollte das ein bisschen anders zugehen. Für Thomas Haffa war die Begeisterung der Aktionäre geradezu ein Freifahrtschein auf dem Weg nach ganz oben. Er konnte sich fast nach Belieben sein eigenes Geld drucken und mit dieser hoch inflationierten Währung auf dem Markt reale Werte erwerben. Er musste nur einen Dummen finden, der ihm für vergleichsweise wenige höllenteure EM.TV-Aktien vergleichsweise viel Substanz verkaufte. Und wenn der Verkäufer so dumm nicht sein wollte, mussten eben andere den Preis dafür zahlen: die Aktionäre.

Junior TV

Gleich der erste Verkäufer, mit dem Thomas Haffa ins Geschäft kam, war nicht gewillt, auch nur eine Aktie für seine Ware in Zahlung zu nehmen und bestand auf Bargeld. Aber Haffa wusste, dass die Öffentlichkeit das nicht als Misstrauensvotum gegen seine Aktie auslegen würde – von Leo Kirch war schließlich bekannt, dass er stets dringenden Cash-Bedarf hatte.

Und auf der anderen Seite hatte er alles das, was Thomas Haffa jetzt brauchte: In den Archiven Leo Kirchs lagerten Kindersendungen ohne Ende. Fünfmal, zehnmal mehr als die 3.700 Halbstunden-Filmchen, an denen EM.TV inzwischen die Rechte besaß. Kinderfilme, Zeichentrickfilme, vermarktbare Figuren, das war Haffas täglich Brot. Und schließlich war 1989 einer seiner Gründe für die Kündigung bei Kirch die Erkenntnis gewesen, dass dieses Geschäft von einem Spezialisten erledigt werden sollte, nicht von einem Groß- und Gemischtwarenhändler wie Kirch.

So kam es zu einem Geschäft, von dem beide Seiten profitierten. Kirchs Taurus Film brachte in die neue Firma „Junior TV GmbH & Co. KG“ ein Filmrechtepaket ein, das insgesamt etwa 20.000 Episoden aus dem Bereich Kinder- und Familienprogramm enthielt – etwa 12.350 Zeichentrickfilme, der Rest Realfilme. Unter diesen Filmen waren, wie bei Kirch-Paketen üblich, sehr attraktive Programme wie Garfield, die Simpsons, die Peanuts und Pippi Langstrumpf, aber auch Ladenhüter. EM.TV übernahm die unternehmerische Führung der neuen Firma und brachte – Geld ein. 500 Millionen Mark zahlte Haffa für einen 50-Prozent-Anteil an dem Joint Venture, bekam dafür aber ebenso seltsame wie attraktive Konditionen: Der Ertrag aus Junior TV steht so lange EM.TV allein zu, bis der volle Kaufpreis einschließlich der Finanzierungskosten zurückbezahlt worden ist. Da Junior TV die Vertriebsorganisation von EM.TV nutzte, kam bei allen Verkäufen eine Vertriebsprovision für die Haffa-Firma obendrauf.

Die euphorischste Bewertung des Junior-Deals kam, natürlich, von Thomas Haffa selbst. Er verwendete hier erstmals den Begriff der „Once-in-a-lifetime-opportunity“, den zu strapazieren er in den kommenden 15 Monaten noch reichlich Gelegenheit finden würde. Und er ließ, ein wenig arg großspurig, durchblicken, welch fetten Fisch er sich da geangelt hatte: „Wir haben eine detaillierte, konservative Bewertung der Programme vorgenommen und dabei ausschließlich die erzielbaren Erlöse in Deutschland einbezogen. Dabei kommen wir auf einen Umsatz von 1,7 Milliarden Mark in zehn Jahren.“

Wenn das Potenzial so großartig war – warum machte Kirch das Geschäft dann nicht allein? Haffa darauf, vom hohen Ross herab: „Ich will nicht über die finanzielle Situation der Kirch-Gruppe diskutieren, aber man kann sich vorstellen, dass Leo

Kirch so ein Geschäft ohne finanzielle Not nicht machen würde."

Na, sagen wir vielleicht besser: Es war ein Geschäft, bei dem gleich beide Seiten finanziell wesentlich besser abschnitten, als es ihnen eigentlich zustand. Dieser Effekt zeigt sich am deutlichsten, wenn man die Konstruktion mit dem 50-Prozent-Kapitalanteil und 100-Prozent-Gewinnanteil nicht als *ein* etwas absonderliches Geschäft betrachtet, sondern als die Kopplung von *zwei* völlig normalen Geschäften:

Das eine Geschäft ist der Verkauf von 50 Prozent der Junior-Anteile für 250 Millionen Mark und das andere ist ein Darlehen von EM.TV an Kirch in Höhe von ebenfalls 250 Millionen Mark, das mit Kirchs Erlösanteil aus Junior-TV getilgt wird. Solche Anleihen, die durch fortlaufende Zahlungsströme gedeckt und getilgt werden, nennen sich Asset Backed Securities und sind ein in den letzten Jahren stark an Bedeutung zunehmendes Finanzierungsinstrument. Wenn wir die Zinsen vernachlässigen (nur der Einfachheit halber, in der Realität haben die Partner natürlich dafür gesorgt, dass das Ergebnis auch nach Zinsen stimmt), ergeben sich für dieses 2-in-1-Geschäft exakt die selben Zahlungsströme zwischen EM.TV und Kirch wie für den real verkündeten 500-Millionen-Deal. Bei gleichen Konditionen im Innenverhältnis ist es aber für beide Seiten wesentlich günstiger, wenn sie Junior-TV nach außen hin als ein 500-Millionen-Geschäft verkaufen können:

Leo Kirch bekommt erstens 250 Millionen Mark Darlehen, ohne dass sie auf der Passiv-Seite seiner von Krediten bereits vollgepackten Bilanz als Darlehen auftauchen. Und zweitens kann er auf der Aktiv-Seite der Bilanz den Wert seiner Filmrechte um 250 Millionen Mark höher darstellen als bei der anderen Variante. Denn wenn Haffa für seine Junior-Hälfte 500 statt 250 Millionen zahlt, ist Kirchs Hälfte eben auch 500 Millionen wert.

Thomas Haffa kann sich erstens nach außen so verkaufen, als ob er dem alten Leo das Fell über die Ohren gezogen hätte. Er bekommt zweitens den richtig großen Deal, den er an der Börse vorzeigen kann – und er hat drittens endlich ein Argument, um mit einer Kapitalerhöhung ordentlich Geld einzusacken. Hätte er den Anlegern die eigentliche Geschichte erzählt: „Ich habe Leo Kirch mit einem 250-Millionen-Kredit aus der Patsche geholfen. Gebt ihr mir das Geld dafür?" wäre die Sammelbüchse wohl leer geblieben.

Aber so wurde sie voll. Das Geld für Junior TV holte sich Haffa sowohl von den Banken als auch von der Börse:

- 300 Millionen Mark stellte ein Konsortium aus fünf Großbanken als Kredit zur Verfügung: Deutsche Bank, DG-Bank und Hypovereinsbank waren mit je 50 Millionen Mark dabei, WestLB und Bayerische Landesbank mit je 75 Millionen Mark. Laufzeit des Darlehens: bis Ende 2002.
- Weitere knapp 300 Millionen Mark erlöste EM.TV mit einer Kapitalerhöhung. Es musste schnell gehen, Weihnachten stand vor der Tür, vielleicht wollten die Haffas auch vermeiden, dass sich jemand den Junior-Deal einmal genauer anschaute, und deshalb sparten sie sich den zeitlichen Aufwand, die Aktien auch den Kleinanlegern anzubieten: Bis zum 17. Dezember 1998 wurden insgesamt 345.000 neue Aktien zum Preis von 866 Mark pro Stück bei institutionellen Investoren platziert. Damit wurden zwar weniger Aktien im Markt untergebracht als geplant (eigentlich sollten 399.000 Aktien ausgegeben werden), aber die Einnahmen reichten locker aus, um den schlitzohrigen Junior-Deal ganz solide finanzieren zu können. Konsortialführer bei der Kapitalerhöhung war neben der WestLB, die ja schon beim Börsengang dabei gewesen war, nun auch noch Merrill Lynch – die Investmentbank, bei der Bernard Tubeileh als Analyst arbeitete.

Damit war Haffa der dringend nötige große Coup gelungen. Und er hatte sich nicht irgendetwas gekauft, um dem Börsenaffen Zucker zu geben – dafür war es noch ein Jahr zu früh –, er hatte sich genau das geholt, was auf der Linie seiner bisherigen Aktivitäten lag. Jetzt war EM.TV in der Tat einer von den ganz großen Film-Vermarktern, jetzt hatte Thomas Haffa auch für die großen US-Konkurrenten eine wahrnehmbare Größe erreicht. Vom Mitspielen in der Bundesliga oder in der Champions League hatte er auch schon zuvor, bei aus heutiger Sicht winzigen Anlässen gesprochen, nun konnte er getrost noch etwas drauflegen: „Mit Junior TV spielen wir in der Weltliga."

Und es dauerte auch nicht lange, bis das Junior-Investment die ersten üppigen Früchte einbrachte: „Es sind noch nicht einmal sieben Monate vergangen, und von den 500 Millionen Mark Kaufpreis haben wir bereits Verträge in Höhe von über 300 Millionen abgeschlossen", brüstete sich Thomas Haffa im Sommer 1999 in einem Interview der Fachzeitschrift werben und verkaufen. Der mit Abstand größte Einzelvertrag allerdings war einer, der viele Branchenkenner damals ins Grübeln brachte: Am 28. Juni 1999 kaufte Sat.1 bei EM.TV für 200 Millionen Mark insgesamt 3.000 Stunden Kinder-, Jugend- und Familienprogramm, mit denen unter dem Namen „Junior" das Vormittagsprogramm des Senders auf Kinderfernsehen umgestellt werden sollte. Da Sat.1 wiederum zur Senderfamilie der Kirch-Gruppe gehörte, hatte sich faktisch Leo Kirch auf dem Umweg über EM.TV selbst ein Filmpaket verkauft. „Mir hat niemand erklärt, warum Sat.1 die Kinderfilme nicht direkt bei Kirch einkaufen konnte", sagte der ehemalige RTL-Chef Helmut Thoma, seit langem einer der schärfsten Kritiker Leo Kirchs, und machte sich im August 1999 in der Wirtschaftswoche daran, die Junior-Story kräftig zu zerpflücken – und EM.TV gleich mit:

- Kinderfernsehen stoße an die Grenzen des Wachstums: „Im Fernsehen ist die Nachfrage nach Lizenzen für Kinderprogramme weitgehend ausgereizt. Während der Beobachter zwischenzeitlich den Eindruck gewinnen konnte, in Deutschland würde es bald für jeden Kindergarten einen eigenen Kinderkanal geben, hat spätestens die Einstellung von Nickelodeon die Grenzen des Kinder-TV klar aufgezeigt."
- EM.TV habe schlechte Ware: „Im Free-TV zählt vor allem frische und möglichst unverbrauchte Programmware. Die vielzitierte EM.TV-Lizenzware ‚Biene Maja' hat vielleicht den Vorteil, dass die Börsenanalysten sie noch aus ihrer eigenen Kindheit kennen, für die jüngsten Zuschauer wirkt sie im Vergleich zu neuesten Zeichentrickserien aus den Häusern Disney oder Warner eindeutig altbacken."
- Die EM.TV-Aktie sei absurd überteuert: „Der Börsenwert des Unternehmens liegt inzwischen bei über zwölf Milliarden Mark – das entspricht in etwa der Summe der drei größten deutschen Fernsehsender RTL, Sat 1 und ProSieben, wenn man sie alle gemeinsam kapitalisieren würde. Das mutet geradewegs so an, als würde ein Bankautomatenlieferant den zusammengefassten Wert von Deutscher, Dresdner und Commerzbank erreichen. Oder ein einfacher Ersatzteilhändler die Gesamtkapitalisierung von VW, Mercedes und BMW übertreffen."
- Eigentlich stecke Leo Kirch hinter der EM.TV-Story: „Dass das Modell von Haffas EM.TV dennoch funktioniert, hängt sehr stark mit dem Verbindungs- und Beziehungsgeflecht zusammen, in das der ehemalige Kirch-Angestellte geschickterweise eingebunden ist. Das Firmenimperium seines früheren Bosses ist Lieferant und Abnehmer zugleich für die vielen Rechte, mit denen der gelernte Verkäufer Haffa in kürzesten Abständen der er-

staunten Börsenöffentlichkeit immer wieder neue Umsatzsprünge präsentieren kann."

Mit der Kirch-Komplott-Theorie, der ja nicht nur Helmut Thoma zugetan war, wird sich das 9. Kapitel noch einmal ausführlich beschäftigen. Die drei anderen von Thoma vorgebrachten Einwände waren zwar polemisch zugespitzt, im Kern aber durchaus stichhaltig – solange man Haffas Ware nur nach ihrer Vermarktbarkeit im herkömmlichen Fernsehen, also im Free-TV, beurteilte. Das war der Bereich, in dem Thoma lange Jahre in vorderster Linie stand, dort kannte er sich aus, und von dort aus gesehen konnte der Junior-Deal sich gar nicht rechnen.

Eine derart auf das Free-TV beschränkte Kritik konnte Thomas Haffa allerdings locker mit dem Verweis auf seine weit darüber hinaus gehenden Visionen kontern. Wir wissen zwar heute, dass viele der Haffa-Visionen die Bytes nicht wert waren, auf denen sie gespeichert wurden, aber es wäre unfair, damit alle Pläne jenseits des Filmverkaufs als Hirngespinste oder Seifenblasen abzutun. Schließlich wurden ihm damals alle Visionen geglaubt, an einige wird sogar er selbst geglaubt haben. Für einige wenige legte er sich tatsächlich auch ins Zeug, und vielleicht war ja auch eine dabei, aus der wirklich etwas hätte werden können.

Was hatte denn Thomas Haffa mit Junior-TV vor? Natürlich etwas Gigantisches: Um den Filmschatz herum sollte „Junior" zu einer großen, ach was, zu DER großen Marke im Kindersegment aufgebaut werden. Junior-Fernsehprogramme, Junior-Bücher, Junior-Zeitschriften, Junior-Videos, Junior-CDs, Junior-Shops, Junior-Spielzeug, Junior im Internet – die gesamte Wertschöpfungskette rauf und die gesamte Merchandising-Strecke wieder runter, und das natürlich weltweit, sollte die EM.TV-Marke Junior für qualitativ hochwertigen Kinderkonsum stehen. „Ziel ist, Junior als Gütesiegel für gewaltfreie und unterhaltsame Kinder- und Jugendprogramme international bekannt zu machen“, formuliert das der Geschäftsbericht - und das war in der Tat eine Aufgabe, die zu bewältigen den Schweiß der Edlen wert war. Einen Tabaluga verkaufen, das kann im Prinzip jeder. Aber eine Dachmarke schaffen, die Eltern überall auf der Welt das Vertrauen einflößt, dass sie kindgerechte und hochwertige Unterhaltung enthält, das können nur Superstars.

Marke, Dachmarke, internationale Marke, Weltmarke: Immer und immer wieder erzählt Thomas Haffa die Story von dem großen Junior-Potenzial. Im April 2000, auf der Frühjahrs-Programmmesse in Cannes, werden die Stadt und das Messezentrum mit Junior-Werbung praktisch überschüttet. Und auf dem Weg dahin hatte EM.TV in der Tat einige wichtige Etappenziele erreicht:

- Im Januar 1999 vereinbarte EM.TV mit der Hamburger edel
  music, dass edel die Vermarktung und den Vertrieb der EM.TV-Ware auf CD, DVD, Video und Musikkassetten übernehmen sollte.
- Im Juni 1999 gründete EM.TV mit der deutschen Tochter des dänischen Kinderbuchverlags Egmont das Joint Venture „Junior Publishing“, das unter dem Junior-Logo Bücher, Malbücher und Zeitschriften publizieren sollte.
- Durch den Deal mit Sat 1 würde ab Anfang 2000 die Marke Junior zur besten Kindersendezeit im deutschen Fernsehen verbreitet werden.
- Im Oktober 1999 vereinbarte EM.TV mit dem Berliner Multimedia-Verlag Tivola die Auswertung der Junior-Produkte auf CD-ROM, also für Spiel- und Bildungs-Software.

Dazu kam noch der mehrheitlich zu EM.TV gehörende Spielzeugfabrikant Igel Spielzeug, der nun in „Junior Toys“ umbenannt wurde, dazu kam die Vermarktung von Junior-Filmchen in vielen europäischen und außereuropäischen

Ländern und dazu sollte noch kommen der Internet-Auftritt „Junior Web".

Nur mit seinen Plänen für eine eigene Präsenz im Einzelhandel erlitt Haffa Schiffbruch. Anfang 1999 hatte er noch großartig verkündet, dass deutschlandweit in den nächsten Jahren rund 400 eigene Junior-Spielwarenläden entstehen sollten. Doch zum Jahresende war von diesem Projekt nicht mehr die Rede. Aber dafür zog Haffa Mitte 2000 einen neuen Kooperationspartner im Einzelhandel an Land: Mit Karstadt wurde der Aufbau von „Junior-World"-Verkaufsflächen in einigen Karstadt-Warenhäusern vereinbart.

Trotz einzelner Rückschläge also eine durchaus beachtliche Bilanz: Für die vielen Figuren und Geschichten, über die EM.TV verfügte, spannten die Haffas über alle Medien, über fast alle Teile der Wertschöpfungskette ihre Dachmarke Junior auf. In Deutschland, auch in Europa war das ohne Beispiel. Aber in Amerika, da gab es schon jemand, der das auch so machte. Der außerdem noch ein paar mehr Teile der Wertschöpfungskette abdeckte – mit Freizeitparks zum Beispiel, oder mit einem eigenen Hollywood-Studio. Dieser übermächtige Konkurrent, der vor wenigen Monaten noch unerreichbar entfernt schien, jetzt kommt er ins Blickfeld. Und der Name dieses Konkurrenten, der Haffa schon so lange auf der Zunge lag, den durfte er nach dem Junior-TV-Deal endlich aussprechen: Disney.

Ein Disney aus Deutschland?

EM.TV – die deutsche Disney.
Thomas Haffa – der deutsche Disney.
War das schon Größenwahn,
oder hatte das eine Chance?
Es hätte eine Chance haben können.

Es gibt kein Naturgesetz, dass Unterhaltung für Kinder aus Amerika kommen muss. Es gibt ganz im Gegenteil eine große europäische Tradition qualitativ hochwertiger und/oder populärer Werke für Kinder. Das reicht von Karl May bis Astrid Lindgren, von Asterix bis zu den Gebrüdern Grimm (deren Märchen ja sogar den Stoff für einige der größten Zeichentrickerfolge Disneys lieferten). Es gibt auch kein Naturgesetz, wonach nur amerikanische Produkte den Weltmarkt für Kinder erobern können – in den vergangenen Jahren haben es immerhin zwei japanische und ein europäisches Produkt geschafft, weltweite Popularität zu erlangen und auch im US-Markt Fuß zu fassen: Aus Japan waren es das Tamagotchi und die Pokémons, und aus Europa trat Harry Potter seinen Siegeszug rund um die Welt an.

Die große Schwäche der europäischen Produzenten von Kinder-Unterhaltung ist denn auch nicht die Qualität der Produkte – es ist die Vermarktung. Es gibt wohl keinen inhaltlichen Grund, warum ein fauler, fetter Kater namens Garfield in der ganzen Welt seine Fans hat, die Ottifanten-Familie hingegen nur zu regionaler Bedeutung gekommen ist. Die Vermarktungs-Schwäche der Europäer wurde zuletzt eindrucksvoll dadurch bestätigt, dass die Weltrechte für die Harry-Potter-Vermarktung beim US-Marktführer Time Warner landeten.

Was bei der Produktion von Kinder-Unterhaltung eine der großen Stärken Europas ist – die Vielzahl von Sprachen, Kulturen, Traditionen – wird bei der Vermarktung zu einem entscheidenden Nachteil: So gibt es viele nationale Größen, aber nur ganz wenige in ganz Europa beliebte Stars.

Aber noch einmal: Das mag ein Hindernis sein, aber kein unüberwindliches. Zum einen eröffnet der Prozess der europäischen Einigung viele Chancen, um nationale Grenzen zu überwinden, zum zweiten sind bei Kindermedien die Sprachbarriere und die nationalen Traditionen weit niedrigere Hürden als etwa im Bereich der Belletristik und zum dritten gibt es immer wieder Menschen und Unternehmen, die Hindernisse als Herausforderung sehen – die aus der Tatsache, dass es für etwas keinen Markt gibt, nicht etwa schließen, dass da nichts zu holen ist, sondern ganz im Gegenteil: dass dem, der es schafft, diesen Markt zu erschließen, ganz besonders hohe Profite winken. Das „Geht nicht, gibt's nicht" verhindert, dass bestehende Grenzen überwunden, alte Märkte erweitert oder neu verteilt, neue Produkte und neue Lebensqualität erschlossen werden – es hindert den Fortschritt in der Welt.

Es gibt Dinge, die muss es geben: Bäckereien, Autowerkstätten, Fernsehsender, vieles andere mehr. Und es gibt Dinge, die hätte es nicht geben müssen: Legosteine zum Beispiel, Versandhäuser für Sex-Artikel oder die Künstlersozialkasse. Dass es diese Dinge gibt, ist der Lebensarbeit einzelner Menschen zu verdanken, die mit Zähigkeit und Augenmaß das dicke Brett gebohrt haben, das die Etablierung eines neuen Marktes, eines neuen Produktes, einer neuen Institution darstellt.

Dass es keinen europäischen Produzenten und Vermarkter von Kinder-Unterhaltung von weltweitem Rang gibt, liegt nicht daran, dass es ihn nicht geben kann, sondern daran, dass bisher niemand dieses dicke Brett gebohrt hat.

Thomas Haffa hätte das werden können.

Aber dafür hätte er es wirklich wollen müssen. Das wäre harte Arbeit geworden, das hätte viel Geld gekostet, und das hätte vor allem verlangt, von allem anderen die Finger wegzulassen: Eine Weltmarke aus dem Nichts heraus aufbauen, das geht nicht schnell schnell zwischen zwei Busserl-Terminen. Und Haffa hätte sich dafür Leute in die Firma holen müssen, die eine Kindermarke aufbauen können. Denn bei aller Faszination, die Marken auf Thomas Haffa ausübten: Er war zwar ganz gut darin, bestehende Marken zu verwerten, aber er hatte keine Ahnung davon, wie man eine Marke erst einmal so konsequent aufbaut, dass sie dann auch nachhaltig und profitabel verwertet werden kann.

Die Marke Disney hat einen harten Kern, ein Zentrum: die Bewohner von Entenhausen. Darum herum gruppieren sich immer neue Menschen, Tiere, Sensationen, sämtlich in der Machart als Disney-Produkte erkennbar, von denen einige das Klassiker-Stadium erreichen und andere eben wieder ausscheiden. Im Zentrum von Junior aber war – nichts. Oder doch: gelbe Farbe. Das einzige, was die Junior-Helden von anderen Kinderhelden unterschied, war, dass die Rechte an ihnen bei EM.TV lagen. Und all die Kooperationspartner, die Haffa für den Aufbau der Marke Junior reklamierte, hatten mit der Marke Junior denkbar wenig am Hut. Sie wollten ein Computerspiel mit Pippi Langstrumpf auf den Markt bringen oder ein Malbuch mit Biene Maja. Das Junior-Etikett klebten sie eben mit dazu, weil sie sonst den Vertrag nicht bekommen hätten. Wenn das den Kooperationspartner glücklich macht, nur zu.

Wenn es Thomas Haffa ernst damit gewesen wäre, Junior als Weltmarke aufzubauen, hätte er sich auf ein Jahrzehnt von allen anderen Abenteuern verabschieden und seinen ganzen Laden auf dieses Ziel ausrichten müssen – und er hätte sich vor allem von dem ständigen Schielen auf den Börsenkurs verabschieden müssen.

Aber dazu hätte Haffa nicht Haffa sein dürfen.

Es ist ein bisschen wie die Frage, was aus Deutschland, was aus Europa, was aus der Welt geworden wäre, wenn sich Adolf Hitler 1938 tatsächlich an die Abmachungen der Münchner Konferenz gehalten hätte und nach der Einverleibung des Sudetenlandes in keine weiteren Länder mehr einmarschiert wäre. Hitler war, wie er war – er hätte nicht aufhören können. Jeder Sieg machte ihn gieriger.

Wie sich nun zeigen sollte, war diese Eigenschaft auch Thomas Haffa nicht fremd.

6
Der Medienbaron

Was würden wir denken, wenn eine Maus einem Elefanten auf den Zeh tippen und ihm formvollendet eröffnen würde: Entschuldigen Sie bitte, aber ich möchte Ihnen mitteilen, dass ich innerhalb der nächsten paar Sekunden etwa auf die Hälfte Ihrer Größe wachsen werde. Dann könnte es mir auch passend erscheinen, Sie zu verspeisen. Absurd? Today, that's business.
Thomas Middelhoff, Bertelsmann-Chef, im Sommer 1999

Im Mai 1999, als das US-Magazin „Business Week" den „Cartoon King" Thomas Haffa auf seine Titelseite hob, war der im Kopf schon einen gehörigen Schritt über die Cartoon-Welt hinaus: „Ich möchte ein Medienbaron sein", sagt Haffa der Business Week – „ich möchte groß sein." Als seine geschäftlichen Vorbilder nennt er damals CNN-Chef Ted Turner, seinen Ex-Boss Leo Kirch und Haim Saban, inzwischen Chef und 50-Prozent-Eigentümer von Fox Family Worldwide, dem Kinderprogrammbereich von Rupert Murdoch.

Und so tritt er auch nicht wie ein Cartoon King auf, sondern wie ein Medienbaron. Bei der TV-Programm-Messe in Cannes im April 1999 hält er auf der 40-Meter-Yacht „Ava" Hof – eine gecharterte, nicht seine eigene Mega-Yacht, die ist gerade erst bestellt. Im „Planet Hollywood" von Cannes schmeißt EM.TV die größte Party von allen: 1.100 Gäste, ein Zehntel aller Messeteilnehmer, machen auf EM.TV-Kosten die Nacht zum Tage – erst um vier Uhr morgens leert sich die Tanzfläche.

Schon mit seinem nächsten großen Deal, dem Einstieg bei Herbert Kloibers Tele München Gruppe, verlässt Haffa sein angestammtes Terrain, den Kinder- und Familienbereich –

und das, obwohl von der Weltmarke Junior noch nicht rasend viel zu sehen ist. In einem Interview kurz nach dem TMG-Deal holt er denn auch gleich die nächste Vision vom Himmel: „Im Kinder- und Jugendbereich haben wir so ziemlich alles erreicht, was man erreichen kann. Wir entwickeln zur Zeit 37 neue Serien, 23 davon werden bereits produziert. Mehr stellt niemand sonst parallel her. Auf dem Weg zum globalen Medien- und Entertainment-Konzern müssen wir logischerweise auch in den Erwachsenenbereich hinein."

Globaler Medien- und Entertainment-Konzern! Bei gerade einmal zweihundert Mitarbeitern und einem Vorjahresumsatz von 81 Millionen Mark.

Da taucht er das erste Mal auf – der Größenwahn. Für die nächsten Monate würde er Thomas Haffas ständiger Begleiter sein.

Es war allerdings auch eine Zeit, in der das Abgleiten in den Größenwahn geradezu die perfekte Strategie war, um aus einer völlig übergeschnappten Börse das Maximale herauszuholen.

Alan Greenspans fatales Geschenk

Wenn die Großen in Größenwahn verfallen, geht das seit vielen Jahrtausenden mit tödlicher Sicherheit auf Kosten der Kleinen. Manchmal, wie bei den Pyramiden von Gizeh oder dem Taj Mahal, erinnert wenigstens ein Bauwerk an die vieltausendfachen Qualen, die erlitten wurden, um den Willen eines einzigen Menschen zu erfüllen. Manchmal, wie 1812 an der Beresina oder 1943 im Kessel von Stalingrad, bleibt nicht einmal ein Grabstein.

Die Zeiten sind moderner geworden, zweifellos. Heute müssen die kleinen Leute hierzulande nicht mehr ihre Arbeitskraft oder gar ihr Leben einsetzen, um die Träume, die Allmachtsphantasien der Großen Realität werden zu lassen. Heute reicht es schon, wenn sie ihr Bankkonto einsetzen. Und die Zeiten sind, natürlich, auch demokratischer geworden: Früher mussten die Menschen zu Fron- und Militärdienst gezwungen werden – heute werfen sie ihr Geld freiwillig den Mächtigen in den Rachen.

Obwohl: Es gab so etwas auch schon früher. Im 12. Jahrhundert machten sich brave Europäer völlig freiwillig zu Zehntausenden auf den entbehrungs- und risikoreichen Weg nach Palästina, um die Heiligen Stätten der Christenheit vor der Bedrohung durch die Heiden zu retten. Und auch den Fellachen, die ihr Leben und ihre Gesundheit beim Pyramidenbau aufs Spiel setzen mussten, war überirdische Belohnung gewiss – schließlich galt der Pharao als Gott, die Fron als Gottesdienst.

Die Begeisterung, mit der in den Monaten um die Jahrtausendwende Millionen von Menschen auf der ganzen Welt ein paar hundert als Unternehmer verkleideten Abenteurern ihr Geld in die Taschen steckten, sie erinnert in der Tat an die Massenhysterie, die das Abendland im Zeitalter der Kreuzzüge erfasst hatte.

Für Kulturpessimisten ein schlagender Beweis, dass im Kapitalismus Geld, Gold und Börsenkurs an die Stelle getreten sind, die in der guten alten Zeit Vater, Sohn und Heiliger Geist innehatten. Aber beim genaueren Hinsehen zeigt sich, dass Börsenboom und Kreuzzugsfieber von den gleichen Triebfedern verursacht wurden: Liquidität und Langeweile.

Im Hochmittelalter war es ein relativ starker Bevölkerungsanstieg, der nicht im gleichen Maße in steigende Produktion umgesetzt werden konnte. Zwar gab es viele Stadtgründungen, und es gab die Ausdehnung in bis dato ungenutzte Gebiete, etwa in den Mittelgebirgen – aber die Menschen begannen, sich auf die Füße zu treten. Und es gab wenig Thrill im Leben. Wer etwas erleben wollte, hatte dafür keine

Chance. Die Kirche kanalisierte den Bevölkerungsüberhang und die Suche nach Abwechslung, indem sie den Abenteuerlustigen nicht nur ein Abenteuer gab, sondern gleich auch noch eins, das Sinn produzierte.

In den Monaten vor dem 1. Januar 2000 gab es ebenfalls einen massiven Überhang – nein, nicht an Bevölkerung: an finanzieller Liquidität. Im Vorfeld des von vielen befürchteten Computercrashs in der Neujahrsnacht hatten die Zentralbanken, vor allem die US-Notenbank, die Finanzmärkte üppig mit Geld versorgt. Der US-Notenbankchef Alan Greenspan wollte damit zwei potenziellen Gefahren entgegenwirken. Das eine Problem war ein sonst drohender Liquiditätsengpass in den Wochen vor dem Millenium, falls viele Menschen zu Hause eine Notration an Geld bunkern sollten. Die Hauptsorge galt aber den Tagen nach der Neujahrsnacht: Sollte es tatsächlich zu massiven Ausfällen bei zentralen Computersystemen kommen, konnte reichliche Liquidität das Ausbrechen chaotischer Zustände verhindern.

Das war zwar gut gemeint, aber „gut gemeint" ist eben das Gegenteil von „gut". Denn die überquellende Liquidität wanderte eben nicht unter die Kopfkissen – sooo schrecklich fürchteten sich die Menschen gar nicht vor dem Computercrash in der Neujahrsnacht. Sie hatten eher das Gefühl, dass mit dem neuen Jahrtausend etwas ganz Neues beginnen würde. Und während dieses Gefühl in der realen Welt weder bei Gerhard Schröder noch bei George W. Bush Anknüpfungspunkte fand, (was sich allerdings am 11. September 2001 gründlich ändern sollte), boten die Börsen eine ganz neue Story: Sie hieß Internet, sie hieß New Economy, sie hieß Nasdaq oder Neuer Markt. Es lag in der Luft, dass hier gerade etwas nie Dagewesenes vor sich ging, dass Wirtschaft plötzlich spannend wurde, und dass man mit dabei sein konnte – und die üppige Liquiditätsversorgung verwandelte dieses diffuse Gefühl in eine Massenhysterie der Aktionäre.

Wie so etwas vor sich geht, schildert Erich Leverkus ebenso einfach wie präzise in seinem Buch „Freier Tausch und fauler Zauber“: „Wenn auf einem großen Wochenmarkt an 12 verschiedenen Ständen Apfelsinen verkauft werden, kann es sich niemand leisten, überhöhte Preise zu fordern, weil die Hausfrauen sonst zum nächsten Stand gehen, um dort billiger einzukaufen. Ebenso wird kein Händler die anderen unterbieten, solange er damit rechnen kann, auch so alle Apfelsinen verkaufen zu können. Wenn jetzt ein Weihnachtsmann über den Markt geht und jedem Passanten einen Hundertmarkschein in die Hand drückt, werden die Bereicherten mehr kaufen wollen als bisher; die Nachfrage steigt über das vorhandene Angebot hinaus an. Die Händler fordern nun höhere Preise und können dennoch ihre gesamten Vorräte verkaufen. Schließlich müssen die Käufer nehmen, was es überhaupt noch gibt. Zu Hause wird der eine oder andere feststellen, dass die Hälfte der von ihm so teuer erstandenen Apfelsinen angefault oder verschimmelt ist. Wo zu viel Geld einen Nachfragestoß bewirkt, steigen nicht nur die Preise, sondern es sinkt auch die Qualität der verkauften Waren. Kritiker werden mit Recht die Preissteigerungen ebenso wie den Verkauf verdorbener Ware beklagen. Umso wichtiger ist es, sich vor Augen zu halten, dass nicht der Markt an sich eine schlechte Einrichtung ist, sondern erst eine von außen kommende Störung, nämlich der Weihnachtsmann mit seinen guten Gaben, der den Tumult und die Unregelmäßigkeiten ausgelöst hat.“

In den Monaten um die Jahrtausendwende verhielt sich Alan Greenspan exakt wie der Weihnachtsmann in Leverkus' Beispiel. Und Thomas Haffa? Der klaubte noch schnell ein paar angegammelte Apfelsinen vom Boden auf, um dem Käuferansturm ein reichhaltiges Angebot an seinem Stand bieten zu können. Gleich mit drei großen Übernahmen nutzte er in diesen wilden Monaten das Fieber der Aktienmärkte, um sich zum Medienbaron aufzuschwingen.

1. Der Kauf von 45 Prozent der Tele München Gruppe (TMG) im September 1999
2. Die vollständige Übernahme der Jim Henson Company im Februar 2000
3. Der Einstieg in die Formel 1 im März 2000

Jeder dieser Deals war jeweils der größte in der Geschichte von EM.TV: TMG kostete 800 Millionen Mark, Henson 191 Millionen Mark in bar plus 9,1 Millionen Aktien und die Formel 1 schließlich 1,4 Milliarden Mark in bar plus 12,6 Millionen Aktien. Jeder dieser Deals wurde bei Verkündung vom Unternehmen, den meisten Medien und den meisten Analysten als neue Großtat gefeiert – und jeder dieser Deals gilt heute als Klotz am Bein von EM.TV: zu weit überhöhten Preisen gekauft, kaum wieder loszuschlagen, vom Größenwahnsinn gezeichnete Fehlinvestments.

Raus aus der Kinderecke

Am Anfang dieses wilden Kaufrausches stand eine vergleichsweise kleine Fingerübung. Im August 1999 kaufte sich EM.TV für 125 Millionen Mark 25 Prozent der Anteile an Bernd Eichingers „Constantin Film", die sich kurz vor dem Börsengang befand. Die Gründe, die Haffa für den Einstieg nannte, waren, logisch, rein strategischer Natur: „Constantin ist der renommierteste Filmproduzent Deutschlands. Wir wollen unsere Marke Junior natürlich auch mit Kinofilmen international positionieren." Es kann natürlich sein, dass man Bernd Eichinger nur durch den Kauf einer 25-Prozent-Beteiligung dazu bewegen kann, aus „Tabaluga“ einen Spielfilm zu machen, aber ein paar andere Gedanken dürften daneben auch noch eine Rolle gespielt haben:

- Vor dem EM.TV-Einstieg hatte Constantin nur zwei Eigentümer: Eichinger und Kirch. Ein kreativer Frauenheld und ein mysteriöser Schattenmann machen sich bei einem Börsengang auch als Team nicht so gut. Eine kräftige Aufladung mit Haffa'scher Börsenmagie würde der Emission sicherlich weiter helfen.
- Dummerweise sah ausgerechnet das Geschäftsjahr 1999 bei Constantin schlecht aus: Nur eine einzige Eigenproduktion und obendrauf noch eine flaue Kinokonjunktur führten zu Umsatzrückgang und einem Abschmieren in die roten Zahlen. Die nächsten Jahre sollten allerdings wieder besser aussehen. Auch hier konnte jemand hilfreich sein, der Erfahrung damit hatte, bei grauer Gegenwart eine goldene Zukunft zu verkaufen.

Das Honorar für Haffas Bemühungen: Bei gut laufendem Börsengang durfte er einen Teil der eben erstandenen Beteiligung mit deutlichem Aufschlag an die Neuaktionäre abgeben. Das brachte EM.TV gut 22 Millionen Mark in die Kasse, reduzierte also den eigentlichen Kaufpreis auf etwas über 100 Millionen. Und für Thomas Haffa sprangen zusätzlich zwei psychologische Nebeneffekte dabei heraus: Er merkte, dass allein seine Berührung ein mittelmäßiges Unternehmen mit einem Star-Bonus versehen konnte. Und er stellte fest, dass es offenbar niemand störte, wenn er seine Fühler aus der Kinderecke heraus in andere Medienbereiche ausstreckte. Es störte nicht nur nicht, es kam sogar gut an. Also nichts wie weiter in diese Richtung.

Die Beteiligung an Constantin Film war in der Tat nur eine Kleinigkeit. Aber es dauerte nur noch ein paar Wochen, bis die nächste Großigkeit über die Ticker kam: Am 16. September 1999 verkündeten Thomas und Florian Haffa auf einer Pressekonferenz die Übernahme von 45 Prozent der Tele München Gruppe (TMG) des Filmhändlers Herbert Kloiber für 800 Millionen Mark in bar. Der Kaufpreis war zwar über eine Bankgarantie der WestLB abgesichert, sollte allerdings nicht über Kredite finanziert werden, sondern über eine weitere Kapitalerhöhung sowie eine Wandelanleihe. Beide sollten, so der Plan der Haffas, innerhalb von zwei Monaten am Kapitalmarkt platziert werden. Wieviel Geld sich EM.TV an der Börse holen würde, gaben die Haffas zu diesem Zeitpunkt noch nicht preis, doch es sollten sicherlich mehr als 800 Millionen Mark werden – schließlich sollte das frische Kapital auch noch für neue, nicht mehr allzu ferne Wachstumsschritte reichen.

Beim Junior-Deal war der Kaufpreis kaum in Zweifel gezogen worden, allerdings gab es vernehmliches Naserümpfen über die dadurch dokumentierte Nähe zu Kirch. Beim TMG-Deal war es nun genau umgekehrt: Eine größere Distanz zu Leo Kirch wäre kaum möglich gewesen, schließlich verband Kirch und seinen Ex-Angestellten Kloiber eine ebenso lange wie herzliche Intim-Feindschaft. Dafür sorgte nun der Kaufpreis für hochgezogene Augenbrauen. TMG sei ein „wunderbar gesundes Unternehmen", versicherte Thomas Haffa der Börsen-Zeitung, habe keine Schulden und einen Cash-Flow von zuletzt 120 Millionen Mark im Jahr, kurz und gut: sein Eindruck sei „mega-positiv".

Aber diesen Eindruck teilten längst nicht alle Beobachter. Die Süddeutsche Zeitung zitierte eine Untersuchung der Wirtschaftsprüfungsgesellschaft KPMG, wonach der Wert aller Ausstrahlungsrechte der TMG gerade einmal 914 Millionen Mark erreiche. Und selbst dieser Wert, so das Münchner Blatt weiter, sei zum Zeitpunkt des EM.TV-

Einstiegs nicht mehr haltbar gewesen: In der damals ein halbes Jahr alten Studie sei noch nicht berücksichtigt, dass der größte Kunde der TMG, der Sender Pro Sieben, inzwischen direkt von Leo Kirch gesteuert werde und damit in Zukunft wohl weit weniger Filme von Kloibers Firma beziehen werde.

Der EM.TV-Finanzvorstand Florian Haffa versuchte, solche Bedenken zu zerstreuen, indem er in der gleichen Ausgabe der Süddeutschen Zeitung das KPMG-Gutachten gleich mehrfach relativierte:

1. Im Gutachten seien nicht alle Vermögenswerte und Erlösquellen der Kloiber-Firma erfasst. „Da fehlen Österreich und die Schweiz, es fehlen die möglichen Erlöse aus dem Verkauf an das Pay TV in Deutschland, und die übrigen Aktivitäten von Tele München wie die Beteiligungen an den Fernsehsendern RTL2 und tm3 sind gar nicht erfasst.
2. Das Gutachten sei ja gar nicht so gemeint gewesen. „Das Gutachten der KPMG war für die Banken gedacht, als Maßstab für Kredite. Es ging also nicht um den Marktwert von Kloibers Filmstock, sondern um den Beleihungswert. Der Marktwert beträgt mindestens 1,7 Milliarden Mark."
3. Die Kirch-Sender würden weiterhin Kloiber-Filme beziehen. „Content ist King, der Inhalt zählt. Die Sender sind auf gute Programme angewiesen, die lassen sich immer gut verkaufen."
4. Die Qualität der Kloiber-Ware sei besser als ihr (sehr mäßiger) Ruf. „Auch die Nummer-Zwei-Spielfilme bei Kloiber sind absolute Top-Filme, die sehr gefragt sind. Es gibt nur einen Filmstock in Deutschland, der hochwertiger ist, das ist der von Leo Kirch. Kloibers Filmstock ist der zweitgrößte, der zweitwichtigste und definitiv auch der zweitbeste."
5. Mit EM.TV als Partner ließen sich die Kloiber-

Zeichentrickfilme besser verkaufen, deren Gesamtwert von KPMG auf ganze 13 Millionen Mark beziffert wurde. „Die sind total unterbewertet. Da sind immerhin der Rosarote Panther und die Turtles dabei. Damit werden wir viel höhere Erlöse erzielen."

6. Der Deal kann gar nicht zu teuer bezahlt worden sein, da schließlich eine Bank dafür gerade stehe. „Wir kommen bei Kloibers Filmstock auf einen Wert von fast 1,7 Milliarden. Der Westdeutschen Landesbank hat das genügt, um uns eine Bankgarantie für die 800 Millionen Mark zu geben, die wir an Kloiber bezahlen. Das zeigt, wie wertvoll der Filmstock ist."

Bewertungsfragen hin, Bewertungsfragen her: Gerade dieser letzte Satz ist nun definitiv verkehrt. Denn bei der Bankgarantie des traditionellen Bankpartners WestLB dürfte im Zentrum wohl eher der Glaube an die Fähigkeit der Haffas gestanden haben, an der Börse viel Geld für wenig Aktien einzusammeln, und nicht so sehr die enorme Werthaltigkeit des Archivs von Herbert Kloiber. Denn das war in der Tat, nun ja, in einem Markt, in dem es eigentlich nur zwei Anbieter gab, mit Abstand das Zweitbeste. Gut, es waren die James-Bond-Filme und „Basic Instinct" dabei, aber von den 2.700 Spielfilmen, über die TMG verfügte, gehörten nur etwa zehn Prozent in die Qualitätsklasse, und bei den gut 3.000 Zeichentrickfilmen sah die Relation eher noch schlechter aus.

Zudem hatte der Strukturwandel im deutschen Fernsehmarkt die Lage für den konzernunabhängigen Kloiber immer schwieriger gemacht. Nach einigen Jahren wilder Konkurrenz hatten sich inzwischen drei Sendergruppen herauskristallisiert: die öffentlich-rechtlichen Sender (ARD, ZDF, 3sat, Kinderkanal), die Kirch-Senderfamilie (Sat 1, Pro Sieben, Kabel 1, Premiere) und die RTL-Familie von Bertelsmann (RTL, RTL 2, Super RTL, Vox). Die letzte

Strukturbereinigung, die offizielle Eingemeindung von Pro Sieben in die Kirch-Familie, hatte gerade erst stattgefunden. Damit nahmen die Möglichkeiten ab, die einzelnen Sender gegeneinander auszuspielen und so die Preise für die eigene Ware in die Höhe zu treiben. Kloiber war daran interessiert, eine dritte Kraft zwischen Kirch und Bertelsmann zu installieren. Thomas Haffa sollte ihm dabei behilflich sein – und natürlich kräftig dafür zahlen.

Die erste Säule eines eigenen Medienkonzerns, der Gedanke dürfte Haffa gefallen haben. Seinem bisherigen Haupt-Geschäftspartner Leo Kirch hingegen dürfte der Gedanke gar nicht so gut gefallen haben, dass sich sein Ex-Angestellter und Partner Haffa mit seinem Ex-Angestellten und Erzfeind Kloiber liierte. Er wird das Haffa wohl auch so gesagt haben. Der aber behauptet, diese Botschaft nicht vernommen zu haben. „Keineswegs" habe ihm Kirch vom Einstieg bei Kloiber abgeraten: „Kirch würde sich nie anmaßen, mir ins Geschäft hineinzureden", versicherte Haffa in einem Interview kurz nach dem TMG-Deal.

Die Verwendung des Wortes „anmaßen" ist hier ebenso unhöflich wie verräterisch. Diesen Begriff verwendet man nie im Zusammenhang mit Menschen, denen man sich unterlegen fühlt. Man verwendet ihn auch nie, wenn man von Menschen redet, mit denen man sich auf einer Ebene sieht. Von „anmaßen" spricht man bei Menschen, denen man sich überlegen fühlt. Noch drei Monate zuvor hätte Thomas Haffa vielleicht gesagt: „Kirch würde mir nie in mein Geschäft hineinreden", oder „Kirch macht sein Geschäft, ich mache mein Geschäft", aber bestimmt nicht dieses Wort.

Es ist eine typische Begleiterscheinung von Größenwahn, dass man plötzlich auf die Menschen herabschaut, die einen eben noch beim Aufstieg begleitet haben. Solange man obenauf schwimmt, kann man sich das leisten. Aber wehe, es kommen andere Tage.

Im Herbst 1999 zeigten sich bei Thomas Haffa Anzeichen einer massiven Überdrehung seines ohnehin schon starken Selbstbewusstseins. Auch ein anderer treuer Begleiter seines Aufstiegs bekam das zu spüren – die WestLB.

Die WestLB hatte die 800 Millionen Mark Kaufpreis vorgestreckt, jetzt sollte das Geld bei den Anlegern eingesammelt werden. Aber das würde diesmal nicht so einfach werden. Schließlich war die EM.TV-Aktie schon ein paar zehntausend Prozent geklettert, da würden sich viele potenzielle Aktionäre fragen, ob ein Neueinstieg überhaupt noch lohnen könne. Und obwohl damals viele Anleger schnell mit Geld bei der Hand waren, wenn nur das Wort „Neuer Markt" im Spiel war, beschlossen die Haffas, der Anlagebereitschaft mit einer 15 Millionen Mark teuren Werbekampagne nachzuhelfen: „Die zweite Chance" hieß der Slogan, mit dem die Unterföhringer gleich einen Doppelschlag am Finanzmarkt landen wollten. Denn praktisch zeitgleich wurden Ende Oktober 1999 sowohl 10,8 Millionen neue Aktien als auch eine Wandelanleihe mit einem Volumen von 500 Millionen Euro angeboten. Beide Maßnahmen zusammen sollten knapp zwei Milliarden Mark in die Kassen spülen, also mehr als das Doppelte dessen, was der TMG-Anteil gekostet hatte.

Aber die siegverwöhnten Haffas kamen in diesem Fall nicht ganz ans Ziel. „Die zweite Chance" wollten sich die Anleger nicht nehmen lassen: Sie orderten zweieinhalb mal mehr Aktien, als zur Ausgabe bereit standen. Alle 10.862.500 neuen Aktien konnten deshalb zu einem Kurs von 45 Euro (44,50 Euro für Frühzeichner) platziert werden – 956 Millionen Mark landeten damit in der Kasse von EM.TV. Das reichte nach Abzug der Kosten für die Kapitalerhöhung (etwa 40 Millionen Mark) fast auf die Million genau, um die Beteiligungen an Constantin und TMG zu finanzieren.

Für zusätzliche Einkäufe blieb allerdings kein Geld übrig,

denn die Wandelanleihe wurde vom Markt nicht angenommen – nur rund die Hälfte des Volumens wurde gezeichnet. EM.TV verschob daraufhin die Platzierung wegen der, so offiziell, „ungünstigen Bedingungen am Anleihemarkt". Was auf der anderen Seite, also bei den Investoren, die den Kauf dieser Anleihe verweigerten, etwas anders beurteilt wurde. „Die Anleihe ist total am Markt vorbei gepricт worden", zitiert die Börsen-Zeitung einen Börsianer – die Verzinsung sei mit 1,75 % zu niedrig, der Wandlungspreis zu hoch angesetzt gewesen. Zudem habe es für die Anleihe kein Rating gegeben, was bei der Platzierung „zumindest sehr geholfen" hätte.

In der Tat: Ein Rating, also eine Prüfung der EM.TV-Bonität, hätte zum damaligen Zeitpunkt vielen sehr geholfen. EM.TV hätte dafür einer unabhängigen Prüfungsgesellschaft Einblick in seine Geschäftsbücher gewähren müssen. Die Prüfer hätten ihren Gesamteindruck von der Firma dann in einer einzigen Bewertungskennziffer zusammengefasst. Je höher das Risiko, dass das Unternehmen seine Schulden nicht zurückzahlen kann, desto schlechter die Bewertung.

Die einzigen, denen ein Rating mit Sicherheit nicht geholfen hätte, waren Thomas und Florian Haffa. Mit ihren billigen Bilanztricks mochten sie Journalisten und Analysten übertölpeln können, aber wohl kaum die Prüfer einer Rating-Agentur. Also gab es keine unabhängige Bonitätsprüfung, und damit zumindest eine Mitverantwortung der Haffas für den Misserfolg der Wandelanleihe.

Ganz schuldlos werden allerdings auch die Banken nicht gewesen sein. Die Börsen-Zeitung zumindest führte damals den Anleihe-Flop „weniger auf Zweifel an der Story des Rechtehändlers" zurück als vielmehr „auf handwerkliche Mängel bei den Kapitalmaßnahmen, bei denen sich die Haffas offenbar voll auf das Geschick der Lead-Banken Merrill Lynch und WestLB verließen."

In die gleiche Kerbe hieb dann auch, nach ein paar Tagen Schamfrist, der EM.TV-Chef: „Die Banken haben die Sache sehr locker genommen und waren der Meinung, dass es allein läuft“, sagte er Ende November der Frankfurter Allgemeinen. Was nach außen hin damals eine durchaus plausible Darstellung war, aber eben eine, bei der Haffa seine bis dahin besten Partner in der Finanzwelt benutzte, um den Dreck vom eigenen Stecken abzuwischen. Die werden zwar heftig mit den Zähnen geknirscht haben, hatten aber keine Chance, sich in der Öffentlichkeit zur Wehr zu setzen – dafür war Haffas Position einfach zu stark.

Auf der zweiten Hauptversammlung dieses turbulenten Jahres (diesmal für das Rumpfgeschäftsjahr von Januar bis Juni 1999), legte Thomas Haffa kurz darauf noch einmal nach: „Die Banken haben nicht gelernt zu verkaufen, ihnen fliegen die Dinge zu“, sagte er – was zwar sehr ähnlich wie die Aussage eine Woche zuvor klingt, allerdings mit einem feinen Unterschied: Bezog sich die Aussage gegenüber der Frankfurter Allgemeinen nur auf die Banken, die an der geplatzten Wandelanleihe beteiligt waren, so richtete sich sein Vorwurf auf der Hauptversammlung nun auch noch gegen die Banken im Allgemeinen.

Ob es für den Chef eines Unternehmens, das bei seiner weiteren Entwicklung in vielerlei Form auf die Hilfe der Banken angewiesen sein würde, besonders klug war, in dieser Form auf die Branche einzudreschen, darf bezweifelt werden. Nicht dass die so angegriffenen Institute ihm sofort den Stuhl vor die Tür gestellt hätten, ganz im Gegenteil: Mit einem Bankenkosortium unter Führung der WestLB war in diesen Tagen ein mittelfristiger Finanzierungsrahmen bis zu einer Milliarde Euro vereinbart worden, auch ein zweiter Versuch mit der Wandelanleihe in den ersten Monaten des Jahres 2000 wurde dabei verabredet. Aber einen Kooperationspartner schlecht zu machen, nur weil man sich gerade stark fühlt, kann sich bitter rächen, wenn man mal wieder schwach und auf Hilfe angewiesen ist. Banker haben ein langes Gedächtnis, und die Erfahrung hat ihnen immer wieder gezeigt, dass jedes Unternehmen eines Tages wieder bei ihnen auf der Matte stehen würde.

„Wer im Rolls-Royce durch Frankfurt fährt, kriegt von mir keinen Pfennig Kredit", sagte einmal der langjährige Deutsche-Bank-Chef Hermann Josef Abs. Thomas Haffa fuhr zwar nicht im Rolls-Royce durch Frankfurt, aber dafür im Porsche durch München und mit der Yacht durchs Mittelmeer – und er würde noch wesentlich mehr als einen Pfennig Kredit brauchen.

Liebhaberpreis für einen Frosch

Eine der größten Begabungen von Thomas Haffa war es, für jeden Schwenk seiner Firma die passende Vision zu erfinden und dann das Ganze auch noch der Öffentlichkeit als ausgeklügelte Strategie verkaufen zu können. (Der einzige, der es in dieser Kunst mit ihm aufnehmen konnte, war Bertelsmann-Chef Thomas Middelhoff, aber das ist eine ganz andere Geschichte.)

Wie sagte doch Thomas Haffa gerade eben noch, im September 1999 werben und verkaufen? „Auf dem Weg zum globalen Medien- und Entertainment-Konzern müssen wir logischerweise auch in den Erwachsenenbereich hinein", denn „im Kinder- und Jugendbereich haben wir so ziemlich alles erreicht, was man erreichen kann." Und wie heißt es jetzt im Februar 2000 in der Börsen-Zeitung? „Wir sind davon überzeugt, dass in unserem Geschäft in der Zukunft die Marke entscheidend sein wird, egal ob im Free-TV, Pay-TV oder Internet. Jetzt müssen wir uns Marken beschaffen."

So groß der EM.TV-Bestand an Filmrechten und Vermarktungslizenzen auch war, so klein war die Firma bislang als

Produzent eigenständiger Inhalte. Sicher, es gab viele Koproduktionen zur Entwicklung neuer Kinderserien, aber da war nichts darunter, was auch nur entfernt mit der Markenmacht der großen Disneys oder Warners hätte mithalten können. Zudem entwickelte EM.TV dabei nur selten komplett neue Figuren, sondern übertrug erfolgreiche Figuren aus anderen Medien in die Zeichentrickwelt. Das konnte eine Buch-Figur sein wie der Regenbogenfisch, eine Realfilm-Figur wie Flipper, oder eine Musik-Figur wie Tabaluga. Immer wieder stand EM.TV damit vor der Situation, nur einen Teil der gesamten Wertschöpfungskette abdecken zu können.

Für ein Unternehmen mit Mega-Anspruch auf Dauer zu wenig, wie der Unternehmer mit Giga-Anspruch auch durchaus bemerkt hatte. Und wer sich nicht die Zeit nimmt und nicht die Qualitäten hat, um solche entscheidenen Marken zu entwickeln, muss sie eben kaufen. Und da berühmte Kinder-Marken nur selten auf dem Markt zu kaufen sind, muss man eben nehmen, was es gibt. Und Anfang 2000 war die Jim Henson Company auf dem Markt.

Das war sie allerdings schon eine ganze Weile. Nach dem Aids-Tod des Gründers, Namens- und Ideengebers Jim Henson im Jahr 1990 hatten seine fünf Kinder das Unternehmen weiter geführt, aber weit von der Klasse entfernt, die die Company unter Jim Henson hatte. Dem Laden ging es nicht besonders gut, die Erben wollten verkaufen – und die großen US-Konzerne hatten abgewinkt oder bestenfalls in einer Größenordnung von 400 Millionen Dollar Kaufinteresse signalisiert.

Das war den Hensons zu wenig. Es war ein bisschen wie bei einer extravaganten, etwas absonderlichen Villa. Man kann sie billig losschlagen, oder man kann sie als „Liebhaberobjekt“ bezeichnen und darauf hoffen, dass eines Tages jemand vorbeikommt, der genau eine solche Villa haben will und bereit ist, für das Liebhaberobjekt auch einen Liebhaberpreis zu zahlen.

Eben jemand wie Thomas Haffa.

„Ich bin verliebt in diese Figuren – und zwar seit 1975“, sagte er wenige Wochen nach dem Henson-Deal der Süddeutschen Zeitung, und öffnete den beiden Interviewern das Schatzkästlein seiner Erinnerungen: das Erweckungserlebnis mit dem Muppet-Schulungsvideo und die vielen Besuche bei Henson während seiner Kirch-Zeit, das Merchandising für die Sesamstraße (seit 1991) und für die Henson-Company (seit 1997), und wie weit er in all dieser Zeit doch davon entfernt war, diese so großartigen Figuren eines Tages ganz sein Eigen zu nennen: „Wenn mir damals einer gesagt hätte, dass ich das Unternehmen im Februar 2000 kaufe, hätte ich das niemals für möglich gehalten.“

Am 18. Februar 2000 jedoch war es so weit. Thomas Haffa dinierte in New York mit dem Henson-Chef Charles Rivkin, mit Jim Hensons Witwe Jane und drei der fünf Henson-Kinder. Um Mitternacht unterschrieben sie den Übernahmevertrag, begossen den Abschluss mit Champagner und flogen dann im Privatjet nach München, um den Deal zu verkünden. Dort wurde am Abend weiter gefeiert – im Hofbräuhaus. In den frühen Morgenstunden, so das Wall Street Journal, habe Haffa seinen neuen Partnern mitgeteilt, wie er sich die weitere Zukunft von EM.TV vorstelle: „Ich bin jetzt 47 Jahre alt. Wenn ich 50 bin, kaufe ich Disney.“

Henson war zwar nicht Disney: Zum Zeitpunkt der Übernahme durch EM.TV hatte die Company gerade mal 453 Programmstunden Familienunterhaltung im Angebot. Aber immerhin, die Richtung stimmte. Der erste Schritt in den US-Markt war getan, die Beteiligung Hensons am Kabelkanal Odyssey konnte den Weg ins Fernsehen ebnen, und vor allem: Mit den Muppet-Figuren hatte Thomas Haffa erstmals die Möglichkeit, eine Marke einmal quer durch alle nur möglichen Vermarktungsstufen zu ziehen – wenn auch nur mit den Muppets, denn große Teile der Sesamstraßen-Rechte lagen beim Children's Television Workshop, der die US-Serie produzierte.

Aber mit den doch etwas in die Jahre gekommenen Muppets sollte es noch einmal so richtig rund gehen. Thomas Haffa im März 2000 zur Süddeutschen Zeitung: „Ich habe mich gemeinsam mit Brian Henson auf dem Nachtflug von New York nach München dazu entschlossen, dass wir die Muppet-Show wieder aufleben lassen. Wir werden hoffentlich noch im Laufe des Jahres 2001 mit 26 neuen Folgen auf Sendung gehen – an den Inhalten, den Drehbüchern, den Stories wird schon gearbeitet. Glauben Sie mir, das wird ein großer Spaß. Und etwas an dem Format zu ändern, hieße geschäftlich übrigens, ein unglaublich erfolgreiches Produkt zu gefährden. Jeder, der die Muppets kennt, liebt sie dafür, wie sie waren." Und auch seine eigene private Marktforschung für das Muppets-Revival hatte er schon gemacht: „Meine Kinder sind zehn und sieben Jahre alt. Die kennen die Muppets natürlich nicht. Aber ich habe denen neulich ein paar Folgen vorgespielt. And they love it, they absolutely love it!"

Doch Thomas Haffa wäre nicht Thomas Haffa, wenn ihm nicht noch ein paar andere Großartigkeiten zu seinen alten Lieblingen eingefallen wären: „Ich habe außerdem noch einen Traum. Ich möchte in jeder Metropole Europas eine Muppet-Bühnenshow installieren. Wir bauen dann zum Beispiel ein tolles Theater in Berlin, in dem die Muppets in ihrer Show immer wieder von prominenten Gästen besucht werden. Geht ein Carlos Santana auf Tournee, muss der da auftreten. Das wird für Santana ein PR-Hammer, das wird für die Muppets ein PR-Hammer und für die Zuschauer ein grandioses Spektakel."

Und noch dazu sollte die Henson-Company auch Haffas eigener Marke Junior unter die Arme greifen: „Klar ist, dass wir die Marken zusammenführen werden, um etwa Junior hoffentlich erfolgreich in den USA lancieren zu können." Es hat sich zwar in der Vergangenheit immer wieder gezeigt, dass die Integration zweier Firmen, die mit völlig unterschiedlichen Traditionen und Kulturen groß geworden sind, ein mühsames, zeitraubendes Geschäft ist – so mühsam, dass es in etwa der Hälfte der Fälle sogar scheitert; aber Zögern oder gar Zweifel ist Haffas Sache nie gewesen, wie er der Börsen-Zeitung kundtat. Ratzfatz wird mit dem Neueinkauf die Welt erobert: „Bis Ende 2000 werden wir die Junior/Henson-Marke europaweit definitiv positioniert haben, entweder in Form eigener TV-Kanäle oder in Form von Fenstern auf bestehenden Sendern. In den USA gehe ich davon aus, dass Junior über Hensons Beteiligung am Kabelkanal Odyssey noch in diesem Jahr Präsenz gewinnen wird. In Asien braucht es vielleicht noch etwas Zeit. Aber 2001 stehen wir weltweit."

Da schien es dann nur noch ein Problem zu geben: Wenn Thomas Haffa bis 2001 für Junior/Henson den Weltmarkt erobert haben will – was macht er dann 2002? Das fragten sich auch die Interviewer der Süddeutschen Zeitung. Und weil's so schön war, hier die entsprechende Passage im Originaltext:

SZ: Sie sind 47 Jahre alt. Gehören Sie zu der Sorte Mensch, die sich für ein ganz bestimmtes Alter ganz bestimmte Ziele setzt?

Haffa: Absolut.

SZ: Läuft bisher alles nach Plan?

Haffa: Absolut.

SZ: Und die Zukunft?

Haffa: Am 18.4.2002 werde ich 50. Bis dahin soll EM.TV der größte Anbieter von Kinder- und Familien-Entertainment sein.

SZ: Das sind Sie doch schon.

Haffa: Ich meine weltweit. Das heißt auch, dass die größten Marken unter unserem Dach produziert werden.

SZ: Herr Haffa, dazu müssten Sie, mit Verlaub, Disney schlucken.

Haffa: Kein Kommentar.

Glaubte Thomas Haffa damals, Februar/März 2000, wirklich daran, dass er in gut zwei Jahren Disney übernehmen würde? Oder war es nur seine übliche Masche, den Leuten das zu erzählen, was sie gerade hören wollten? Ob er Disney ernst meinte, darüber mehr im nächsten Kapitel, aber zumindest an diese Größenordnung glaubte er wohl wirklich – 27 Milliarden Mark betrug der Börsenwert seiner Firma in der Spitze, Thomas Haffa selbst war nicht nur einfacher, sondern zehn- und mehrfacher Milliardär; und alles das hatte er, wie zumindest er selbst wusste, mit billigen Tricks und ohne wirkliche Substanz erreicht. Mein Gott, mit wie viel Geld würde ihn die Börse erst bewerten, wenn er auch tatsächliche, echte Werte vorzuweisen hatte?

Die 27 Milliarden standen zwar nur auf dem Papier, aber jetzt tat Haffa sein Möglichstes, um einen guten Teil davon in reale Substanz umzurubeln. Bisher hatte er seine Aktien auf dem harten Weg zu Geld machen müssen: Kapitalerhöhung, Emissionsprospekt, Roadshow, Zeichnungsfrist, Zuteilung, alles das, was man machen muss, um den Anlegern das Geld direkt aus der Tasche zu ziehen. Jetzt stand ihm der einfache, der direkte Weg offen: Thomas Haffa konnte seine eigenen Aktien praktisch nach Belieben drucken, ihnen ebenfalls nach Belieben ein Preisschild aufkleben und dann damit einkaufen gehen. Und das tat er. Und wie er das tat!

Bei EM.TV war es noch nie möglich gewesen, sich auf einen offiziell angegebenen Kaufpreis zu verlassen. Beim

Junior-Deal hätte auf dem Preisschild, wie gesehen, eher 250 als 500 Millionen Mark stehen müssen, bei Constantin waren es eigentlich 100 statt 125 Millionen, nur bei TMG scheinen die offiziellen 800 Millionen Mark in bar auch der tatsächliche Kaufpreis gewesen zu sein. Aber jetzt, bei der Henson-Übernahme, wird der offiziell vereinbarte Kaufpreis von 680 Millionen Dollar zu einer völlig willkürlichen Größe. Für die Bilanz wurde der glatte Dollar-Betrag auf den krummen, höchste Exaktheit verheißenden Betrag von 1.367.361.316 Mark umgerechnet. Doch je nachdem, wie man rechnet, kann man für die Henson-Übernahme auf Kaufpreise zwischen nicht einmal 200 Millionen Mark und knapp zwei Milliarden Mark kommen.

In der Pressekonferenz, mit der die Haffas den Henson-Deal verkündeten, war von einem Kaufpreis von 680 Millionen Dollar die Rede, von denen die eine Hälfte in bar und die andere Hälfte mit sechs Millionen neuen Aktien bezahlt werde. So steht es dann auch im Geschäftsbericht auf Seite 35: „Der Kaufpreis, abgeleitet vom Börsenkurs zum Zeitpunkt der Transaktion, betrug rund 680 Mio. USD. Davon wurden 340 Mio. USD in bar bezahlt, die restliche Summe wurde durch die Ausgabe von Aktien beglichen." Beim damals aktuellen EM.TV-Börsenkurs von 110 Euro (1 Euro war ungefähr 1 Dollar) ergibt sich als Kaufsumme also

340.000.000 Dollar + 660.000.000 Euro
(6.000.000 Aktien à 110 Euro),

macht rund eine Milliarde Dollar oder knapp zwei Milliarden Mark oder fast 50 Prozent mehr als der offizielle Kaufpreis. Des Rätsels Lösung: Im Übernahmevertrag wurden die EM.TV-Aktien nur mit 56 Euro bewertet – die Hensons bekamen ihre EM.TV-Anteile zu ziemlich genau der Hälfte des Preises, den ein normaler Anleger an der Börse zahlen musste.

Es sei nur ein Versäumnis gewesen, über diese Konditionen nichts auf der Pressekonferenz zu verkünden, entgegnete Florian Haffa, als die Telebörse auf diese Ungereimtheit hinwies, und schob die Erklärung nach: Zum einen sei die Aktienbewertung auf der Basis des Durchschnitts der vergangenen 100 Tage vorgenommen worden, und zum anderen hätten sich die Hensons verpflichtet, ihre EM.TV-Aktien zwölf Monate lang nicht zu verkaufen. Trotzdem betrage der Kaufpreis für die Jim Henson Company genau 680 Millionen Dollar – man könne ja den Preis nicht jeden Tag neu ausrechnen. Und Thomas Haffa schob gönnerhaft hinterher: „Dass die Hensons damit im Moment ein besseres Geschäft gemacht haben, ist doch klar – schön für sie."

Und jetzt der niedrige Kaufpreis: Tatsächlich lief die Bezahlung für den Henson-Deal doch noch ein bisschen anders, wie ebenfalls der Geschäftsbericht für das Jahr 2000 ausführt – auf Seite 90, im Zahlenteil: „Die Konzernobergesellschaft hat mit Kaufvertrag vom 21. März 2000 100 Prozent an der Jim Henson Company Inc. in Los Angeles erworben. Der Kaufpreis, abgeleitet aus dem Börsenkurs zum Zeitpunkt der Transaktion, betrug 1.367.361.316 DM und wurde durch Hingabe von 9.107.143 Aktien sowie durch eine Barkomponente in Höhe von 191.746.390 DM bezahlt."

Also nicht sechs Millionen Aktien, sondern 9,1 Millionen. Und nicht die Hälfte in bar, also 684 Millionen Mark, sondern nur ein Siebtel, also 190 Millionen Mark. Wenn man davon ausgeht, dass die Aktien nur mit ihrem Materialwert in die Rechnung eingehen (was der heutigen Bewertung ja ziemlich nahe kommt), hat EM.TV für Henson also nicht einmal 200 Millionen Mark gezahlt!

Und wie lief das Geschäft wirklich ab? Noch einmal ganz anders. Wie diesmal allerdings nicht dem Geschäftsbericht zu entnehmen ist, sondern einer kleinen Notiz in der Börsen-Zeitung vom 28. März 2000: Von den 9,1 Millionen neuen

Aktien seien sechs Millionen an die Henson-Erben und 3,1 Millionen zu einem „börsennahen Kurs an institutionelle Investoren“ ausgegeben worden. Die Einnahmen aus dem Verkauf dieser 3,1 Millionen Aktien kassierte EM.TV, gab das Geld aber an die Hensons weiter und reduzierte damit den selbst aufzubringenden Baranteil für dieses Geschäft.

Es werden wahrscheinlich nicht ganz 3,1 Millionen Aktien gewesen sein, die EM.TV auf diese Weise zum Geldsparen einsetzen durfte. Da zwischen Deal-Verkündung und Deal-Vollzug der Euro gegenüber dem Dollar gefallen war, hatten die Hensons wohl Anspruch auf mehr als sechs Millionen Aktien. Es gibt allerdings keine offiziellen Zahlen, wer wie viele Aktien zu welchem Preis bekommen hat.

Hier ein inoffizieller Tipp, wie das Geschäft tatsächlich abgelaufen sein könnte:

> Offizieller Kaufpreis: 1.367.361.316 Mark, also 699.120.740 Euro. Die Hälfte davon wird mit 6.242.149 neuen EM.TV-Aktien à 56 Euro bezahlt. Weitere 2.864.994 neue Aktien werden zum Preis von 87,79 Euro an institutionelle Investoren verkauft. Einnahme hieraus: 251.521.997 Euro, also 491.934.268 Mark. Dieser Betrag wird an die Hensons weitergereicht. Zusammen mit den im Geschäftsbericht aufgeführten 191.746.390 Mark ergibt sich daraus die in bar zu zahlende Summe von 683.680.658 Mark.

Was hat also EM.TV für die Übernahme der Jim Henson Company gezahlt? 191 Millionen Mark in bar und 9,1 Millionen EM.TV-Aktien. Und was haben die Henson-Eigentümer bekommen? 340 Millionen Dollar in bar und 6,2 Millionen Aktien. Und während Thomas Haffa die Ausgabe der 9,1 Millionen Aktien nur ein Lächeln kostete, haben die Hensons für ihre 6,2 Millionen Aktien schon noch ordentlich Geld bekommen: Im Oktober 2000 bezifferte EM.TV die

Aktienzahl, die noch bei der Henson-Familie liege, und die nicht vor März 2001 veräußert werden dürfe, auf nur noch 5,3 Millionen Stück – 3,8 Millionen seien bereits verkauft worden. Ob die zusätzlichen 900.000 Stück ebenfalls bei der merkwürdigen Transaktion im März 2000 verkauft wurden oder erst später, ließ sich daraus nicht entnehmen. Aber ganz so hart schien die 12-Monats-Sperrfrist der Hensons ohnehin nicht gewesen zu sein: Im Januar 2001 berichtet jedenfalls das Wall Street Journal, dass die Henson-Familie ganz ohne EM.TV-Aktien ins neue Jahr gegangen sei. Wenn wir für die ersten 900.000 Stück einen Verkaufspreis von 60 Euro annehmen und für die restlichen 5,3 Millionen Aktien nur noch einen von 30 Euro, hat dieses Aktienpaket etwa 416 Millionen Mark eingebracht. Zusammen mit dem Bargeld beim Verkauf macht das eine Einnahme von 1,1 Milliarden Mark.

Wenn die Verkäufer am Ende 1,1 Milliarden Mark auf dem Konto haben; und die Käufer aber nur knapp 200 Millionen Mark gezahlt haben; dann hat ja wohl irgend jemand anders die restlichen 900 Millionen gezahlt.

Stimmt.

Die Aktionäre.

Aber das konnten die damals ja noch nicht wissen.

7
Der entscheidende Fehler

Das Geld, das man besitzt, ist das Mittel zur Freiheit,
dasjenige, dem man nachjagt, das Mittel zur Knechtschaft.
Jean-Jacques Rousseau

Wenn es Thomas Haffa ganz gegen alle bisherige Erfahrung ernst war mit seinem gerade verkündeten Ziel bis April 2002 Disney zu übernehmen – und seine Situation nach dem Henson-Deal in Rechnung gezogen wird: Was müsste er jetzt tun, wen müsste er jetzt kaufen, um dieses Ziel ins Visier zu nehmen? Die Story, für die EM.TV von Analysten und Aktionären gepriesen wurde, war die Kinder-Story: Alles rund um die Lieblingsfiguren der lieben Kleinen und alles aus einer Hand. Und diese Story sollte ja fortgeschrieben werden. Mit Henson hatte er einen, wenn auch kleinen, Brückenkopf in den USA, und mit den Muppets eine erste weltweit bekannte Marke, die sich zu einer tragenden Säule eines Kinder-Imperiums entwikkeln konnte – auch wenn das viel Arbeit kosten würde. Denn in ihrem aktuellen Zustand waren Kermit & Co. nicht wirklich ein Gegner, vor dem Disney zitterte.

Aber es gab da in Kalifornien ein anderes Unternehmen, das den Disney-Bossen zumindest Respekt einflößte, vielleicht sogar schon mehr als das. Es wäre der natürliche Verbündete für einen ambitionierten Disney-Konkurrenten gewesen und genau der richtige Schritt für EM.TV: Wenn es Thomas Haffa mit seinem Ziel ernst gewesen wäre, hätte er jetzt bei Dreamworks einsteigen müssen.

Dreamworks, das US-Film- und Zeichentrickfilmstudio, das 1994 von Steven Spielberg, Jeffrey Katzenberg und David

Geffen gegründet worden war, ist bei der Produktion von Zeichentrick-Spielfilmen das einzige Unternehmen weltweit, das es mit den übermächtigen Disneys aufnehmen kann. Und Jeffrey Katzenberg, ehemals Zeichentrickchef bei Disney, hätte im Jahr 2000 nichts lieber getan, als seinen Ex-Arbeitgeber in den Staub zu treten (wie 2001 der Film „Shrek“ zeigte, ist das auch immer noch ein Hauptmotiv seines Schaffens). Katzenberg hatte 1994 Disney im Streit verlassen und der Prozess, den er danach gegen Disney führte, sorgte über viele Monate für Gesprächsstoff in Hollywood. Mit einem Einstieg bei Dreamworks wäre Haffa bei seiner Kernkompetenz geblieben, und er hätte nicht nur Disney den Fehdehandschuh vor die Füße geworfen – er hätte auch Disney-Chef Michael Eisner damit zwingen können, diesen Handschuh aufzuheben. Vielleicht hätte EM.TV in diesem Kampf den Kürzeren gezogen, aber es wäre wenigstens ein schöner Kampf geworden.

Natürlich gab es einen Haken: Dreamworks stand nicht zum Verkauf. Um dort mit ins Boot zu klettern, hätte Thomas Haffa dem weltbesten Regisseur, Steven Spielberg, und dem weltbesten Zeichentrickproduzenten, Jeffrey Katzenberg, erklären müssen, warum ausgerechnet er, Thomas Haffa aus Pfaffenhofen, derjenige sei, mit dem sie aus ihrem ohnehin gut laufenden Unternehmen ein grandios laufendes Unternehmen machen könnten. Er hätte sie davon überzeugen müssen, dass sie mit EM.TV an ihrer Seite innerhalb von zwei Jahren Disney knacken könnten. Über das Geld wäre man sich schon einig geworden, das heißt: Für die Story „EM.TV steigt bei Dreamworks ein“ hätte Thomas Haffa im Frühjahr 2000 an der Börse alles Geld bekommen, was er dafür gebraucht hätte. Aber dafür hätte Haffa beweisen müssen, dass er bei den wirklich Großen, bei den Besten der Welt, am richtigen Platz ist.

Aber stattdessen: die Formel 1. Man konnte es drehen und wenden, wie man wollte: Die Formel 1 passte nicht. Das einzige, was passte: Sie war groß. Sie war berühmt. Sie war eine Marke. Und sie war auf dem Markt.

Das Letztere dürfte das ausschlaggebende Argument für Thomas Haffa gewesen sein. Er wollte groß werden, er wollte schnell groß werden, und er würde dafür das kaufen müssen, was es auf dem Markt gab. Dass er dabei bei Firmen landete, bei denen es gute Gründe gab, warum sie noch von keinem der Großen gefressen worden waren, musste er in Kauf nehmen. Er konnte das aus seiner Sicht auch ruhig einkalkulieren: Da er davon ausging, dass er schlicht besser war als die großen alten Konzerne, würde ihm schon etwas einfallen, womit er diesen Läden auch bei hohem Kaufpreis noch eine Rendite würde entlocken können.

Für den Einstieg in die Formel 1 musste Haffa zwar auch den in seinem Fach besten der Welt, Bernie Ecclestone nämlich, überzeugen. Aber diese Überzeugungsarbeit würde nicht er, Thomas Haffa, leisten müssen. Sondern sein Geld.

Wir wissen nicht, ob Haffa versucht hatte, den einen oder anderen wirklich Großen von sich zu überzeugen. Wenn er es versucht haben sollte, ist er offensichtlich gescheitert – sonst wüsste man davon. Sichtbar war nur das typische Verhalten eines Neureichen: Kaufen, was gut und teuer ist; ob es passt oder nicht, ist egal, Hauptsache teuer. Da war die Formel 1 genau das Richtige.

Ernie und Bernie

Die Formel 1 war in einigen Punkten das genaue Gegenstück zur Henson-Company: Dort eine Firma, der nach dem Tod des Gründers die ordnende Hand fehlte, hier eine Firma, die vom Gründer im Klammergriff gehalten wurde. Dort eine Firma mit etwas veralteten Produkten, hier eine Firma mit einem der heißesten Produkte überhaupt. Dort eine Firma, deren Profitabilität, vorsichtig gesprochen, mäßig war, hier eine Firma, die geradezu obszön hohe Profitmargen erwirtschaftete. Dort sechs Hensons, hier ein Ecclestone.

Und der kriegte Haffa klein.

Schon seit einigen Jahren versuchte der Formel-1-Zampano Bernie Ecclestone, sein Lebenswerk zu Geld zu machen – allerdings ohne dabei auch nur ein Fünkchen von seiner Allmacht abzugeben. 1998 hatte er das erste Mal einen Börsengang anvisiert, kam damit aber nicht durch. Auch eine geplante Unternehmensanleihe über zwei Milliarden Dollar konnte er nicht im Markt platzieren. 1999 dann brachte er, mit deutlich kürzerer Laufzeit und hohen Zinsen, eine Anleihe über 1,4 Milliarden Dollar unter. Mit im Konsortium war damals die WestLB, die ja auch ein treuer Begleiter EM.TVs war. Im September 1999 gab Ecclestone schließlich erstmals Anteile ab: 12,5 % seiner Formula One Association gingen für 325 Millionen Dollar an Morgan Grenfell Private Equity, eine Risikokapitalfirma der Deutschen Bank. Zudem vereinbarten Ecclestone und Morgan Grenfell eine Option über weitere 37,5 % der Anteile, die bis Februar 2000 ausgeübt werden konnte.

Für Thomas Haffa waren damit die zwei wichtigsten Kriterien erfüllt, um sein Interesse an der Formel 1 zu wecken: Es handelte sich um eine große weltberühmte Marke – und sie stand zum Verkauf. Schon seit Ende 1999 waren Haffa und Ecclestone in äußerst intensiven Verhandlungen, die am 8. Februar 2000 erstmals publik wurden. Und da Morgan Grenfell darauf verzichtete, die Option über den Kauf weiterer Anteile auszuüben, schien der Weg zum Einstieg bei Ecclestone auch frei. Doch obwohl damals der Anschein erweckt wurde, als sei der Deal schon so gut wie sicher, machte Ecclestone doch noch einen Rückzieher, und verkaufte stattdessen Mitte Februar das 37,5%-Paket für 712,5 Millionen Dollar an die US-Beteiligungsgesellschaft Hellman & Friedman.

Der Grund für diesen Sinneswandel Ecclestones war

ganz simpel: Thomas Haffa wollte einen großen Teil des Kaufpreises für die Formel-1-Anteile in EM.TV-Aktien bezahlen, Ecclestone aber mochte diese Währung nicht: „Ich besitze keine Aktien und werde auch in Zukunft keine haben." Ecclestone akzeptierte nur Bargeld, und damit konnte EM.TV in dieser Größenordnung nicht dienen.

Theoretisch wäre es für die Haffas zwar möglich gewesen, hier genauso zu verfahren wie beim Kauf von Junior TV: alles in bar bezahlen und sich das Geld über die Ausgabe neuer Aktien an der Börse holen. Aber praktisch war dieser Weg verbaut: Erst im Herbst hatte EM.TV über eine Kapitalerhöhung 10,86 Millionen Aktien in den Markt gegeben und dafür 954,7 Millionen Mark eingesackt. Anfang Februar, als die Verhandlungen mit Ecclestone an die Öffentlichkeit drangen, lief zudem gerade der zweite, diesmal erfolgreiche Versuch, eine EM.TV-Wandelanleihe im Markt unterzubringen, diesmal über 400 Millionen Euro. Zum dritten Mal innerhalb weniger Monate den Kapitalmarkt anzuzapfen, und dann auch noch in Milliardenhöhe, das hätte wohl auch der Star-Verkäufer Thomas Haffa den Banken, Analysten und Aktionären nicht schmackhaft machen können.

Also kein direkter Deal zwischen Haffa und Ecclestone. Trotzdem war der Formel-1-Boss nicht abgeneigt, die „Jungs aus Deutschland" in sein Unternehmen hineinzulassen. Zum einen, weil sie Fähigkeiten mitbrachten, die ihm völlig abgingen: Merchandising war genau so wenig sein Ding wie der Umgang mit dem Finanzmarkt. Zum anderen, weil die Haffas einige andere Fähigkeiten eben nicht hatten: Sie verstanden nichts vom Renngeschäft, und sie konnten ihm an Verhandlungsgeschick nicht das Wasser reichen. Sie würden ihn weiterhin uneingeschränkt über das Produkt Formel 1 herrschen lassen – und durften dann ruhig versuchen, aus diesem Produkt noch ein bisschen mehr Geld herauszuschlagen, als er das ohnehin konnte.

Denn anders als etwa die Jim Henson Company war die Formel 1 in ökonomisch exzellenter Verfassung: Bei einem Umsatz von etwa 400 Millionen Dollar im Jahr 1999 sprang ein Gewinn von 200 Millionen Dollar heraus – eine phänomenale Umsatzrendite.

Ecclestone wählte deshalb einen Weg, mit dem er zwar die Haffas in die Firma bekommen würde, aber ohne dafür ihre Aktien nehmen zu müssen. Hellman & Friedman fungierte quasi als Zwischenhändler: Genau wie Morgan Grenfell zahlten sie Ecclestone komplett in bar – und genau wie die Deutschbanker waren die Amerikaner nicht abgeneigt, sich zumindest teilweise in EM.TV-Aktien bezahlen zu lassen. Und so dauerte es denn auch gerade einmal sechs weitere Wochen, bis der EM.TV-Einstieg in die Formel 1 in trockenen Tüchern war.

Auf den ersten Blick sah der Deal, so wie er damals veröffentlicht wurde, für die Investmentbanker wie ein Schnäppchen und für EM.TV wie ein teurer Spaß aus: Hellman & Friedman erhielten für ihre 37,5 % sowohl die 712,5 Millionen Dollar in bar, die sie an Ecclestone gezahlt hatten, als auch etwa 5,5 Millionen EM.TV-Aktien obendrauf. Morgan Grenfell verzichtete auf einen Bar-Anteil und kassierte 4,1 Millionen neue EM.TV-Aktien.

Bei einer Bewertung von 110 Euro je Aktie, dem Kursniveau im Februar 2000, war der Verkauf für Hellman & Friedman etwa 2,5 Milliarden Mark wert, also ein Profit von einer schlappen Milliarde in gerade mal sechs Wochen. Die 12,5 % der Morgan Grenfell Private Equity wiederum, die ein halbes Jahr zuvor umgerechnet 650 Millionen Mark gekostet hatten, hatten damit einen Wert von etwa 900 Millionen Mark. EM.TV schließlich ließ sich den Einstieg in die Formel 1 so gerechnet rund 3,4 Milliarden Mark kosten, 1,4 Milliarden in bar und 2 Milliarden in Aktien.

Aber auch hier, wie schon beim Henson-Kauf, sah der tatsächliche Deal etwas anders aus, als er ursprünglich bekannt gegeben wurde. Im EM-TV-Geschäftsbericht des Jahres 2000 liest sich die Prozedur nämlich so: „Am 12. Mai 2000 wurden sämtliche Anteile an der Speed Investments Ltd. durch die Konzernobergesellschaft erworben. Der Kaufpreis für das nominale Stammkapital von 7.410 USD betrug 1.636.189 TDM und wurde im Rahmen einer Kapitalerhöhungsmaßnahme mit 12.580.000 Aktien, bewertet mit einem Kurs, der aus dem Aktienkurs zum Zeitpunkt der Transaktion abgeleitet wurde, beglichen. Speed hielt zum Erwerbszeitpunkt 33,7 Prozent der Anteile an der SLEC Holdings Ltd., London, der Gesellschaft, in der sämtliche Aktivitäten der Verwertung des Formel 1-Rennsports gebündelt sind. Mit Wirkung zum 12. Mai 2000 erwarb Speed Investments Ltd. weitere 16,3 Prozent an der SLEC zu einem Kaufpreis von 1.453 TDM (*wohl ein Schreibfehler – gemeint sein müssen 1.453.000 TDM, D.G*), der in bar beglichen wurde."

Es waren also nicht zehn Millionen Aktien, die EM.TV an die Investmentbanker zahlte, sondern es waren 12,58 Millionen Aktien. Der Kursverlust der EM.TV-Aktie zwischen der Verkündung des Deals im März und seiner rechtlichen Wirksamkeit im Mai ging also nicht auf Kosten der Verkäufer, sondern auf Kosten des Käufers – also auf Kosten der Aktionäre. Das ergibt unter Verwendung des EM.TV-Kurses am 12. Mai 2000 (77,8 Euro) und unter der Annahme, dass die Aktien nach dem gleichen Verhältnis wie ursprünglich vorgesehen auf die beiden Verkäufer aufgeteilt wurden, also 57 % für Hellman & Friedman, 43 % für Morgan Grenfell folgendes:

Barzahlung für 16,3 % der Anteile
(an Hellman & Friedman):
1,453 Mrd. Mark
7,17 Millionen Aktien à 77,8 Euro für Hellman & Friedman:
1,091 Mrd. Mark
5,41 Millionen Aktien à 77,8 Euro für Morgan Grenfell:
823,2 Mio. Mark
Für EM.TV errechnet sich daraus wiederum ein Kaufpreis von knapp 3,5 Milliarden Mark, davon 1,45 Milliarden in bar und 1,91 Milliarden in Aktien.

Rein rechnerisch natürlich. Am Ende würde die Abrechnung ganz anders aussehen. Aber noch waren alle Beteiligten happy über ihren Teil des Deals. Damit gehörten der 100prozentigen EM.TV-Tochter „Speed" genau 50 Prozent an der SLEC-Holding, in der Ecclestones Formel-1-Aktivitäten gebündelt waren. Drei der sechs SLEC-Aufsichtsratsposten standen damit EM.TV zu. Sie wurden mit Thomas und Florian Haffa sowie mit Herbert Kloiber besetzt.

Jetzt mussten die Brüder nur noch die 712,5 Millionen Dollar in bar aufbringen, die an Hellman & Friedman zu zahlen waren. Denn flüssig hatte EM.TV bei weitem nicht so viel. Da sowohl Kapitalerhöhung als auch Anleihe nicht möglich waren, beides war ja gerade erst gemacht worden, kam diesmal nur ein Kredit in Frage. Nichts wäre logischer gewesen, als diesen bei der WestLB aufzunehmen. Die WestLB kannte die Ecclestone-Firma, war im Vorjahr an der Platzierung seiner Anleihe beteiligt; die WestLB kannte die Haffa-Firma, hatte sie an die Börse gebracht und seither stets begleitet; die WestLB glaubte an EM.TV – zumindest erweckten die Analystenstudien der WestLB diesen Eindruck. Aber erstaunlicherweise drängte es die WestLB just bei diesem Kredit nicht in die erste Reihe. Alles ganz normal, versicherte Florian Haffa der Börsen-Zeitung: „Die WestLB kann, muss aber nicht an der Finanzierung beteiligt werden. Wir machen viel mit der Landesbank, aber manchmal ist es besser, auf zwei Beinen zu stehen."

Die Finanzierung, die die Haffas dann bekamen, war aber ein äußerst wackliges Bein: Die Credit Suisse First Boston gewährte EM.TV ein kurzfristiges Darlehen über 1,25 Milliarden Mark, ein so genanntes „Bridge Loan". Es sollte quasi die Zeit bis zu einem eigenen Börsengang der Formel 1 oder bis zur nächsten EM.TV-Kapitalerhöhung überbrücken – denn natürlich ging Thomas Haffa fest davon aus, dass er sich schon bald das Geld für den Formel-1-Einstieg bei den Aktionären holen könnte. Mag sein, dass auch CSFB daran glaubte, aber ein bisschen Sicherheit wollte die Investmentbank schon haben: EM.TV musste nicht nur sämtliche Formel-1-Anteile an CSFB verpfänden, sondern zusätzlich auch noch sämtliche Anteile an der Jim Henson Company.

Der sinnlose Deal

Waren die 3,5 Milliarden Mark nicht doch ein allzu stolzer Preis für die Hälfte einer Firma, die dafür sorgt, dass 24 Autos 16 oder 17 Mal im Jahr im Kreis herumfahren? Aber nein, sagte Thomas Haffa der Süddeutschen Zeitung: „Ich bin der Meinung, dass das ein guter Kaufpreis ist. Angesichts der Wachstumsmöglichkeiten haben wir sogar sehr günstig eingekauft." Das größte Potenzial stecke dabei darin, der Formel 1 weltweit einen ähnlich hohen Stellenwert zu verschaffen, wie sie ihn in Europa und Lateinamerika bereits hatte: „Zum Beispiel ist der US-Markt noch nicht erschlossen. Auch im asiatischen Markt liegt ein riesiges Potenzial, das noch nicht erschöpft ist." Und keine Risiken? „Ich sehe keine Risiken, auch wenn sich das arrogant anhört. Die Formel 1 wird als Veranstaltung von der weltweiten Automobilindustrie mit

Milliardeninvestitionen getragen. Auch die Werbeindustrie ist mit Milliardeninvestitionen in diesem Sport."

Das mit den Risiken sahen eigentlich alle anderen im Markt anders:

- Gegen Ecclestone, seine Geschäftsfreunde und sein Geschäftsgebaren lief bereits seit Juni 1999 ein förmliches Wettbewerbsverfahren der EU-Kommission: Der Automobilverband FIA, geleitet von Ecclestone-Freund Max Mosley, missbrauche seine marktbeherrschende Stellung.
- Die Bestrebungen der Europäischen Union, ein Werbeverbot für Zigaretten einzuführen, konnten die Formel 1 empfindlich treffen: Schließlich war und ist die Tabakindustrie einer der wichtigsten Sponsoren der Formel-1-Teams (z.B. Marlboro bei Ferrari, West bei McLaren-Mercedes) und Europa der wichtigste Markt für die Formel 1.
- Die Automobilhersteller haben zwar ein vitales Interesse am Autorennsport, aber das zwingt sie noch nicht unbedingt, deshalb einem Newcomer aus Unterföhring Milliarden in den Rachen zu werfen.
- Autorennen ist eine riskante Sportart. Ein einziger tragischer Unfall bei einem Rennen könnte ausreichen, eine breite öffentliche Diskussion über den Sinn der Formel 1 auszulösen – und damit den Marktwert der Rennserie massiv schmälern.
- Bernie Ecclestone war auch nach dem Einstieg der Haffas nicht bereit, seine Machtfülle in irgendeiner Form beschneiden zu lassen. Würde er plötzlich tot umfallen, was bei 70-jährigen ja wohl passieren kann, stünde die Formel 1 vor einem Machtvakuum. Die anschließenden Macht- und Richtungskämpfe könnten das Geschäft mit der Formel 1 unkalkulierbar machen.

Aber auch wenn die Risiken außen vor bleiben: Was wollte

EM.TV überhaupt mit der Formel 1? Thomas Haffa berichtete darüber seinen Aktionären auf der Hauptversammlung am 26. Juli 2000:

„Die Formel 1 ist eine einmalige und international etablierte Marke. Sie ist die Königsklasse des Motorsports. Über die Formel 1 steigen wir in eines der lukrativsten Sport- und Entertainment-Ereignisse der Welt ein. 1999 wurden die 16 Rennen von 120 TV-Sendern in 200 Länder übertragen und einschließlich der Vor- und Nachberichte von 58 Milliarden Zuschauern verfolgt.“ Wenn die Zahl „58 Milliarden“ nicht allzu genau auf ihre Sinnhaftigkeit geprüft wird, liefert Haffa hier eine durchaus zutreffende Darstellung der Formel 1. Sie erklärt zwar durchaus, warum sich ein Unternehmen für den Einstieg in diese Marke interessiert, aber noch nicht, warum EM.TV bereit sein konnte, einen weit höheren Preis für die Formel-1-Anteile zu zahlen als jeder andere Interessent.

Ökonomisch gibt es nur eine Rechtfertigung dafür, dass einer mehr zahlen will als alle anderen: Er ist in der Lage, mit seiner eigenen Fähigkeit, mit der Kompetenz seines Unternehmens den Umsatz und/oder die Rendite des Zielobjekts dramatisch zu steigern. Coca-Cola würde für einen nur regional bekannten Fruchtsafthersteller einen besonders hohen Preis zahlen können, wenn das Coca-Cola-Management davon ausginge, mit Hilfe der eigenen Marketing-Power aus dem zugekauften Saft-Laden eine Weltmarke für Fruchtsaft machen zu können. Wer meint, eine völlig normale Disco in den angesagtesten Schuppen der ganzen Stadt verwandeln zu können, wird bereit sein, dafür eine weit höhere Miete zu zahlen als der bisherige Betreiber.

Was also konnte EM.TV mit der Formel 1 anstellen, was kein anderer konnte? Dazu noch einmal eine Passage aus Thomas Haffas Hauptversammlungsrede: „Wir wollen unser Know-how nutzen, um die Formel 1 vor allem im Bereich

Brand Development und im Bereich der New Economy – wozu auch das Internet gehört – umfassend auszuwerten. Wir möchten aus der Formel 1 eine hoch attraktive und international bekannte Dachmarke machen, mit einem eigenen Logo, eigenen Lizenzen und Produkten. Hier ist eine sehr große Bandbreite denkbar: von Spielen über Kleidung bis hin zu Fan-Artikeln."

Zweierlei glaubte Haffa also besonders gut zu können: Vermarktung und Internet. Beides waren in der Tat Bereiche, mit denen Bernie Ecclestone nichts am Hut hatte: Einen eigenen Formel-1-Auftritt im Internet gab es nicht, und das Merchandising beschränkte sich zu diesem Zeitpunkt auf einen einzigen Lizenzvertrag mit Nintendo für Computerspiele – der allerdings im Jahr 1999 stolze 40 Millionen Dollar einbrachte.

„Diese Zahl dokumentiert eindringlich, wie hoch das Merchandisingpotenzial der Marke ist", behauptete Haffa; doch diese Behauptung hält einer nüchternen Betrachtung nicht stand. Denn die vielen Fans, auf die Haffa hoffte, hatte nicht die *Marke* Formel 1, sondern das *Ereignis* Formel 1. Das Ereignis Formel 1 setzte einen Rahmen, und in diesem Rahmen konkurrierte eine große Anzahl von Marken um die Aufmerksamkeit und Begeisterung der Zuschauer. Jeder einzelne Fahrer ist eine Marke für sich – und wird auch so vermarktet: Je erfolgreicher der Fahrer, desto größer das Vermarktungspotenzial. Jeder einzelne Rennstall ist eine Marke für sich, wobei hier schon die verschiedenen Beteiligten um das Vermarktungspotenzial konkurrieren: die Teamchefs, die Automobilhersteller, die Sponsoren, die Motoren- und die Reifenlieferanten. Diese Einzelmarken brauchten keinen Thomas Haffa, um ihr Potenzial zu realisieren – vom Michael-Schumacher-Käppi bis zum Ferrari-Schlüsselanhänger war schon überreichlich Fan-Tinnef im Angebot.

Aber konnte da noch großes Vermarktungspotenzial sein für eine Dachmarke „Formel 1"? Wie viele Trikots verkauft

Bayern München – und wie viele die Champions League? „T-Shirts zu bedrucken oder Käppis, ist zu banal“, sah gegenüber der Frankfurter Rundschau sogar Haffa selbst ein, um gleich im nächsten Atemzug eine neue Vision hinterherzuschieben: „Ich kann mir eher so etwas vorstellen wie ‚F One Function Wear‘, Mode, die ähnlich hochwertig wie die Produkte von Prada, Gucci oder Porsche-Design sein wird.“ – Wenn die Anleger ihm weiterhin brav ihre Milliarden anvertraut hätten, hätte sich Haffa ja auch gleich noch Gucci kaufen können, um auch diesen Teil der Wertschöpfungskette im eigenen Konzern abzudecken.

Der große ökonomische Erfolg Bernie Ecclestones beruht nicht zuletzt darauf, dass der Brite sich darauf beschränkt, an dem Event Formel 1 zu verdienen. Da laufen alle Fäden bei ihm zusammen, da kontrollieren seine Firmen als Monopolist das gesamte Drumherum – vom Ecclestone-Reisebüro „Formula One Travel“, das die Teams mit zwei Ecclestone-Jumbos zu den einzelnen Rennen bringt, bis zum 26 Trucks füllenden Equipment für die Fernsehbilder von den Rennen, die sämtlich von der Ecclestone-Firma „Formula One Productions“ geliefert werden. Ecclestone sorgt dafür, dass nicht zu viele Rennen gefahren werden, um die Zuschauer nicht zu überfüttern: „Die Formel 1 macht sich im Gegensatz zu Fußball oder Tennis rar“, sagte er der Zeitschrift auto, motor und sport: „Im Tennis gibt es jede Woche bis zu vier Turniere. Im Fußball finden jeden Tag ungefähr 70 Spiele statt. Fußball ist überpräsentiert. Meine Aufgabe ist, dafür Sorge zu tragen, dass mit der Formel 1 nicht das Gleiche passiert.“ Und Ecclestone sorgt dafür, dass immer genug Teams am Start sind, damit am Ende nicht Ferrari, BMW und Mercedes allein im Kreis herumfahren – den finanzschwachen Teams gibt der Formel-1-Boss schon mal Zuschüsse zu den horrenden Transportkosten, damit sie nicht die Lust am Rennzirkus verlieren. Und wenn ein Rennstall eine technische Neuerung einsetzt, die es ihm ermöglicht, das ganze restliche Feld zu deklassieren, wird kurzerhand das Reglement geändert, bevor die Rennen zu langweilig werden.

Aber innerhalb des von Ecclestone abgesteckten rigiden Rahmens gibt es ein völlig freies Spiel der Marken und Motoren – weshalb die großen Automobilkonzerne die unumschränkte Herrschaft des Formel-1-Bosses auch stets akzeptierten. Wenn auch manchmal mit vernehmlichem Zähneknirschen. Ein massiver Einstieg in die Vermarktung der Marke Formel 1 würde nun den Einflussbereich der Formel-1-Holding vom Rahmen auf das Innenleben ausdehnen und damit in die Gefilde der Sponsoren und der Automobilkonzerne einbrechen. Und für diesen Fight waren die Haffas schlicht zu leichtgewichtig.

Der zweite von Haffa angesprochene Hoffnungsträger, das Internet, bereitete ganz andere, aber nicht minder gravierende Probleme: Zum einen verfügte EM.TV über fast keinerlei Erfahrung mit diesem Medium. Mehr als große Pläne und wolkige Ankündigungen hatten die Unterföhringer bis dato nicht zu Stande gebracht. Zum anderen stellte sich schlicht die Frage, was denn das große Potenzial der Formel 1 im Internet sein sollte.

- Um einen Internet-Auftritt auf die Beine zu stellen, in dem alles über und um die Formel 1 versammelt wäre, hätte man sich wiederum mit allen anderen Beteiligten darauf einigen müssen, ihre Aktivitäten unter einem gemeinsamen Dach zu versammeln – was ähnlich wie eine großflächige Vermarktung der Marke Formel 1 die Profit- und Profilierungschancen vieler Großkonzerne reduziert hätte.
- Ein Internet-Auftritt, der sich auf alles rund um das Event Formel 1 beschränkte, wäre sicherlich machbar gewesen. Doch würde eine solche Website sich in der direkten Konkurrenz mit den Websites der TV-Sender, der Online-

Medien und vieler weiterer privater Anbieter bewähren müssen. Das wäre sicherlich möglich gewesen – aber dafür hätte man hervorragende Leute gebraucht, die EM.TV in diesem Bereich nicht hatte.

- Exklusiv hatte die Formel-1-Holding nur die Fernsehbilder – alle anderen Medien konnten berichten, wie und was sie wollten. Vielleicht hätte man diese Bilder im Internet übertragen können. Aber wer würde sich schon ein Formel-1-Rennen am Computermonitor anschauen wollen?
- Die technische Weiterentwicklung würde sicherlich in ein paar Jahren die Möglichkeit bieten, Bilder über den Übertragungsweg Internet in die Fernsehgeräte einzuspeisen. Aber damit würde in die Übertragungsrechte der TV-Sender eingegriffen – ein möglicherweise lukratives, aber vor allem gefährliches Spiel. Um dieses siegreich zu bestehen, wäre es sicherlich besser, Leo Kirch zu heißen, und nicht Thomas Haffa.

Die ebenso knappe wie brutale Wahrheit lautete also: Es gab nichts, was EM.TV zur Erhöhung von Umsatz oder Profitabilität der Formel 1 beitragen konnte. Also konnte EM.TV auch nicht in der Lage sein, einen höheren Preis für diese Akquisition zu zahlen als andere Interessenten. Und faktisch haben die Haffas ja auch keinen höheren Preis gezahlt – sondern einen niedrigeren: Die selbst gedruckte Währung EM.TV-Aktie ließ den Kaufpreis nur so hoch erscheinen. Wenn man die Aktien nicht mitzählt, hatte EM.TV lediglich 712,5 Millionen Dollar cash bezahlt. Für 50 Prozent einer Firma, die im Jahr 200 Millionen Dollar Profit macht, ist das ein äußerst günstiger Preis.

Dass die Aktien zum Zeitpunkt des Kaufvertrags einen realen Wert hatten, ändert nichts an der Höhe des Bar-Kaufpreises. Aber wie bei Henson ergeben sich dadurch völlig andere Preise für die Verkäufer. Für eine detaillierte

Abrechnung, wer wie viel an diesem Deal verdient hatte, ist es hier aber eindeutig noch zu früh – denn die Story um die Formel 1 war mit dem März-Deal über den Kauf der 50 Prozent noch lange nicht zu Ende.

Es gab nämlich noch ein weiteres Risiko. Auf den ersten Blick war es nur eine Kleinigkeit, aber beim zweiten Blick konnte es für ein äußerst flaues Gefühl in der Magengegend sorgen. Dieses Risikos waren sich die Haffas zumindest so sehr bewusst, dass sie es der Öffentlichkeit lieber verschwiegen.

Das Damoklesschwert

Worum ging es? EM.TV hatte mit Ecclestone eine doppelte Option vereinbart: Die eine war eine so genannte Call-Option: Bis zum 28. Februar 2001 hatte EM.TV das Recht, für 987,5 Millionen Dollar weitere 25 Prozent der SLEC-Holding zu kaufen. Wenn die Haffas diese Option nicht ausübten, galt danach eine so genannte Put-Option: Die gab nunmehr Bernie Ecclestone das Recht, diese 25 Prozent für 996 Millionen Dollar an EM.TV zu verkaufen.

Was hatte sich Thomas Haffa dabei gedacht, als er diese Optionsklausel in den Vertrag hineinverhandelte? Was wohl: Er wollte Geld verdienen. Denn er spekulierte darauf, dass gleich zwei Seiten daran Interesse haben könnten, noch mit in das Unternehmen Formel 1 einzusteigen. Da waren zum einen die großen Automobilkonzerne, die in der Formel 1 engagiert waren. Sie waren geradezu der natürliche Partner für dieses Unternehmen. Wenn Ecclestone eines Tages nicht mehr sein sollte, würde es ohnehin darauf hinauslaufen, dass die Autokonzerne die Regie im Rennzirkus übernehmen. Haffa glaubte, mit ihnen unbelasteter verhandeln zu können als mit dem alten Haudegen Ecclestone, und mit einem

Vorkaufsrecht könnte er bei einem Einstieg der Konzerne mehr verdienen als ohne.

Und da war zum anderen der Kapitalmarkt. Bernie Ecclestone hatte zwar eine große Vorliebe für Geld, aber eine mindestens ebenso große Abneigung gegen das Geldgewerbe. Da war Haffa anders. Sein magisches Händchen für Aktionäre und Analysten würde es ermöglichen, binnen kürzester Zeit die Formel 1 AG börsenreif zu machen. Als bestmöglicher Termin hierfür zeichnete sich bereits das Frühjahr 2001 ab, kurz vor dem Start der neuen Rennsaison. Und dann könnte Haffa für eine Milliarde Dollar 25 Prozent kaufen, diese 25 Prozent an die Börse bringen und dafür 1,5 oder 2 oder 2,5 oder 3 Milliarden Dollar kassieren.

Ecclestone hatte durchaus nichts dagegen, seinen neuen Partner von vielen vielen Milliarden träumen zu lassen. Aber dann sollte er gefälligst auch für wenigstens die eine Milliarde Dollar gerade stehen, auf die Haffas Call-Option Ecclestones Anteil am kommenden Geldregen beschränken würde. Selbst wenn sich alle seine Träume als Luftschlösser erweisen sollten, diese Milliarde sollte keine Fantasie bleiben, sondern sich in echtes Geld verwandeln. Das Risiko, das in der Doppel-Option steckte, meinte Haffa in Kauf nehmen zu können: Was ist schon eine Milliarde Dollar, wenn die eigene Firma mehr als zehn Milliarden Dollar wert ist? Er schlug ein – und hängte sich damit selbst das Damoklesschwert über den Kopf.

Mag sein, dass die Haffas damals nicht so ganz begriffen, worauf sie sich mit dieser Option eingelassen hatten. Nach den Erfahrungen, die sie bisher mit der Börse gemacht hatten, schien es sich ja um eine Kleinigkeit zu handeln, das Geld beim Börsengang der Formel 1 oder bei der nächsten eigenen Kapitalerhöhung einzusammeln. Und wenn diese rechtzeitig genug, also irgendwann im Jahr 2000, über die Bühne ginge, würde auch niemand je erfahren, dass sie das

Geld nicht etwa brauchten, um 25 Prozent der Formel 1 kaufen zu können, sondern dass sie es brauchten, weil sie 25 Prozent der Formel 1 kaufen mussten.

Aber so ganz wohl kann Thomas und Florian Haffa bei der Put-Option von Anfang an nicht gewesen sein. Denn sie erzählten den Journalisten und den Analysten nur von ihrer Option – dass sie gezwungen werden konnten, im Frühjahr des kommenden Jahres eine Milliarde Dollar in bar locker zu machen, behielten sie für sich.

Dass die Haffas hier etwas zu verbergen hatten, hätte sich allerdings schon im März 2000 herumsprechen müssen. Die Telebörse-Reporterin Tanja Treser hatte nämlich herausgefunden, dass es sowohl eine Call- als auch eine Put-Option gebe, und am 23. März 2000 schrieb sie denn auch in der Telebörse von einer „Put-Call-Option über 25 Prozent, die beide Seiten jederzeit ausüben können“. Aber weder die Märkte noch die Leser, und leider auch weder Treser noch ihr damaliger Vorgesetzter, heute Autor dieser Zeilen, begriffen damals, was sich hinter dieser schlichten Vokabel verbarg – und die Put-Option verschwand im Rauschen des Blätterwaldes.

Dabei war es doch so einfach: Wenn es EM.TV nicht gelingen würde, in den nächsten zwölf Monaten weitere zwei Milliarden Mark aufzutreiben, war die Firma – pleite.

8
Auf der Kippe

Als die Aktienkurse zu fallen begannen, ging es Schlag auf Schlag. Sämtliche Probleme, die während der Zeit des schnellen Wachstums unter den Teppich gekehrt worden waren, traten nun ans Licht. Die Ertragsberichte brachten eine unangenehme Überraschung nach der anderen. Die Investoren waren all ihrer Illusionen beraubt, und die Manager wollten sich nach den berauschenden Tagen des auf Zukauf gegründeten Erfolgs kaum mehr herablassen, die mühevolle Pflicht des Tagesgeschäfts zu übernehmen.

George Soros im Jahr 1998 über die Krise der Mischkonzerne in den 70er Jahren

Jetzt ist er wer. Jetzt kann niemand mehr an Thomas Haffa vorbei. Jetzt müssen die ganz Großen dieser Welt auf Augenhöhe mit ihm reden, denn jetzt ist er auch ein ganz Großer. „I want to be a media baron. I want to be big", hatte er vor nicht einmal einem Jahr der Business Week erzählt – jetzt ist er ein Medienbaron. Jetzt ist er groß.

Jetzt kann er ganz freimütig von der Episode erzählen, die ihn vor wenigen Wochen noch so schwer getroffen hat. Mitte Februar 2000, bei der Feier zu Hubert Burdas 60. Geburtstag, als seine Frau Gabriele beim Diner neben Siemens-Chef Heinrich von Pierer saß. „Und was, Frau Haffa, macht eigentlich Ihr Mann", fragte der nach dem Hauptgang. Sie: „Er ist Vorstandsvorsitzender von EM.TV." Und er darauf: „Und was darf ich mir darunter vorstellen?"

Auch ohne diese Begegnung mit Gabriele Haffa würde sich Heinrich von Pierer nun, im April 2000, etwas unter EM.TV vorstellen können. Börsenmilliardär war EM.TV schon seit zwei Jahren, mit den Zukäufen Henson und Formel 1 würde im laufenden Geschäftsjahr nun auch die Umsatzmilliarde erreicht werden. In der Presse taucht erstmals die Frage auf, ob EM.TV nicht bereits ein Kandidat für den Dax sei, den Eliteklub der 30 wichtigsten deutschen Aktien – immerhin wurde das Unternehmen an der Börse kurzzeitig höher bewertet als die komplette Lufthansa. Aber ein paar hundert Flugzeuge, ein paar zehntausend Mitarbeiter, ein paar Milliarden Börsenwert, das war nun wirklich nicht die passende Messlatte. Thomas Haffa hatte für die Börsen-Zeitung einen anderen Vergleich, um zu begründen, warum er sich am Neuen Markt ganz wohl fühlte: „Schauen Sie sich Microsoft an: Die sind immer noch an der Nasdaq und fahren nicht schlecht damit.“ Immerhin – dass er jemals in der Lage sein würde, nicht nur Disney, sondern auch noch Microsoft zu schlucken, hat Thomas Haffa öffentlich nie behauptet.

Würde Haffa jetzt „zum Augenblicke sagen: Verweile doch, du bist so schön“? Goethe ließ Faust, den ewig Strebenden, gierig Drängenden, um seine Seele wetten, dass es nie so weit komme – und auch Thomas Haffa war weit davon entfernt, nun erst einmal seinen neuen, so viel größeren Laden zu konsolidieren, Luft zu holen, die zweifelsohne vorhandenen Potenziale auszuschöpfen. „Man darf es gar nicht laut sagen“, sagt er dem Manager-Magazin (und damit laut genug, dass es jeder hören kann): „Wir wollen das größte Medienunternehmen der Welt werden, ist doch klar.“

Bei dem Tempo, das er und seine EM.TV seit dem Börsengang vorgelegt hatten, dürfte es sich ja nur noch um ein paar Monate handeln, bis es so weit wäre, oder? „In einem halben Jahr, Sie werden es sehen, bin ich in Amerika bekannter als hier“, schiebt er noch hinterher – wohl wissend, dass ihm das wiederum nur gelingen könnte, wenn er sich bis dahin einen der Big Player aus den USA einverleiben würde.

Disney also. Oder gleich AOL Time Warner? Nein – um den größten Medienkonzern der Welt zu schlucken, würde wohl auch ein Thomas Haffa noch ein paar Tage länger seinen Kurs pflegen müssen. Und die Ochners, Tubeilehs und Korffs, die ihm dabei in der ersten Zeit so geholfen haben, würden in dieser neuen Dimension wohl nicht mehr viel Unterstützung gewähren können. Denn inzwischen ist nicht nur die Zahl der umlaufenden EM.TV-Aktien von 600.000 auf knapp 80 Millionen Stück gestiegen, es gibt jetzt auch einige Großaktionäre, die darauf brennen, ihre Aktien wieder loszuwerden und Kasse zu machen.

Der Markt kippt

Um bis 2002 reif für die Disney-Übernahme zu sein, würde die EM.TV-Aktie noch um einiges weiter klettern müssen. Das Dumme war nur, dass sie nicht mehr kletterte, sondern fiel. Noch waren die Aktionäre nicht so weit, dass sie an EM.TV oder an Haffa gezweifelt hätten – aber sie begannen, am Neuen Markt zu zweifeln. Die atemberaubende Explosion der Aktienkurse quer durch die ganze Wachstumsbörse, quer durch alle High-Tech-Börsen der Welt, kam abrupt ins Stocken. Der Hausse ging die Luft aus, gerade als die Stimmung der Aktionäre und Analysten so gut war wie noch nie.

Auch wenn die meisten der damals an der Börse Engagierten einen solchen Vorgang das erste Mal bewusst erlebten, so handelt es sich doch um eines der ältesten und bestdokumentierten Phänomene des Kapitalmarktes. Ob die holländische Tulpenspekulation von 1637, ob der Run auf John Laws Compagnie d'Occident 1720 in Paris, ob das Aktienfieber in den USA von 1929: Immer wenn nicht mehr gekauft wird, weil etwas einen Wert hat, sondern nur noch, weil man mit Gewinn weiter verkaufen will, baut sich eine Spekulationsblase auf, die früher oder später wieder in sich zusammenfallen muss.

Viele Börsianer waren der Ansicht, dass so etwas an den heutigen rationalen, computergestützten, globalen Finanzmärkten nicht mehr passieren könne. Der Großspekulant George Soros dagegen argumentierte in seinem 1998 erschienenen Buch, dass gerade allseitig rationales Verhalten zum Aufschaukeln der Märkte führen könne. Allein daraus, dass sich beim jeweiligen Kurs einer Aktie aktuelles Angebot und aktuelle Nachfrage im Gleichgewicht befinden, dürfe man noch lange nicht schließen, dass Finanzmärkte generell eine Tendenz zum Gleichgewicht aufwiesen. Genauso gut könne das Gegenteil der Fall sein: „Finden die Aktienkurse einen Weg, die Fundamentaldaten zu beeinflussen, so kommt mitunter ein sich selbst verstärkender Prozess in Gang, der beide Faktoren recht weit vom Gleichgewichtszustand abdrängt. Schließlich wird die Kluft zwischen Anspruch und Wirklichkeit, Erwartung und Ergebnis so groß, dass der Prozess sich umkehrt." Das 8-Phasen-Modell eines solchen Boom-Bust-Zyklus, das Soros 1998 in „Die Krise des globalen Kapitalismus" beschrieb, gleicht der tatsächlichen Entwicklung, die der Neue Markt in den vergangenen vier Jahren nahm, bis aufs Haar:

„In der Anfangsphase (1) ist der Trend kaum wahrnehmbar. Erst in der Periode der Beschleunigung (2) wird der Trend erkannt und durch das herrschende Vorurteil verstärkt. Erleiden die Preise einen Rückschlag, setzt eine Phase der Überprüfung (3) ein; bleibt es dennoch bei Vorurteil und Trend, treten beide zusehends stärker hervor (4). Vermag die Realität den übertriebenen Erwartungen nicht mehr gerecht zu werden, kommt der Augenblick der Wahrheit (5), gefolgt von einer Zwielichtperiode (6), in der die Menschen das Spiel immer noch weitertreiben, obwohl sie schon nicht mehr daran glauben.

Schließlich erreicht die Entwicklung einen Wendepunkt (7), an dem sich der Trend bricht; das Vorurteil dreht sich um, was zu einer katastrophalen Beschleunigung in die entgegengesetzte Richtung führt (8), gemeinhin als Crash bekannt."

Damit war sozusagen der allgemeine Rahmen für den Kurskollaps des Jahres 2000 beschrieben. Aber dazu kamen ein paar spezielle Entwicklungen, die diesen Rahmen prächtig ausfüllten:

Der Weihnachtsmann sammelte seine Geschenke wieder ein: Der Computercrash in der Neujahrsnacht war ausgeblieben, die High-Tech-Welt drehte sich am 1. Januar immer noch genauso wie am 31. Dezember. Also kehrten auch die Zentralbanken zu Business as Usual zurück: Alan Greenspan fuhr die Zinsen hoch und die Liquidität runter. Der Zustrom frischen Geldes an den Kapitalmarkt wurde spärlicher.

Immer mehr Börsenneulinge wollten am Geldsegen teilhaben: Sowohl in den USA als auch in Deutschland nahm ab Mitte 1999 die Zahl der neu an die Börse gehenden Unternehmen rapide zu. Zeitweise konnte man den Eindruck haben, dass jeder, der auch nur halbwegs eine Website programmieren konnte, ein paar Dutzend Millionen am Neuen Markt kassieren durfte. Anfang 1998 konnten die wenigen damals am Neuen Markt notierten Unternehmen fast durchgängig davon profitieren, dass dieses Börsensegment plötzlich „entdeckt" wurde – jetzt trat der umgekehrte Effekt ein: Eine immer größere Zahl von Unternehmen konkurrierte um immer weniger neues, investitionswilliges Geld.

Der Lockruf des Geldes verlockte zu faulen Tricks: Die ersten spektakulären Fälle von Bilanztricksereien und Insidergeschäften auf Kosten der Kleinaktionäre hatte der Neue Markt bereits hinter sich. Den Entsorgungsfirmen Lösch und Sero waren schon Ende 1998 Luftbuchungen nachgewiesen worden, mit denen die Umsätze schlicht aufgebläht worden waren, Mitte 1999 passierte ähnliches beim

Seniorenheimbetreiber Refugium. Aber obwohl allesamt am Neuen Markt notiert, waren Entsorger und Seniorenheimbetreiber keine typischen Neue-Markt-Firmen, und solche Fälle von klassischer Wirtschaftskriminalität mochten Einzelfälle sein. Aber im Frühjahr 2000 ging es dann richtig los. Einen ersten Vorgeschmack auf die miesen Tricks, die in den kommenden Monaten den Neuen Markt immer wieder belasteten, bot das einstige Vorzeigeunternehmen Ixos Software. Dessen Gründer und damaliger Aufsichtsrat Eberhard Färber, einer der Stars der Münchner Gründer-Szene, hatte im Februar 2000 ein Paket von 300.000 Aktien verkauft – wenige Wochen vor einer drastischen Gewinnwarnung am 31. März 2000, durch die sich der Ixos-Kurs an nur einem Tag mehr als halbierte. Zusätzliche Pikanterie: Die Investmentbank Goldman Sachs, ebenfalls an Ixos beteiligt, hatte auch kurz vor der Gewinnwarnung Aktien verkauft – die Goldman-Sachs-Analysten hingegen hatten in einer äußerst optimistischen Studie die Ixos-Aktie zum Kauf empfohlen.

Gewinnwarnungen, Insidergeschäfte, irreführende Kaufstudien, all das, was damals noch als extremer Einzelfall galt, sollte in den kommenden Monaten zur ständigen Begleitmusik am Neuen Markt werden.

Todeslisten verdrängen Zauberworte: In der kurzen Euphorie-Ära der High-Tech-Börsen gab es eine ganze Reihe von magischen Begriffen. In einer Zeit, in der es „so viel Geld gibt, das nicht weiß wohin“, wie Thomas Haffa völlig korrekt erkannt hatte, sorgten sie für Orientierung und markierten Investment-Trends. Diese Zauberworte hießen zum Beispiel Internet, B2B, CRM, Content, e-Commerce, m-Commerce oder Bluetooth, und sie verhießen all jenen Firmen reiche Beute, denen es gelang, sich als Protagonist des gerade geltenden Trends zu verkaufen. Doch im Frühjahr 2000 tauchte erstmals ein Begriff aus der schwarzen Magie auf: Das US-Anlegermagazin „Barron's“ veröffentlichte die erste Todesliste. Barron's nahm sich dafür die aktuellen Quartalszahlen der Verlust machenden Nasdaq-Unternehmen und rechnete schlicht aus, wie viele Monate die Firmen bei gleichbleibend hohen Verlusten mit dem Geld auf ihrem Konto noch auskommen konnten. Je kürzer diese Zeit, desto näher war, rein rechnerisch, der Exitus, und desto höher stand das Unternehmen auf der Liste.

Hätten die Märkte damals von der verhängnisvollen Put-Option Bernie Ecclestones gewusst, sie hätten EM.TV für das Frühjahr 2001 in die Todesliste aufnehmen können. Aber von dieser Option wusste ja keiner – und EM.TV galt als einer der wenigen „Blue Chips", der großen Qualitätswerte, die es am Neuen Markt noch gab.

Obwohl sich die Haffa-Aktie deshalb noch ganz gut hielt, ging die Abwärtsentwicklung auch an EM.TV nicht spurlos vorbei. 110 Euro im Februar, 90 Euro im März, Anfang April rutschte der Kurs kurzfristig schon unter 70 Euro. Auch wenn er sich danach wieder etwas erholte, und auch wenn EM.TV den meisten im Markt immer noch als profitables, ordentliches Unternehmen galt – gut sah das nicht aus. Eine Konferenz für Analysten und Investoren in Thomas Haffas Zweitwohnsitz Kitzbühel sollte Anfang Mai die Stimmung wieder verbessern.

Sowohl die Location als auch das Beiprogramm ließen nichts zu wünschen übrig. Die neuen großen Partner gaben sich zumindest elektronisch die Ehre: Der Formel-1-Boss Bernie Ecclestone wurde via Satellit zugeschaltet und lobte Thomas Haffa nach Kräften. Und auch Kermit der Frosch schickte per Video ein Grußwort in die Alpen. „Hi ho. Guten Tag", sagte er, um dann auf Englisch zu erkären, wie toll es sei, nun „a whole Haffa" zu sein, „not just a half a Haffa".

Doch so gut die Leistung in der Kür auch war, beim Pflichtprogramm gab es Punktabzüge. Florian Haffa präsentierte den versammelten Investmentprofis zwar eine Drei-Jahres-Prognose für Umsatz, Kosten und Profite der „alten“ EM.TV sowie für die Formel 1 und für Henson, Angaben zum Cash-Flow blieb er allerdings schuldig – und der Cash Flow ist nun mal eine unverzichtbare Größe, wenn man den Wert eines Unternehmens nach der Lieblingsmethode der Analysten, der eben deshalb „Discounted Cash Flow“ benannten Methode, berechnen will. Und auch die wenigen Prognosedaten, die Florian Haffa verkündete, wurden nur an die Leinwand geworfen – erst als die Analysten zu murren begannen, erklärte sich Haffa bereit, die Zahlen auch noch schwarz auf weiß zu verteilen.

Die bei diesem Vortrag anwesenden Henson-Manager hätten den Analysten zumindest erklären können, warum EM.TV die Zahlen für die Muppet-Company nicht so gerne auf Papier gedruckt sehen wollte. Die Projektionen, die Florian Haffa dort für Henson präsentierte, hatten mit dem, was die Firma wirklich an Umsatz und Ertrag brachte, nämlich nichts zu tun. Es handelte sich dabei um extrem optimistische Schätzungen eines Investment-Bankers aus der Zeit, als die Henson-Erben noch auf Käufersuche waren – es waren Ergebnisse, die ein neuer Eigentümer mit viel Mühe hätte erreichen können, wenn er die Kosten drastisch reduziert hätte, die Mitarbeiterzahl abgebaut und gleichzeitig irgendwo noch ein paar nutzbare Synergien gefunden hätte. „Diese Zahlen waren keine Prognosen, und sie waren auf keinen Fall dafür gedacht, an die Öffentlichkeit zu gelangen – und Florian wusste das“, zitiert das Wall Street Journal einen Henson-Insider.

Aber fürs erste erfüllten die Zahlen ihren Zweck: Die Analysten konnten wieder beruhigt oder gar begeistert werden – eine Firma, die im laufenden Jahr bei 1,6 Milliarden Mark Umsatz einen Gewinn von 600 Millionen Mark prognostiziert, kann man auch in einem allgemeinen Börsenabschwung ruhigen Gewissens zum Kauf empfehlen. Bei 60 Euro wurde die Talfahrt der Aktie gestoppt, und während der gesamte Neue Markt immer weiter abwärts ging, hielt EM.TV diese Marke bis Ende September.

Das Geschäft kippt

Wie hieß das bei Soros? „Schließlich wird die Kluft zwischen Anspruch und Wirklichkeit, Erwartung und Ergebnis so groß, dass der Prozess sich umkehrt." Genau das passierte jetzt bei EM.TV.

Den Anspruch kennen wir ja zur Genüge: Erst Ernie, dann Bernie, dann Disney. Und die Wirklichkeit? Nach dem Formel-1-Deal passierte bei EM.TV das ganze Frühjahr, den ganzen Sommer bis in den Herbst hinein – nichts. Der Geschäftsbericht für das Jahr 2000 vermeldet für die Zeit von April bis September genau drei Ereignislein:

April 2000: Abschluss eines Vertrages mit dem ZDF: Im Lauf von fünf Jahren kauft das ZDF rund 600 Episoden aus neuen Koproduktionen sowie aus dem bestehenden Filmrechtestock von EM.TV. Darüber hinaus wurde ein Koproduktionsvertrag über die Produktion weiterer Tabaluga-Episoden geschlossen. 600 Filmchen in fünf Jahren – das dürfte pro Jahr einen Umsatz von drei bis vier Millionen Mark bringen.

April 2000: Abschluss eines Joint Venture mit der spanischen Grupo Planeta zum Aufbau der Marke Planeta Junior in Spanien und Portugal.

Mai 2000: Kauf von 51 Prozent der Gottschalk-Firma Dolce Media, die neben der Vermarktung von Stars (v.a. Thomas Gottschalk) auch mit der exklusiven Vermarktung der ZDF-Sendereihe „Wetten dass ..?“ betraut ist. Kaufpreis für die Anteile: genau 20 Millionen Mark.

Im Juni: nichts. Im Juli: nichts. Im August: nichts. Im September: nichts. Die multimilliardenteure EM.TV, noch immer das teuerste Unternehmen am Neuen Markt, hatte in diesen, an der Börse so heiklen Monaten schlicht nichts zu melden. Passierte da denn überhaupt etwas?

Nun, Ankündigungen gab es einige: Thomas und Florian Haffa stellten für 2000 und 2001 diverse Börsengänge diverser Tochtergesellschaften in Aussicht: Henson an die Nasdaq, Formel 1 in den Euro-Stoxx, TMG und die israelische Tochterfirma Talit an den Neuen Markt. Bei den Analysten konnten sie mit diesen Pläne kräftig punkten – vor allem aber bei deren Arbeitgebern: Wer so viele Börsengänge machen will, muss viele Aufträge für Investmentbanker vergeben. Logisch, dass die Chancen sinken, einen solchen Auftrag zu bekommen, wenn die Analysten des gleichen Hauses EM.TV zum Verkauf empfehlen.

Auch zur Internet-Strategie gab es, dem damaligen Publikumsgeschmack entsprechend, immer wieder viel versprechende Ankündigungen. Ob ein elektronischer Marktplatz für Lizenzen gemeinsam mit Erich Lejeunes CE Consumer Electronic, ob eine e-Commerce-Plattform für Junior, ob ein Formel-1-Portal, da wurde nichts ausgelassen. Im Juli wurden sogar zwei dazu passende Firmen gegründet: EM Interactive und Junior Web. Bis Ende des Jahres brachten es beide zusammen auf einen Umsatz von 384 Mark. Wirklich: kein Schreibfehler! Keine vergessenen Nullen! Die Internet-Einnahmen von EM.TV im Jahr 2000 beliefen sich auf dreihundertvierundachtzig Mark.

Diese Ergebnisse des Internetbereichs waren symptomatisch für weite Teile des Haffa-Konzerns: Es tat sich tatsächlich nichts. Im gesamten Bereich der „alten“ EM.TV, also dem Film- und Merchandising-Geschäft, war der Deal-Fluss fast völlig zum Erliegen gekommen. Immer war es Thomas Haffa gewesen, der die Verhandlungen führte, die Verträge schloss, die Deals machte. Aber Thomas Haffa hatte dafür jetzt keine Zeit mehr. Er musste sich um seine beiden Neueinkäufe kümmern, Interviews geben, auf Parties gehen, das ganze Kleinzeug, das vor zwei Jahren noch sein Lebensinhalt gewesen war, passte da nicht mehr in den Terminkalender.

Jetzt rächte es sich, dass die Haffas in den vergangenen Jahren niemand aufgebaut hatten, der ihnen dieses Business nun hätte abnehmen können. Schließlich ging es hier um Geschäftsbereiche, in denen die Firma seit 1989 aktiv war, da wäre es nun wirklich kein Hexenwerk gewesen, aus der Belegschaft heraus neue Management-Talente zu entwickeln. Immerhin war die Mitarbeiterfluktuation, die vor dem Börsengang extrem hoch gewesen war, in den Jahren 1998 und 1999 praktisch auf Null zurückgegangen – die beim Börsengang verteilten Aktienoptionen, von denen die ersten Ende 1999 fällig wurden, hielten natürlich jeden Beschäftigten bei der Stange. Aber entweder handelte es sich bei diesen sämtlich um hundertprozentige Flachpfeifen, oder die Haffas waren hundertprozentig unfähig, anderen Menschen Verantwortung zu übertragen. Die Wahrheit dürfte wohl fast hundertprozentig bei letzterer Aussage zu finden sein.

So wie sich die Haffas bei der Delegation von Führungsaufgaben verhielten, waren sie ganz einfach unfähig, ein Unternehmen von mehr als 50, maximal 100 Beschäftigten zu leiten. Und im ersten Halbjahr 2000 wuchs die Komplexität der Führungsaufgaben noch weit schneller als die Umsätze und Beschäftigtenzahlen. Auch wenn sie es sich damals nicht eingestehen wollten: Die neue, gigantisch gewachsene EM.TV war für die Haffas mindestens eine Nummer zu groß.

Die Frühjahrsmesse in Cannes im April 2000 hätte für Thomas Haffa ein Alarmsignal sein müssen. Seine Firma hatte den lautesten, buntesten, teuersten Auftritt von allen Ausstellern, gleich drei EM.TV-Yachten lagen im Hafen, Haffa selbst gab Interview auf Interview, Fete auf Fete, aber die tatsächlichen Geschäftsabschlüsse hielten mit diesem gigantischen Aufwand und Rummel nicht Schritt. Doch anstatt daraus den Schluss zu ziehen, in Zukunft weniger mit Journalisten und mehr mit Kunden zu reden, zog er sich praktisch völlig aus dem Geschäft mit Filmchen und Plüschpuppen zurück und kümmerte sich um seine neuen Babys.

An sich war das auch die richtige Strategie: Er hatte mit Henson und der Formel 1 zwei große Aufgaben zu bewältigen. Er hatte hier zu beweisen, dass er nicht nur Großes reden, nicht nur Großes kaufen konnte, sondern auch Großes bewirken. Für die Zukunft des Unternehmens würde es entscheidend sein, ob er diese Aufgaben bewältigte.

Zumindest hat er es versucht.

Auch wenn die in Kitzbühel präsentierten Henson-Zahlen keinerlei Ähnlichkeit mit den Zahlen der real existierenden Jim Henson Company hatten: Es hätte theoretisch sein können, dass der Zauberer aus Unterföhring den etwas orientierungslosen Puppenbauern inzwischen so viel neues Leben eingehaucht hatte, dass die Company sich in die Richtung dieser Zahlen entwickelte. Schließlich hatte Thomas Haffa ja verkündet, dass innerhalb von „drei bis fünf Monaten" die Integration von Henson vollzogen sei, und schließlich gab es das große Projekt, die Muppet-Show mit neuen Folgen wieder zum Leben zu erwecken. Nun: Im Juli waren die „drei bis fünf Monate" bereits vergangen, ohne dass auch nur die Zahlen der Jim Henson Company ins Rechenwerk von EM.TV integriert worden wären – und das große Muppet-Projekt war praktisch bereits gestorben. Es war der wohl einzige Versuch der Haffas, ihr Vermarktungs-Know-how mit dem Kreativ-Know-how Hensons zu verbinden, und die Welt kann sich glücklich schätzen, dass ihr die Realisierung dieses Versuchs erspart blieb.

Die Deutschen wollten, so berichtet das Wall Street Journal, in der neuen Muppet-Show Kermit von der alles verzehrenden Liebe Miss Piggys befreien, und dem Frosch statt dessen eine neue Begleiterin an die Seite stellen. Diese neue Hauptrolle sollte mit einer Automechanikerin namens Mercedes besetzt werden, der damit gleich eine Doppelrolle zufiel: Kermit von sich zu begeistern – und alle Kinder dieser Erde von der wichtigsten Automarke der DaimlerChrysler AG.

Während die meisten Mitarbeiter bei Henson diesen Einfall für so peinlich hielten, dass er fast schon wieder lustig war, fand Brian Henson das überhaupt nicht witzig: Er hatte persönlich eine Klausel in den Übernahmevertrag hineingeschrieben, die die kommerzielle Verwertung der Muppet-Figuren, insbesondere die von Kermit, in engen Grenzen halten sollte – und jetzt sollte gleich die ganze Show zu einer Werbeveranstaltung für eine Automarke werden! Doch bevor der Krach an die Öffentlichkeit drang, war Kermits neue Freundin schon wieder aus dem Spiel: Das Mercedes-Management hielt von der Idee mit der Muppet-Mercedes wesentlich weniger als Haffa und kippte das Projekt.

Beim anderen großen Investment der Haffas, der Formel 1, verlief der Sommer 2000 nur rein societymäßig so, wie sich Thomas Haffa das vorgestellt hatte. Im Mai, beim Großen Preis von Europa auf dem Nürburgring, konnte er sich vor Fototerminen kaum retten – und zusammen mit Bernie Ecclestone reichte es sogar für einen kurzen Smalltalk mit Bundeskanzler Gerhard Schröder. Falls der beim nächsten Festempfang zufällig neben Gabriele Haffa sitzen sollte, würde er bestimmt nicht mehr fragen müssen, was denn ihr Gemahl beruflich so mache.

Aber das Geschäft wollte offensichtlich nicht in Fahrt kommen. Thomas Haffa war mit vielen Formel-1-Teams im Gespräch über den Abschluss von Merchandisingverträgen, konnte aber keinen Erfolg melden. Er sprach mit Willi Weber, dem Manager Michael Schumachers, über mögliche Kooperationen, ohne verbindliche Ergebnisse. Und er verhandelte vor allem mit den Automobilherstellern über deren Einstieg in die Formel-1-Dachgesellschaft. Haffa peilte dabei eine Drittel-Lösung an: ein Drittel der Anteile für Ecclestone, ein Drittel für EM.TV, ein Drittel für die Automobilkonzerne. Seine finanziellen Vorstellungen orientierten sich dabei an einem Gesamtwert des Unternehmens von vier Milliarden Dollar. Soll heißen: Haffa kauft Ecclestone für 660 Millionen Dollar weitere 16,6 Prozent der Anteile ab, packt 16,7 Prozent aus seinem Paket dazu und verkauft beides zusammen für 1,33 Milliarden Dollar an die Autokonzerne weiter. Für EM.TV wäre das ein gutes Geschäft gewesen: Der Erlös hätte ausgereicht, den Überbrückungskredit von CSFB abzulösen, der Baranteil aus dem eigenen Anteilskauf wäre fast komplett wieder hereingekommen – für gerade einmal 50 Millionen Dollar in bar hätten EM.TV dann 33,3 Prozent der Formel-1-Holding gehört.

So günstig wollten die Auto-Bosse den branchenfremden Emporkömmling allerdings nicht davonkommen lassen. Die Gespräche zogen sich ohne greifbares Ergebnis in die Länge. Immer wieder dachten die Hersteller laut über den Aufbau einer Parallelveranstaltung zur Formel 1 nach – nicht dass sie die Formel 1 wirklich verlassen wollten, aber sie wollten zeigen, dass sie weder von Ecclestone noch von Haffa erpressbar waren. Noch im Oktober 2000 musste Thomas Haffa der Telebörse eingestehen, dass sich an der Verhandlungsfront wenig bewegt hatte: „Es liegt uns bislang noch kein schriftliches Angebot vor. Wir sind nicht in konkreten Detailverhandlungen.“ Zu diesem Zeitpunkt wollte er sich auch nicht mehr darauf festlegen, dass die Formel 1 bis zum Frühjahr den Gang an die Börse schaffen würde. Im Wortlaut hieß das: „Die Gesellschaft ist börsenfähig. Wir planen den Börsengang frühestmöglich im Jahr 2001." Gemeint war damit: Noch war die Firma nicht so weit – sonst hätte Haffa statt „börsenfähig" wohl „börsenreif" gesagt. Und auch die Märkte waren nicht so weit: Bei der damals aktuellen Stimmung an der Börse würde ein Börsengang nicht genug Geld einbringen.

Aber noch war ja Zeit. Mit den Autokonzernen könnte bis Jahresende eine Einigung möglich sein, und wenn die Börse wieder nach oben drehen sollte, würde dort auch für die Formel 1 Platz sein.

Aber genau zu diesem Zeitpunkt, Anfang Oktober 2000, war die Zeit, die Thomas Haffa hatte, um seinen Laden in Ordnung zu bringen, abgelaufen.

Die Zahlen kippen

So wie es eine unkonventionelle Buchführung war, die den Boden für den stürmsichen Lauf der Achilles-Kopie Thomas Haffa bereitet hatte, so war es nun ebenfalls das Zahlenwerk, das sich als dessen verwundbare Ferse herausstellte. Symptomatisch für das Versagen aller Kontrollmechanismen bei Banken, Börsen, Medien und Behörden war, dass nicht ein Außenstehender die offenkundige und leicht erkennbare Schwachstelle aufdeckte, sondern eine interne Auseinandersetzung.

Die Großeinkäufe vom Jahresanfang hatten EM.TV ein massives buchhalterisches Problem beschert. Und dabei ging es noch nicht einmal um die Frage, was am Ende in der Bilanz herauskommen würde – es ging erst einmal darum, wie diese Bilanz überhaupt formal auszusehen habe. Denn mit den Zukäufen galten im EM.TV-Reich nun drei durchaus unterschiedliche Bilanzierungsregeln: Die des amerikanischen GAAP (General Accepted Accounting Principles) für Henson, die des britischen GAAP für die Formel 1, und die des IAS (International Accounting Standard) für EM.TV. Ob Umsätze, ob Abschreibungen, ob Beteiligungserträge oder viele andere Bilanzpositionen: Die Vorschriften der unterschiedlichen Systeme waren nicht so einfach unter einen Hut zu bringen.

Das Problem der Vorschriften-Vielfalt haben auch alle anderen international agierenden Unternehmen, und sogar Wirtschaftsprüfer beschweren sich über das „babylonische Bilanz-Wirrwarr", obwohl sie doch umso mehr verdienen, je komplizierter eine Bilanz zu erstellen ist. Bei EM.TV kam allerdings noch das Sonderproblem dazu, dass die sehr großzügige und kreative Auslegung einiger Buchungsregeln nicht von allen Systemen gleichermaßen anerkannt wurde. Der ehemalige Daimler-Manager Ulrich Goebel, nach den Haffas die Nummer drei im Unternehmen, war sehr in Sorge, wie mit diesen drei Systemen die bilanzielle Konsolidierung der Zukäufe funktionieren solle.

Das war auch sein Job. Seit 1999 im EM.TV-Vorstand für „Business Affairs" zuständig, unterstanden Goebel die Bereiche Recht, Controlling, Rechnungswesen, internationale Unternehmungen und Personal. Die bis dahin gut funktionierende Arbeitsteilung im Vorstand sah in etwa so aus: Der Finanzvorstand Florian Haffa sorgte dafür, dass die Zahlen „das einhalten, was wir selbst und was die anderen von uns erwarten", der Controllingvorstand Goebel sorgte dafür, dass dabei nicht nur die Erwartungen, sondern auch die Gesetze eingehalten wurden, und der Vorstandschef Thomas Haffa sorgte dafür, dass für die nächste Zahlenrunde die Erwartungen noch weiter nach oben geschraubt wurden.

Noch war die Unklarheit über die Einbeziehung der Neueinkäufe ins EM.TV-Zahlenwerk nicht beseitigt (und

Goebel war mitten im Urlaub), da publizierte Florian Haffa am 24. August 2000 die Halbjahreszahlen für EM.TV: 603,9 Millionen Mark Umsatz in der Addition von Henson, Formel 1 und alter EM.TV sowie ein Gewinn von 158,9 Millionen Mark vor Steuern und Zinsen – von der Planung für das Gesamtjahr waren damit erst 38 Prozent des Umsatzes und sogar erst 26 Prozent des Gewinns erreicht. Zwar hielt Florian Haffa an der ursprünglichen Planung für das Gesamtjahresergebnis fest, aber die Börsianer mochten ihm da nicht so recht folgen: Die EM.TV-Aktie verlor allein an diesem Tag 10,5 Prozent und landete bei 54,95 Euro, nicht einmal mehr der Hälfte des Höchststandes vom Februar.

Ulrich Goebel aber machten die Halbjahreszahlen nicht skeptisch, sondern wütend – denn er wusste, dass sie nicht stimmten. Florian Haffa hatte einfach einen Teil der Umsätze von Henson und Formel 1 früher verbucht als nach den Bilanzierungsregeln zulässig, die Zahlen also frisiert.

Halten wir Florian Haffa zugute, dass es ihm in dieser Angelegenheit an Unrechtsbewusstsein fehlte. Schließlich hatte EM.TV auch in der Vergangenheit eine sehr großzügige Vorwegnahme von Umsätzen praktiziert, und war bisher immer damit durchgekommen. Florian Haffa präsentierte seit dem Börsengang immer genau die Zahlen, die die Anleger sehen wollten, er hatte den Traum vom schnellen Geld auf eine scheinbar solide Grundlage gestellt und dabei wohl nicht einmal gegen Gesetze verstoßen – die Rechnungsprüfer von PricewaterhouseCoopers ließen ihm seine Kunststücke immerhin durchgehen. Aber jetzt lag der Fall anders: Das Vorziehen der Umsätze von Henson und Formel 1 war nicht mehr nur unsolide, sondern schlicht nicht erlaubt. Hatte Florian Haffa sich bisher darauf beschränkt, Umsätze bis zum Datum des Vertragsabschlusses vorzuziehen, so war er diesmal weit darüber hinaus gegangen: Obwohl die Übernahme des 50-Prozent-Anteils an der Formel 1 erst im Mai rechtswirksam geworden war, hatte

EM.TV den gesamten Halbjahresumsatz der Formel-1-Holding in das eigene Zahlenwerk übernommen.

Ulrich Goebel verlangte eine Korrektur des Ergebnisses, die Haffas weigerten sich. Erst als Goebel mit seinem Rücktritt drohte, willigten Thomas und Florian Haffa in die Korrektur ein. Sie wurde am Montag, den 9. Oktober 2000 veröffentlicht: Aus der Übernahme von Henson sei ein Umsatz von 31,6 Millionen Mark und ein Gewinn von 6,3 Millionen Mark in das EM.TV-Halbjahresergebnis eingerechnet worden. Die Zahlen hätten jedoch möglicherweise nicht berücksichtigt werden dürfen. Zudem müssten die Umsätze aus der Formel-1-Beteiligung um einen nicht genannten Betrag reduziert werden. Harter Tobak für die Anleger: Die EM.TV-Aktie stürzte noch am selben Tag um 28 Prozent ab und notierte zu Börsenschluss bei 39,74 Euro.

Thomas Haffa, dessen Aktienpaket an diesem 9. Oktober satte zwei Milliarden Mark an Wert verlor, reagierte extrem säuerlich: „Die Marktreaktion entbehrt jeglicher Grundlage und ist sehr enttäuschend, auch wenn das beleidigt klingt“, sagte er der Financial Times Deutschland. Denn eigentlich sei doch gar nichts passiert: Ertrag und Umsatz von Henson würden sich nur in die zweite Jahreshälfte verschieben, und selbst wenn man den Formel-1-Umsatz im Gesamtjahr nun reduzieren müsse, das Ebit der Formel-1-Gruppe könne für das Gesamtjahr konsolidiert werden – durch die Korrektur der Halbjahreszahlen ändere sich also am Gesamtergebnis überhaupt nichts.

Doch was sich an diesem Tag unwiderruflich verändert hatte, war das Image der Haffas und ihres Unternehmens. In erster Linie ging es dabei natürlich Florian Haffa an den Kragen: Ein Finanzvorstand, der Umsätze falsch verbucht, hat in diesem Job nichts verloren. Sogar Merrill-Lynch-Analyst Bernard Tubeileh feuerte an diesem Tag eine Breitseite auf Haffa den Jüngeren ab: „Das Financial Controlling stimmt nicht“, sagte

Tubeileh der Financial Times Deutschland. EM.TV brauche dringend einen professionellen Finanzchef – Florian Haffa beschäftige sich mehr mit PR als mit Buchhaltung. Da traf es sich gut, dass zwei Tage später die Information gestreut wurde, dass sich EM.TV bereits seit dem Sommer auf der Suche nach einem neuen Finanzvorstand befände.

Doch nicht nur der kleine, auch der große Bruder kam jetzt unter Beschuss. Galt Thomas Haffa bis ins Frühjahr 2000 hinein als jemand, dem alles gelingt, was er will, so war jetzt offenbar geworden, dass er an seine Grenzen gestoßen war.

9
Der Versager

Ene Mene Miste, es rappelt in der Kiste.
Ene Mene Meck, und du bist weg.
Abzählvers

Thomas Haffa tat beleidigt. Aber er war erledigt. Er wusste es schon. Seine Aktionäre aber wussten es noch nicht – er hatte ihnen ja nicht verraten, welche Zentnerlast ihm im Nacken saß. Und ohne diese Information war es schlicht unvorstellbar, dass der ganze Laden binnen kurzem gegen die Wand fahren konnte. Ein Kursrutsch der Aktie, das ja. Ein paar Bremsspuren in der Bilanz, das auch. Aber mehr stand nicht zu erwarten.

Wie gut EM.TV eigentlich hätte dastehen müssen, zeigt sich daran, dass ausgerechnet der Analyst, der die ganze Zeit über in seiner Skepsis gegenüber EM.TV standhaft geblieben war, Harald Heider von der DG-Bank, nun, Ende 2000, eine Kaufempfehlung abgab: „So wie der Aufstieg von EM.TV nicht mit den Fundamentaldaten zu tun hatte, hat auch der Rückgang nicht mit unternehmerischen Zahlen zu tun", sagte Heider. Immerhin habe Haffa während seines Höhenfluges echte Unternehmenswerte erworben. Und die Preise, die er für seine großen Deals gezahlt hatte, nehmen sich ja auch nur so exorbitant aus, wenn man den jeweiligen Aktienanteil zu den damaligen Kurswerten einrechnet. Von den 500 Millionen Mark für Junior TV holte sich Haffa knapp 300 Millionen durch eine Kapitalerhöhung herein, bei Tele München waren es die kompletten 800 Millionen Mark (und noch die 100 Millionen Mark für den Einstieg bei Constantin Film dazu), der angeblich 680 Millionen Dollar schwere Henson-Deal belastete die Kasse nur mit knapp 200 Millionen Mark, und die extrem profitable Formel-1-Beteiligung kostete in bar auch keine 3,5 Milliarden Mark, sondern „nur" 1,4 Milliarden.

Jetzt, mit dem Aktienkurs im Keller, hätte Haffa auch eine halbwegs positive Bilanz ziehen können: Zieht man die heiße Luft ab, die in den Aktienanteilen der Kaufpreise steckt, hat EM.TV schließlich alle vier Groß-Akquisitionen zu einem äußerst günstigen Preis getätigt. Das hat zwar die Aktionäre viel Geld gekostet (und Thomas Haffa vom Multimilliardärs- wieder in den einfachen Milliardärsstatus zurückversetzt), aber dafür gibt es ein halbwegs ordentlich finanziertes Unternehmen mit guter Substanz – denn die Schuldenlast von 2,2 Milliarden Mark war gar nicht so gewaltig, wie sie aussah: Die Zinsen für den größten Brocken, den Bankkredit zur Finanzierung der Formel 1, dürften durch die Erträge aus dieser Beteiligung gezahlt werden können, und 1,4 Milliarden Mark waren die 50 Prozent an der Formel 1 allemal wert. Der zweite große Brocken, die Wandelanleihe über 780 Millionen Mark, würde erst 2005 zurückgezahlt werden müssen, und durch den läppischen Zinssatz von 4 Prozent belastete sie das Unternehmen bis dahin nur mit 31,2 Millionen Mark pro Jahr.

Mit viel harter Arbeit und ein paar guten Jahren hätte es Haffa also wieder gelingen können, das Vertrauen bei den Aktionären zurückzuerobern. Natürlich nicht die blinde Gefolgschaft der Jahrtausendwende, aber EM.TV müsste doch eigentlich mit vernünftigen Firmen und vernünftiger Führung eine vernünftige Rendite bringen können. Denn eigentlich hatte Haffa doch alles richtig gemacht. Die meisten Unternehmen der New Economy berauschten sich an ihren hohen Börsenwerten und nahmen diese als Legitimation, das Gleiche wie bisher zu machen, wenn auch mit mehr Leuten, mehr Geld und noch schnellerem Wachstum – nur um sich hinterher, als die Blase geplatzt war, mit zu wenigen Aufträgen, zu hohen Kosten und rapider Schrumpfung auseinander setzen zu müssen.

Nur eine Handvoll der Unternehmenslenker hatte es geschafft, die Monate der New-Economy-Euphorie zu nutzen, um sich mit ihrer Aktie als Akquisitionswährung einen saftigen Braten aus der Old Economy herauszusäbeln. Und „eine Handvoll" ist schon übertrieben: Eigentlich waren es genau drei. Das war Steve Case, der im Januar 2000 seine AOL mit dem Mediengiganten Time Warner fusionierte – und dabei Time Warner zum Juniorpartner degradieren konnte. Das war Richard Li, der sich in Hongkong mit seinem Hype-Unternehmen „Pacific Century Cyberworks" die ehrwürdige Hongkong Telecom einverleibte. Und das war Thomas Haffa, der mit seiner Multi-Milliarden-Klitsche die Jim Henson Company und die Formel 1 kaufte.

Steve Case gilt immer noch als cleverer, begnadeter Unternehmer und steht auf der Sonnenseite der Börse. Richard Li schien sich mit der Hongkong-Telecom-Übernahme die Sporen verdient zu haben, um würdiger Nachfolger seines Vaters Li Ka Shing zu werden, des reichsten und mächtigsten Mannes Hongkongs. Inzwischen hat das Cyberworks-Gebilde allerdings bedenklich zu wackeln begonnen, die Kronprinzen-Rolle spielt zur Zeit Richards Bruder. Und Thomas Haffa? Ist zum Paria geworden, zwar nicht von allem Geld, aber von allem Glück verlassen.

Dass er die Früchte seiner aktienfinanzierten Einkaufstour nicht genießen konnte, hat vor allem zwei Gründe – einen psychologischen und einen finanziellen. Der psychologische: Haffa hatte sich eben noch auf dem Weg zum größten Medienunternehmer der Welt gesehen. Jetzt sollte er sich über Jahre mit einer mittelständischen Entertainmentfirma zufrieden geben, die nur zu wahrer Größe emporsteigen könnte, wenn er sich noch einmal auf eine ähnliche Ochsentour begeben würde wie in den Jahren vor dem Börsengang. Das ist so, als wolle man jemand, der eben noch glaubte, einen Sechser im Lotto gelandet zu haben, damit trösten, dass er auch mit Sparen und Geldanlegen zum Millionär werden könne – wenn auch erst in 30 Jahren.

Doch viel schwerer wog in Haffas Situation im vergangenen Herbst das finanzielle Damoklesschwert, das er selbst acht Monate zuvor über seinem Kopf hatte aufhängen lassen. Denn Thomas Haffa hatte zwar für alle bisherigen Deals eine leidlich funktionierende Finanzierung hinbekommen – aber eben nicht für diesen einen Deal, den Bernie Ecclestone im Frühjahr 2001 mit ihm machen konnte. 25 Prozent der Formel 1 für eine Milliarde Dollar.

Und die Milliarde hatte Thomas Haffa nicht.

Und er hatte auch keine Chance, sie von einer Bank oder von der Börse zu bekommen. Der Aktienkurs stürzte immer weiter ab, das Vertrauen bei Aktionären, Analysten und Banken war zerstört – es würde auf absehbare Zeit unmöglich sein, an den Finanzmärkten neues Geld für EM.TV einzusammeln.

Bernie Ecclestone bekäme dadurch die Möglichkeit, EM.TV in Konkurs zu bringen. Und wenn ihm das eine Milliarde Dollar in bar einbringen würde, würde Ecclestone dafür EM.TV zerstören, ohne auch nur mit der Wimper zu zucken.

Der Absturz

Thomas Haffa hatte nach dem Formel-1-Deal mehr als ein halbes Jahr Zeit gehabt, um EM.TV ein solides Fundament für die neu erreichte Größenordnung zu geben. Er vermasselte seine Chance. Mit der Korrektur der Halbjahreszahlen am 9. Oktober 2000 hatten die Haffas und ihre Firma das Wunder-Image verloren.

Von diesem Augenblick an lief die nächste Frist. Thomas Haffa musste wissen, dass Ecclestones Put-Option seinen Laden zerstören konnte. Aber solange die Nachricht davon nicht nach draußen gedrungen war, hatte er eine Chance, mit einer sauberen Lösung die Firma und das eigene Image zu retten. Haffa wusste das auch. Er verhandelte um das Überleben seines Konzerns – mit der Kirch-Gruppe und mit Bertelsmann, aber auch mit der Deutschen Telekom und der spanischen Telefónica, die beide einem stärkeren Engagement im Medienbereich nicht abgeneigt waren. Er verhandelte gegen die Uhr und mit einer stetig abrutschenden Aktie im Nacken.

Und er verhandelte gegen das eigene Ego. 1997/98 hatte Thomas Haffa es in gerade einmal 200 Tagen vom Fast-Pleitier zum Milliardär geschafft. Jetzt ging es in die umgekehrte Richtung – nur viel, viel schneller. Zu schnell für ihn. Er begriff gar nicht, wie wenig all das plötzlich wert sein konnte, das sich eben noch mit der gesamten Lufthansa messen konnte. Mit Bertelsmann konnte er sich nicht einigen, weil die den Wert der gesamten Firma auf maximal 2,5 Milliarden Mark taxierten. Indiskutabel, angesichts eines Börsenwerts von 7,5 Milliarden Mark Mitte November. Doch gerade einmal einen Monat später, am 15. Dezember, hatte sich der Börsenwert auf 1,7 Milliarden Mark reduziert. Aber da gab es kein Bertelsmann-Angebot mehr.

Haffa verlor den Wettlauf gegen die Uhr. Jetzt, wo er den schnellen Deal gebraucht hätte, schaffte er ihn nicht. In der letzten Novemberwoche war das Zeitfenster geschlossen – die so sorgsam verborgene Nachricht von der milliardenteuren Option sickerte an die Märkte durch. „Dem Vernehmen nach drohen EM.TV in den nächsten Monaten Zahlungsprobleme", vermeldete am 29. November 2000 die Börsen-Zeitung, allerdings ohne einen Grund für diese Probleme angeben zu können. Den lieferte einen Tag später die Frankfurter Allgemeine nach. „Die Finanzlage würde sich wohl verschärfen, wenn Formel-Eins-Manager Bernie Ecclestone die Option ausüben würde, die Hälfte seiner Anteile an der SLEC an EM.TV zu verkaufen."

Verschärfen ist ein netter Ausdruck für Zahlungsunfähigkeit, denn nichts anderes blühte EM.TV in dieser Situation.

Während sich so am Himmel dunkle Wolken für das Jahr 2001 auftürmten, entlud sich wiederum einen Tag später über den EM.TV-Aktionären das nächste Gewitter für das Jahr 2000: Am Freitag, den 1. Dezember, korrigierte EM.TV – endlich – seine Gewinnprognose für das laufende Geschäftsjahr. Statt der ursprünglich angepeilten 600 Millionen Mark Gewinn vor Steuern, Zinsen und Abschreibungen werde das Ergebnis nur 50 Millionen Mark betragen, eine Zinslast von etwa 120 Millionen Mark und Abschreibungen in Höhe von etwa 300 Millionen Mark würden das endgültige Ergebnis tief in die roten Zahlen ziehen.

Wie konnte es zu einem solch rapiden Absturz des Ergebnisses kommen? Der kleinere Teil des Gewinnrückgangs wurde vom neuen Finanzvorstand Ralf Rickmeyer auf eine Schwäche im Kerngeschäft zurückgeführt, der größere Teil entfiel auf drei buchungstechnische Faktoren:

1. Im Konzern seien Rückstellungen von 70 Millionen Mark gebildet worden.
2. Der EM.TV zustehende Anteil von 137 Millionen Mark aus dem Verkauf des Senders tm3 an Rupert Murdoch dürfe nicht als Ertrag verbucht werden, sondern müsse vom Kaufpreis der TMG-Anteile abgezogen werden.
3. Die 180 Millionen Dollar Einnahmen, die bei Henson durch die Übertragung aller Rechte an den Sesamstraßen-Figuren an Sesame Workshop anfielen, dürften ebenfalls nicht ergebniswirksam verbucht werden.

Aus der Buchhaltersprache ins Deutsche zurückübersetzt bedeutete das: Die Wirtschaftsprüfer, die die EM.TV-Bilanz zu kontrollieren hatten, waren endlich aufgewacht. Sie begannen nun damit, die heiße Luft aus dem Zahlenwerk herauszudrücken, um erstmals eine Bilanz erstellen zu lassen, die tatsächlich „unter Beachtung der Grundsätze ordnungsmäßiger Buchführung ein den tatsächlichen Verhältnissen entsprechendes Bild der Vermögens-, Finanz- und Ertragslage der Gesellschaft vermittelt". Dieser Standardvermerk der Wirtschaftsprüfer stand zwar auch bisher unter allen EM.TV-Bilanzen – aber jetzt sollte er endlich ernst genommen werden.

Damit war Thomas Haffa endgültig nicht mehr Herr der Lage. Sein stärkster Trumpf, die hohe Bewertung seines Unternehmens, hatte sich gerade in Missfallen aufgelöst, und von der Zahlenfront war auf absehbare Zeit auch nichts Gutes zu erwarten. Wenn heiße Luft aus der Bilanz entweicht, ist die fast zwangsläufige Folge, dass auch heiße Luft aus den Kursen entweicht. Die Analysten müssen ihre Prognosen nach unten korrigieren, die Journalisten fallen über das offensichtlich angeschlagene Unternehmen her, und auch die letzten Anleger werden vor lauter roten Zahlen die Hoffnung auf eine goldene Zukunft der Aktie verlieren. Zudem würden die Aufräumarbeiten in der Bilanz bis weit ins Jahr 2001 hinein dauern. In dieser Situation zwei Milliarden Mark an der Börse einsammeln – unmöglich!

Wenn das unmöglich war: Welche Wege hätte Thomas Haffa in dieser Situation überhaupt noch einschlagen können, um sein Unternehmen zu retten?

- Er hätte versuchen können, Bernie Ecclestone zum Verzicht auf seine Put-Option zu bewegen. Da gab es aber nicht viele, die dem Pfaffenhofener zutrauten, Ecclestone die ihm bereits sichere Milliarde wieder auszureden.

- Er hätte sein durch Aktienverkauf erzieltes Privatvermögen einsetzen können, um damit die Formel-1-Anteile zu kaufen. Haffas Vermögen hätte zwar dafür bei weitem nicht gereicht, aber ein großzügiger Griff in die Privatschatulle hätte die Banken bewegen können, ihm den Rest dazuzugeben. Dass Thomas Haffa sein mit EM.TV errungenes Privatvermögen auch wieder für EM.TV opfern würde, traute ihm allerdings überhaupt keiner zu.
- Er hätte jemand finden können, der bereit war, ihm große Teile seines Aktienpakets abzukaufen. Dann würde er die Kontrolle über die Firma, die ihm faktisch ohnehin schon aus den Händen geglitten war, auch formal verlieren. Es war zwar gerade erst zwei Monate her, dass Haffa vergeblich versucht hatte, einen großen Konzern zum Einstieg bei EM.TV zu bewegen – aber jetzt war der Laden ja doch weit billiger geworden.
- Er hätte sich von einem oder mehreren der einzelnen Unternehmen wieder trennen können, die er in den vergangenen 15 Monaten gekauft hatte. Dabei war seine Auswahl allerdings nicht besonders groß: Weder ein Verkauf der Anteile an TMG noch ein Verkauf der Jim Henson Company würden dafür genug Geld in die Kasse bringen – also blieb nur die Formel 1.

Auf den ersten Blick schienen nur die beiden zuletzt aufgeführten Wege in Frage zu kommen (ob das wirklich so war, darüber später mehr). Thomas Haffa brauchte also entweder jemand, mit dem er gemeinsam die Formel-1-Beteiligung stemmen konnte, oder jemand, der in EM.TV investieren würde.

Haffa fand jemand für beides – Leo Kirch.

Die Rettung durch Kirch

Etwa sechs Wochen zuvor, also kurz nach der Korrektur der EM.TV-Halbjahreszahlen, war die Kirch-Gruppe erstmals mit einem Angebot an Thomas Haffa herangetreten. In den darauf folgenden Wochen, in denen die Haffas wohl erstmals erkannten, wie ernst die Lage für ihr Unternehmen tatsächlich war, sondierten sie zwar auch bei anderen Konzernen die Bereitschaft zu einem Einstieg bei EM.TV, stießen aber überall, höflich ausgedrückt, nur auf mäßiges Interesse. Also Leo Kirch.

Am Sonntag, den 3. Dezember 2000, hatten die Haffas mit einer Kirch-Delegation bis tief in die Nacht verhandelt. Das erste Ergebnis der Verhandlungen wurde schon am Sonntagabend präsentiert: Florian Haffa quittierte mit sofortiger Wirkung seinen Vorstandsposten bei EM.TV. „Ich habe offenbar nicht mehr das Vertrauen bei den Investoren und Aktionären", begründete Haffa der Jüngere diesen Schritt. Das Vertrauen der Aktionäre dürfte ihm, wie in den vergangenen Monaten auch, dabei ziemlich egal gewesen sein – aber für den potenziellen Investor Kirch war der Ausstieg Florian Haffas eine der Bedingungen für den Einstieg bei EM.TV.

Nachts um halb drei war die Einigung perfekt. Am Montagmittag präsentierten Thomas Haffa und Kirch-Geschäftsführer Dieter Hahn das Ergebnis im Münchner Hotel „Bayerischer Hof":

- Die Kirch-Gruppe würde für 550 Millionen Dollar 49 Prozent der EM.TV-Tochter Speed erwerben, bei der die 50-Prozent-Beteiligung an der Formel 1 lag. Mit diesem Geld könne EM.TV einen großen Teil seiner bestehenden Schulden zurückzahlen;
- Mit der Kirch-Gruppe als Partner könne EM.TV die bis Februar gültige Option ausüben, 25 weitere Prozent der

Formel 1 zu kaufen.

- Durch eine Kapitalerhöhung würde Kirch bis zu 16,74 % der EM.TV AG erwerben, allerdings dafür keinen Pfennig in bar bezahlen: Als Gegenleistung würde Kirch seine restlichen 50 Prozent des Joint Ventures Junior TV an EM.TV übertragen. Über den genauen Wert des Junior-Pakets und die Zahl der dafür auszugebenden Aktien werde noch ein Gutachten erstellt;
- Thomas Haffa würde der Kirch-Gruppe ohne weitere Gegenleistung einen Teil seiner Stimmrechte übertragen, wodurch Kirch eine Sperrminorität von 25,1 % der Stimmrechte erhielte.

Wie üblich, wenn zwei sich auf einen Handel einigen, können beide Seiten hinterher sagen, dass sie davon profitiert haben: Thomas Haffa wurde sein Liquiditätsproblem los und konnte nicht mehr von Bernie Ecclestone erpresst werden. Und Leo Kirch bekam ein wichtiges Faustpfand in zukünftigen Verhandlungen über die Übertragungsrechte der Formel 1 und sicherte sich entscheidenden Einfluss bei einer Firma, die in mehreren für ihn interessanten Geschäftsfeldern eine gute Marktposition hatte. Zudem konnte er vermeiden, dass die Filmrechte des Junior-Pakets bei einem seiner Konkurrenten landeten.

Und er hatte seinem Erzrivalen Herbert Kloiber einmal wieder gezeigt, wer von beiden in diesem Geschäft die Hosen anhatte. Denn Kloiber hatte im November verzweifelt versucht, den Kirch-Einstieg bei EM.TV zu verhindern. „Kloiber lief dauernd mit irgendwelchen Rettungsideen zu Haffa", zitiert das Manager-Magazin einen der Teilnehmer an den Kirch/Haffa-Verhandlungen. Doch die Ideen scheinen nicht zündend genug gewesen zu sein, und Kloiber selbst verfügte nicht über genug Geld, um für Thomas Haffa den rettenden Engel zu spielen – und Kirch machte das Rennen.

Aber wie so oft, wenn große und komplexe Deals verkündet werden, fangen dann erst die Schwierigkeiten an. Denn auch wenn es im „Bayerischen Hof" so klang, als sei schon alles klar, waren doch nur ein paar Rahmendaten abgesteckt, über deren genaue Ausgestaltung in den kommenden Wochen zu verhandeln sein würde. Und da gab es, wie sich zeigen sollte, noch eine ganze Reihe Fallstricke:

- Da noch geklärt werden musste, wie werthaltig eigentlich die EM.TV-Aktie sei, würde es zwischen beiden Vertragspartnern zu einem intensiven Gefeilsche über Zahlen aller Art kommen.
- Das Bundeskartellamt, das dem Kirch-Einstieg würde zustimmen müssen, würde sicherlich Bedenken anmelden, wenn Kirch über die Tele-München-Beteiligung tiefe Einblicke in den Konzern seines Konkurrenten Kloiber bekäme.
- Bernie Ecclestone, der sich in der Formel 1 erstens von niemand und zweitens schon von gar keinem Fernseh-Konzern etwas sagen lassen wollte, würde alles versuchen, um den Kirch-Einstieg zu verhindern.

Und so begann nun eine Zeit höchst intensiven, bisweilen verwirrenden Gezerres um Kirch und Kloiber, Haffa und Ecclestone. Dabei war der Konflikt auf dem Formel-1-Spielfeld relativ kurz und heftig – hier musste ja bis Februar eine Lösung gefunden sein, mit der Kirch die Option auf die nächsten 25 Prozent Formel 1 ausüben konnte. Denn so viel war klar: Einem Leo Kirch würde Bernie Ecclestone dieses Viertel sicherlich nicht freiwillig andienen, auch nicht für eine Milliarde Dollar.

Wenn die zwei schlachterprobten Granitbrocken Kirch und Ecclestone aufeinander treffen, braucht man keinen Thomas Haffa. Und in der Tat hatte Leo Kirch ihn mit der Anfang Dezember abgeschlossenen Vorvereinbarung ganz einfach vom Spielfeld verbannt. Denn dort war, so behauptet Thomas Haffa, vereinbart worden, dass EM.TV bis zum 28. Februar 2001 nur mit Kirch über die Formel-1-Rechte verhandeln durfte. Nur wenn bis dahin keine Einigung zustande gekommen sei, könnten andere Unternehmen wieder ins Spiel kommen. Das aber war just der Tag, an dem die Frist für die Call-Option von EM.TV auslief. Also keine Lösung ohne Kirch.

Der hatte sich bei dieser Fristsetzung schon etwas gedacht. Zwar erschien Haffa Anfang Dezember die Formel 1 nur noch wie ein Mühlstein um den Hals, aber sehr bald würde dem EM.TV-Chef wieder aufgehen, dass es sich da doch eigentlich um einen Trumpf in seiner Hand handelte – um seinen einzigen Vermögenswert, für den viele potenzielle Interessenten viel Geld zu zahlen bereit waren. In dieser Situation sollte der doch etwas unzuverlässige Haffa nicht in Versuchung geführt werden.

Aber auch dem EM.TV-Aufsichtsratsvorsitzenden Nickolaus Becker passte diese Exklusivitäts-Klausel nicht. Gemeinsam mit Herbert Kloiber suchte er weiter nach Möglichkeiten, um in der Causa Formel 1 eine Lösung an Kirch vorbei zu finden. Und dabei landete er wieder bei einer bereits bekannten Adresse: der US-Beteiligungsgesellschaft Hellman & Friedman, die vor noch nicht einem Jahr von Bernie Ecclestone als Zwischenhändler beim Verkauf der Formel-1-Anteile eingeschaltet worden war. Mit den Amerikanern sprach Becker über ein Gegenangebot zu Kirchs Vorschlag, das etwa so aussehen sollte:

- EM.TV verkauft 40 Prozent der Formel 1 für 650 Millionen Dollar an Hellmann & Friedman.
- Hellmann & Friedman reicht davon etwa 13 Prozent an Bernie Ecclestone weiter, der dafür auf die Ausübung seiner Put-Option verzichtet.
- Für die verbleibenden 27 Prozent sucht Hellman &

> Friedman auf eigene Rechnung einen Käufer – der zum Beispiel die an der Formel 1 beteiligten Automobilkonzerne sein könnten.

Zwar klingt dieser Vorschlag auf Anhieb nicht rasend attraktiv für EM.TV, aber er hat durchaus seinen Reiz: EM.TV wäre den dicksten Brocken seiner Schulden los geworden und hätte weiterhin bei der Formel 1 einen Fuß in der Tür – ein Anteil von 10 Prozent entspräche auch eher dem Gewicht, das ein Vermarkter im Konzert der Konzerne im Rennzirkus beanspruchen kann. Somit hätte EM.TV bei einer solchen Lösung nicht als neureicher Störenfried mit am Tisch gesessen, sondern hätte als akzeptierter Partner seine Vermarktungskompetenz unter Beweis stellen können. Bei der Kirch-Lösung verbliebe EM.TV zwar ein größerer Anteil an der Formel 1, aber dafür würde Thomas Haffa nur noch als Anhängsel von Leo Kirch angesehen, als ein Strohmann, der dem Münchner Fernsehmogul die Tür zu Ecclestones Reich geöffnet hatte.

Hätte Haffa Mumm in den Knochen gehabt, wäre es ihm darum gegangen, seine Firma, sein Geschäft so gut wie möglich durch die existenzgefährdende Krise zu lavieren – er hätte sich auf eine solche Lösung einlassen können, vielleicht einlassen müssen. Er hätte vor allem schon in den Wochen, den Monaten zuvor den bevorstehenden Einstieg der Kirch-Gruppe einsetzen können, um mit Ecclestone zu einem Deal zu kommen, der EM.TV überleben ließ. Denn so viel war doch inzwischen klar geworden, und hätte Haffa schon weit früher klar sein müssen: Einen Fernsehfritzen, und noch dazu einen so harten Burschen wie Kirch, wollte Ecclestone auf keinen Fall in seiner Formel-1-Holding haben. Da hätte man doch einmal antesten können, was es dem Formel-1-Boss wert gewesen wäre, wenn Haffa ihn kirchlos glücklich gemacht hätte. Vielleicht in der Art wie 1979 der Nato-Doppelbeschluss zur atomaren

Nachrüstung: Ich, Thomas Haffa, gebe dir, Bernie Ecclestone, bis zum Heiligen Abend des Jahres 2000 Zeit, um in aller Form auf deine Put-Option zu verzichten. Dann verzichte ich auch auf meine Option und bleibe dir ein treuer und pflegeleichter Partner. Wenn nicht, sehe ich mich gezwungen, meine eigene Wenigkeit mit dem Schwergewicht Leo Kirch aufzurüsten, dir weitere 25 Prozent abzunehmen und dir den Lebensabend zu vergällen, indem ich dich zum Kampf mit Leo zwinge.

Doch stattdessen knickte Haffa vor Leo Kirch ein und pfiff seinen Aufsichtsratsvorsitzenden zurück. Ein Widerruf der Exklusivitätsvereinbarung, so Haffa am 4. Februar in einem Brief an Becker, sei nicht möglich, eine einseitige Kündigung würde EM.TV „erheblichen Regressansprüchen aussetzen". Eine Weiterführung der Verhandlungen mit Hellman & Friedman sei deshalb nicht im Interesse EM.TVs. Was allerdings Nickolaus Becker nicht davon abhielt, noch ein paar andere Gespräche zu führen, um die Bindung an Kirch zu verhindern. Er habe sich bemüht, „Alternativen zu dieser Lösung zu entwickeln", ohne dabei gegen die vereinbarte Exklusivitätsklausel zu verstoßen, nannte Becker später seine Handlungsweise gegenüber der Börsen-Zeitung. Ein Einstieg der WAZ-Gruppe, eines nordrhein-westfälischen Medienkonzerns, sei dabei die attraktivste Lösung für EM.TV gewesen, aber „kurz vor ihrer Komplettierung überraschend gescheitert".

Dass Leo Kirch von diesem Verhalten des EM.TV-Aufsichtsratsvorsitzenden nicht rasend begeistert war, kann kaum überraschen. Ebenso wenig überraschend war deshalb, dass Nickolaus Becker am 16. Februar 2001 zurücktrat – einen Tag, nachdem Haffa und Kirch eine verbindliche Vereinbarung unterzeichnet hatten, die genau dem Inhalt der Vorvereinbarung vom Dezember entsprach. Er wolle „den Neuanfang für EM.TV nicht erschweren", erzählte er dem Handelsblatt, behauptete, die „nun enge Liaison mit der

Kirch-Gruppe kann nur Vorteile für das Unternehmen bringen", und spielte seinen Streit mit Thomas Haffa herunter: „Es ist wie in einer Ehe. Da gibt es auch mal Zoff, aber der ist längst beigelegt. Wir sind alte Freunde und werden es auch in Zukunft bleiben."

Dafür begann nun der Zoff zwischen Kirch und Ecclestone. Während der Formel-1-Boss mit Thomas Haffa für seine Verhältnisse sehr zahm umgegangen war (weil er sicher war, dass von diesem Burschen für ihn keine Gefahr ausgehen konnte), legte er gegen Leo Kirch los. Noch hatte Kirch die Dollar-Milliarde nicht beisammen, und er hatte nur noch Zeit bis zum 28. Februar, Punkt 24 Uhr. Jede Nebelkerze, die er Kirch vor die Füße werfen konnte, könnte seinen Einstieg doch noch verhindern. Ecclestone protestierte also gegen die Einigung zwischen Kirch und Haffa: Es sei klar vertraglich vereinbart worden, dass kein TV-Sender in die Formel 1 einsteigen dürfe. Zudem habe er, Ecclestone, ein Vetorecht gegen jede Veränderung in der unternehmerischen Führung der Formel-1-Anteilseignerin Speed. Und schließlich liege das Recht, die Kaufoption wahrzunehmen, nicht bei Speed, sondern bei EM.TV.

Kirch, im Umgang mit kniffligen Verträgen dem Briten zumindest ebenbürtig, konterte kühl: Erstens seien die Speed-Anteile nicht von der Kirch Media GmbH & Co. KGaA gekauft worden, zu der die Fernsehsender der Gruppe gehören, sondern von der Kirch Beteiligungs GmbH & Co. KG – und die sei eben kein Fernsehbetreiber, sondern, wie der Name schon sage, eine Beteiligungsgesellschaft. Und zweitens habe sich Kirch eben nur mit 49,9 Prozent an Speed beteiligt. Damit handle es sich nicht um einen Wechsel der unternehmerischen Führung, und deshalb könne Ecclestone auch kein Veto gegen diese Beteiligung einlegen. Ob die unternehmerische Führung faktisch bei der Kirch-Gruppe liege oder nicht, interessiere dabei nicht: Der Begriff „Change of Control" im Originalvertrag beziehe sich nun einmal auf einen Wechsel der Anteilsmehrheit.

Es sah ganz so aus, als habe Bernie Ecclestone dieses eine Mal seinen Meister gefunden. Denn obwohl der Alleinherrscher der Formel 1 sicher war, den Einstieg von (ernst zu nehmenden) Medienkonzernen vertraglich unterbunden zu haben, geschah nun genau das, was er so dringend vermeiden wollte: Leo Kirch kratzte die 987 Millionen Dollar zusammen, die er für die Kaufoption brauchte (unter maßgeblicher Beteiligung der Bayerischen Landesbank), und holte sich am letzten Tag der Optionsfrist die weiteren 25 Formel-1-Prozent.

Das heißt: Er holte sich eigentlich nicht nur 25, sondern gleich 33 Prozent – 25 Prozent von Ecclestone, 8 Prozent von Haffa. Denn nur wenn EM.TV bis zum Herbst 2001 seine Hälfte an der Ecclestone-Milliarde aufbringe (wovon jeder wusste, dass die Firma das nicht schaffen konnte) könne sie auch weiterhin die knappe Mehrheit an Speed halten. Ansonsten würde sich Kirch für die hohen Kosten an den EM.TV-Anteilen schadlos halten. Und der derart kalt enteignete Thomas Haffa? Blieb stumm.

Konnte das denn mit rechten Dingen zugehen?

War Haffa nur ein Strohmann?

Thomas Haffa arbeitete zehn Jahre lang bei Leo Kirch, war einer seiner besten Verkäufer, „einer der talentiertesten Angestellten, die wir je hatten“ (Kirch-Geschäftsführer Dieter Hahn). Er arbeitete als Unternehmer im gleichen Metier wie Kirch, hielt immer guten Kontakt zu Kirch und wurde letztlich von Kirch vor der Pleite gerettet. Und bei all den finsteren Legenden, die Leo Kirch umwabern, war klar, dass sehr schnell eine Verschwörungstheorie entstehen würde, bei der Kirch den Schatten- und Haffa den Strohmann abgab.

Die bisher eingehendste Darstellung dieser Kirch-Komplott-Spekulation verdanken wir, natürlich, dem Spiegel, der im Dezember 2000 auf seine Weise einen Schlussstrich unter die Ära Haffa zog: „Vom Abteilungsleiter zum Märchenprinzen und zurück – die unternehmerische Kontrolle bei EM.TV ergreift nun ein Mann, der schon seit langem im Verborgenen hinter dem Erfolg der Bayern-Yuppies stand: der Münchner Film- und Medienkaufmann Leo Kirch". Die Indizienkette, die die Spiegel-Redakteure Hans-Jürgen Jakobs und Christoph Pauly dabei zusammentrugen, ist denn auch durchaus beeindruckend:

- Der frühere Chef des Grimme-Instituts, Lutz Hachmeister, wird mit dem Verdacht zitiert, dass EM.TV „eine Ausgründung des Kirch-Konzerns zur Geldbeschaffung" sei, so wie Kirch schon des öfteren „Geschäfte über Dritte betrieben" habe.
- Die spektakulären EM.TV-Anfangserfolge nach dem Börsengang seien vor allem auf das Wohlwollen Kirchs zurückzuführen: „Der eigentliche Aufstieg begann erst, als Haffa und Kirch zum beiderseitigen Wohle zusammenarbeiteten. Auf einmal half Kirch seinem Ziehsohn im Kampf um attraktive Senderechte." Entscheidend hierbei: Das Kirch-Haffa-Joint-Venture „Junior TV" aus dem Dezember 1998 – vor allem, da schon sechs Monate später ein dicke Batzen der damals von Kirch eingebrachten Kinderprogramme ausgerechnet an den Kirch-Sender Sat.1 verkauft wurden.
- Der Einstieg der Haffa-Firma bei Constantin im Sommer 1999, wenige Wochen vor deren Börsengang, sei ebenfalls Beispiel einer Kirch-Haffa-Symbiose: „Haffas damaliges Siegerimage war beim Gang des defizitären Kirch-Ablegers

aufs Börsenparkett gefragt. Und auch dem EM.TV-Kurs kam diese neuerliche Allianz, nach altem Schema, zugute."

- Beim Einstieg EM.TVs in die Formel 1 habe sich Haffa zwar „ziemlich naiv" über den Tisch ziehen lassen. Zudem sei nie so recht klar geworden, was ein Vermarkter von Kinderprogrammen mit dem Rennzirkus anstellen wolle. Erklärbar werde das allerdings sofort, wenn man Schattenmann Kirch mit auf die Rechnung nehme. Die Formel 1, so der Spiegel, „soll wieder aus EM.TV verschwinden und als selbständiges Unternehmen im Kirch-Reich geführt werden", denn damit habe Kirch endlich ein hochkarätiges Lockmittel für sein hoch defizitäres Bezahlfernsehen: „Wenn es nach ihm geht, dreht Michael Schumacher schon bald nur bei Premiere World seine Runden."

Der einzige große Deal bei EM.TV, den der Spiegel nicht so recht in die Verschwörungstheorie einordnen kann, ist der Einstieg Haffas bei der Tele München Gruppe (TMG) von Kirchs Erzrivalen Herbert Kloiber. „Kirch-Manager sollen Haffa vor diesem Kauf erstmals gewarnt haben", will der Spiegel wissen – was die Beteiligten natürlich dementieren. „Richtig ist, dass ich Kirch, mit dem ich regelmäßig und gern rede, beizeiten von unseren Einstiegsplänen informiert habe", sagte Thomas Haffa werben und verkaufen kurz nachdem er die TMG-Anteile gekauft hatte. Aber, wie bereits gehört, „Kirch würde sich nie anmaßen, mir ins Geschäft hinein zu reden".

Man muss die Verschwörungstheorie schon bis ins Absurde hinein drehen, um auch das TMG-Kapitel erklären zu können – wenn Haffa nicht nur als Strohmann, sondern auch als Spion Kirchs agiert hätte, würde es natürlich Sinn machen, den scheinbar unabhängigen Haffa ins Allerheiligste des Erzrivalen zu schicken, um diesen abzuschöpfen. Wer sich allerdings so weit versteigt – und damit Haffa jegliche Eigenverantwortung abspricht und ihn zur reinen Marionette Kirchs reduziert – müsste auch erklären können, warum Kirch bereit gewesen sein soll, für die Nähe zu Kloiber diesem 800 Millionen Mark aufs Konto zu schaufeln, und damit ein paar hundert Millionen mehr, als die 45 Prozent an dessen Firma wert gewesen sein dürften.

Auch der Formel-1-Deal, der auf den ersten Blick zu belegen scheint, dass Haffa in Kirchs Auftrag gehandelt haben könnte, fiel tatsächlich für Kirch weit weniger günstig aus – wie die Aufräumarbeiten bei EM.TV Anfang 2001 zeigten. Zwar gehören EM.TV und Kirch nun 75 Prozent der SLEC-Holding, aber damit haben sie noch lange nicht die Möglichkeit, über die Vergabe der Senderechte an der Formel 1 zu entscheiden – die eigentliche Verantwortung für das operative Geschäft liegt immer noch bei Bernie Ecclestone: „Haffa hat sich über den Tisch ziehen lassen", zitiert der Spiegel einen namenlosen Kirch-Angestellten; und wenn schon bei den damaligen Verhandlungen Kirch der eigentliche Drahtzieher gewesen wäre, hätte das doch wohl kaum passieren können.

So lässt sich aus genau der gleichen Unternehmensgeschichte auch das genaue Gegenteil dieser Verschwörungstheorie basteln – wie es Klaus Boldt im Manager-Magazin getan hat. Er stellt – natürlich – den Einstieg bei TMG in den Mittelpunkt seiner Argumentation und zitiert dafür einen – natürlich namenlosen – Kirch-Mitarbeiter: „Dadurch, dass Haffa dem Kloiber das Spiel finanziert hat, hat er dem Kirch ein schweres Loyalitätsproblem bereitet." Haffa habe sich eben „mit einem anderen ins Bett gelegt". Die Folge: Kirch zog seine schützende Hand von Haffa zurück. Als im Laufe des Jahres 2000 EM.TV erst ins Stottern und dann ins Wanken geriet, griff Kirch nicht ein, obwohl es ihm durchaus möglich gewesen wäre, für die vergleichsweise kleine Haffa-Firma den einen oder anderen hilfreichen Deal einzufädeln. Erst als, im November 2000, Haffa nicht mehr weiterkonnte und Kirch um Hilfe bat, habe dieser sich seiner erbarmt – in Boldts blumiger Sprache: „Kirch ist der Kirch des Neuen Testaments: Er straft, aber er vernichtet nicht."

Beide Theorien, so gegensätzlich sie auch klingen, unterscheiden sich eigentlich nur in der Einschätzung der Person Leo Kirch. Ist er der sinistre Schattenmann, für den ihn die Spiegel-Kronzeugen Lutz Hachmeister und Helmut Thoma schon lange halten, oder ist er der Patriarch alter Schule, als den ihn die von Boldt befragten Kirch-Getreuen gerne sehen wollen? In der einen Variante ist Haffa eine willfährige Marionette seines Ex-Chefs, in der anderen, immerhin, eine Marionette, die einmal die Fäden gekappt hat, um zu versuchen, ob sie auch allein laufen kann.

So wie es 1979 gute Gründe für Haffa gab, bei Kirch einzusteigen, gab es 1989 auch sehr gute Gründe für ihn, bei Kirch auszusteigen. Er war ein Verkäufer, kein Händler. Die Regeln, nach denen das Filmgeschäft funktionierte, passten nicht zu ihm: Große, alte Männer, die im Verborgenen wirken und ihre Geschäfte per Handschlag machen, das war nicht seine Welt. So, wie er war, konnte Thomas Haffa bei Kirch nicht das erreichen, was er wollte. Er musste weg. Und Kirch, der wohl bemerkte, dass er diesen Burschen nicht würde zähmen können, ließ ihn ziehen. Sollte er doch zeigen, ob wirklich so viel in ihm steckte, wie er glaubte.

Und beides wird Thomas Haffa nicht gerecht.

Wäre Haffa an Kirchs langer Leine gelaufen, er wäre 1996 wieder zurück ins Körbchen gekommen. Die eigene Firma bedrohlich wackelnd, kein anderer Interessent in Sichtweite –Kirch hätte ihn in dieser Situation bestimmt wieder aufgenommen: Typen wie Thomas Haffa sind als Angestellte wesentlich pflegeleichter, wenn sie zuvor mit ihrem eigenen

Laden auf die Schnauze gefallen sind. Aber das war das Letzte, das Haffa zugelassen hätte. Er fühlte sich Leo Kirch ebenbürtig, mindestens, er sah einen Aufstieg vor sich, wie Kirch ihn bereits hinter sich hatte.

Dass es dann doch die Kirch-Gruppe war, mit der Haffa Ende 1998 seinen ersten großen Deal machte, verdankte er zum einen, wieder mal, Hubert Burda. Der hatte 1998 Kirch und Haffa bei einem Abendessen zusammengebracht – der Star-Verkäufer endlich in Augenhöhe mit seinem Ex-Chef. Sie stellten fest, dass sie nicht nur Berührungspunkte, sondern auch sich ergänzende Interessen hatten. Aber dass daraus dann der Junior-Deal wurde, liegt nicht daran, dass Haffa Kirch zu Diensten gewesen wäre: Dieses Geschäft war genau das, was EM.TV zu dieser Zeit brauchte, ein Big Deal im Kerngeschäft; und es war genau das, was Kirch zu dieser Zeit brauchte, Bargeld und eine Verschönerung der Bilanz.

Hätten damals Haim Saban oder Time Warner einen besseren Deal angeboten, EM.TV hätte dort eingeschlagen – wobei „besser" nicht „profitabler" heißen musste, solange Haffa ihn als „besser" verkaufen konnte. Auch alle folgenden Deals sind so erklärlich: Haffa machte das, was er an der Börse als Fortsetzung der Erfolgsstory verkaufen konnte. In den Monaten um die Jahrtausendwende, als seine eigene Aktienwährung ihre höchste Kaufkraft erreichte, hat er schlicht gekauft, was auf dem Markt war. Wäre statt der Formel 1 gerade die Beate Uhse AG zu haben gewesen, hätte er die gekauft, und sich eine dazu passende Strategie einfallen lassen.

Thomas Haffa hat also weit eigenständiger gehandelt, als es ein Kirch-Vasall getan hätte. Sein Hauptinteresse in der Zeit als EM.TV-Chef war es, den eigenen Börsenkurs zu pflegen; wenn es dafür sinnvoll war, mit Kirch gemeinsame Sache zu machen, wie bei Junior TV und Constantin, machte er das, wenn nicht, dann nicht. Ein Haffa-Zitat aus werben und verkaufen im

Herbst 1999 zeigt, wo er die Grenzen für eine Kooperation mit Kirch zog: „Kirch hätte es gern gehabt, wenn wir in sein Pay-TV investiert hätten. Wir hätten das auch sehr gern getan, weil ich glaube, dass es schon bald schwarze Zahlen schreibt. Es ging aber letztlich nicht, weil der Kapitalmarkt das Pay-TV-Geschäft nicht sonderlich liebt. Man glaubt dort, Premiere World erreiche erst in fünf Jahren den Break Even."

Dass Thomas Haffa in dieser Zeit begann, sich Kirch nicht nur ebenbürtig, sondern sogar überlegen zu fühlen, ist durchaus verständlich. Dass er das allerdings auch nach außen zeigte und äußerte, war gegen die Regeln des Spiels der großen, alten Männer. So etwas tut man einfach nicht. Damit vergab er die durchaus vorhandene Chance, ins Spiel der Alten aufgenommen zu werden. Wer sich als etwas Besseres ausgibt, darf erst wieder mitspielen, wenn er begriffen hat, dass er etwas Schlechteres ist, und sich demütig dort einordnet, wo er hingehört.

Aber konnte ein Thomas Haffa wirklich Demut zeigen? Oder würde er da nicht doch lieber beschließen, einfach nicht mehr mitzuspielen?

Zurück in die Versenkung

Schon der ganze Hickhack um den Kirch-Einstieg zeigte, dass Haffa nicht mehr kämpfen würde. Er hatte die Lust verloren, er schien jegliche Motivation verloren zu haben. Dabei war doch gerade jetzt, in der Existenzkrise, die Zeit gekommen, in der ein wahrer Unternehmer seine Qualität beweisen konnte, ja eigentlich: beweisen musste. Das galt noch um so mehr für einen, der sich wie Thomas Haffa als Vorzeige-Unternehmer gesehen hatte. Na gut, er hatte zweimal versagt: Im Sommer 2000 war es ihm nicht gelungen, EM.TV in der neuen Größe zu stabilisieren, und im Herbst hatte er es nicht geschafft, den Absturz von Aktie und Image zu verhindern.

Aber das hieß doch noch lange nicht, dass es keine Felder mehr gegeben hätte, auf denen er kämpfen konnte, ganz im Gegenteil. Selbst wenn man konzediert, dass er in der Schlacht um die Formel 1, die nun Ecclestone und Kirch ausfochten, faktisch nichts mehr zu melden hatte, gab es bei EM.TV Baustellen genug:

- Die Jim Henson Company stand ganz allein im Regen. Der Laden lief nicht von selbst, aber er hatte doch immer noch Potenzial. Hatte Haffa nicht ein Jahr zuvor beschlossen, die Muppet-Show wieder aufleben zu lassen? Könnte man nicht versuchen, mit neuen Motivationsvideos den kleinen Verkäufern von heute ein ähnliches Erweckungserlebnis zu verschaffen wie damals dem kleinen Schreibmaschinenverkäufer Thomas Haffa? Sicher, nichts würde dort in Kalifornien von allein passieren, aber, hey, der Laden gehörte doch zu 100 Prozent EM.TV – konnten die Henson-Leute da nicht mit gutem Grund erwarten, dass der neue Eigentümer wenigstens eine ungefähre Marschrichtung angeben würde?
- Die Anteile an TMG mussten wieder verkauft werden, sonst würde das Kartellamt dem Kirch-Einstieg bei EM.TV niemals zustimmen. Logisch, dass Herbert Kloiber in dieser Situation nicht wild darauf war, Thomas Haffa die Verkaufsverhandlungen zu erleichtern. Aber noch immer war die globale Medienszene voll von Leuten, die mit einem Einstieg in den wichtigsten Fernsehmarkt Europas liebäugelten. Und auf der anderen Seite gab es noch den neben Kirch zweiten großen Player im deutschen Fernsehen, die RTL Group von Bertelsmann. Konnte man denen nicht eine Allianz mit Kloiber schmackhaft machen – und sei es mit der versteckten Drohung, dass sonst über den Einstieg bei TMG ein Neuzugang den gerade erst verteilten deutschen Fernsehmarkt wieder aufmischen könnte?

- Die Dachmarke „Junior“ war vor nicht gar so langer Zeit der große Hoffnungsträger bei EM.TV gewesen. Und neben den eigenen Filmchen und Plüschtieren gab es Kooperationen für alle nur denkbaren Medien – für Bücher, für Zeitschriften, für Computerspiele, für Musik, für den Einzelhandel, fürs Internet. Wäre es nicht eine lohnende Aufgabe gewesen, nach all der Hektik mit den Mega-Deals hier noch einmal zu zeigen, was die eigentliche Qualität von EM.TV, von Thomas Haffa ausmachte?
- Die Kostenseite des Unternehmens war in den goldenen Jahren heftig aus dem Ruder gelaufen. Die zukünftige, nun doch wieder etwas kleinere EM.TV würde in ihrer Ausgabenstruktur wieder wie ein normaler Mittelständler aussehen müssen. Um ein dauerhaft lebensfähiges Unternehmen zu werden, würde EM.TV dringend jemand brauchen, der mit Verstand, Augenmaß und Härte die Kostenbremse treten konnte.

Dass Haffa selbst sich nun plötzlich als oberster Sparkommissar betätigen würde, war natürlich nicht zu erwarten. Das wäre ja auch nicht nötig gewesen. Genauso wenig wäre es nötig gewesen, dass er persönlich die Hochzeit von Bertels-mann und TMG arrangierte oder die Jim Henson Company auf Trab brächte. Es hätte gereicht, wenn der Chef die Ziele vorgibt und dann die richtigen Leute mit der Umsetzung beauftragt.

Doch so wie Thomas Haffa es schon in der Vergangenheit nicht geschafft hatte, die richtigen Leute für seine großen Visionen ans Unternehmen zu binden, so schaffte er es jetzt nicht, sich fähige Leute für seine Baustellen zu engagieren. In der Boom-Zeit erweckte EM.TV immer wieder den Eindruck, als handele es sich eigentlich um eine Zwei-Mann-Show von Thomas und Florian Haffa. Jetzt, da Florian aus der Firma ausgeschieden war, reduzierte sich das Ganze auf eine Ein-Mann-Show.

Und die sah nicht gut aus.

Zu Henson fiel Haffa nichts mehr ein. Nach dem Debakel mit dem Miss-Piggy-Ersatz Mercedes im vorigen Sommer war das Verhältnis zwischen Haffa und den Hensons klarerweise schwer gestört. Aber offensichtlich unternahm Haffa nicht einmal den Versuch eines Neuanfangs. Man suche entweder einen Käufer oder einen strategischen Investor für die Henson-Company, hieß es nun im Unternehmen – also irgend jemand, der mit dem Laden mehr als EM.TV anfangen konnte. Also mehr als nichts. Aber bislang war noch niemand gefunden worden.

Für die Anteile an TMG konnte Haffa immerhin einen Interessenten präsentieren. Aber was für einen: Klaus Helbert, mit den Schmuddel-Zeitschriften „Coupé" und „Blitz-Illu" erfolgreicher Verleger aus Wiesbaden, der Anfang 2001 vom Bauer-Verlag aus seinem Unternehmen herausgekauft worden war und nun ein neues Betätigungsfeld suchte. Dass Herbert Kloiber diesen Typen als neuen Partner ablehnen würde, war vorauszusehen – ihn überhaupt zu präsentieren, war eigentlich eine Frechheit. Da am Ende doch nicht Leo Kirch, sondern Werner Klatten bei EM.TV neuer Großaktionär wurde, hat der Verkauf der TMG-Anteile heute keine Dringlichkeit mehr. Dass es Haffa nicht gelang, in bald einem halben Jahr Suche einen vorzeigbaren Investor zu präsentieren, bleibt dennoch ein Armutszeugnis.

Obwohl Thomas Haffa immer noch Vorstandsvorsitzender und Hauptaktionär von EM.TV war, wirkte er nicht mehr wie der Herr im eigenen Haus. Journalisten, die im Frühjahr 2001 zu Interviews in die Unterföhringer EM.TV-Zentrale kommen, sitzen nicht Haffa allein gegenüber. Daneben sitzt der von Kirch entsandte neue Marketingvorstand Rainer Hüther, und auch wenn Haffa redet, scheint Hüther das Sagen zu haben, wie der Handelsblatt-Redakteur Caspar Busse beobachtete: „Manchmal hält Haffa mitten im Satz inne und schaut Hüther an. ‚Kann ich das sagen?', lautet seine unausgesprochene Frage. Der neue Kollege nickt dann fast unmerklich, und Haffa redet weiter. ,Wir zwei verstehen uns blendend', sagt Haffa und schaut wieder zu Hüther, der zustimmend lächelt."

„Meine Leidenschaft als Unternehmer ist nicht gebrochen", sagt Haffa im gleichen Gespräch, obwohl er in dieser Zeit genau das Gegenteil demonstriert. Sogar der oberste Öffentlichkeitsarbeiter des Unternehmens, Haffas Schwager Michael Birnbaum, gestand in dieser Zeit werben und verkaufen ein, dass der Chef inzwischen ein „Teil des Problems" geworden sei. Birnbaums sicher gut gemeinte PR-Strategie: Haffa erst einmal aus der Schusslinie der Medien nehmen, das alte Klischee vom neureichen Großkotz abbauen und dann der Öffentlichkeit ein ganz neues Bild von Haffa präsentieren: „der totale Business-Mensch, der sich aufreibt und die Sorgen der Kleinanleger unheimlich ernst nimmt." Gut beobachten ließ sich diese Strategie im April 2001 auf der Fernsehmesse MIP-TV in Cannes: Thomas Haffa war fast die ganze Messezeit über am EM.TV-Stand präsent, gab keine Interviews und auch keine Party – und während im Vorjahr EM.TV gleich drei Yachten im Hafenbecken von Cannes liegen hatte, war diesmal keine einzige da.

Doch die Kleinaktionäre waren nicht mehr davon zu überzeugen, dass Haffa ihre Sorgen „unheimlich ernst nimmt". Zu tief war die Aktie gefallen – in nur einem Jahr war der Kurs um mehr als 90 Prozent abgesackt; und zu stark waren die Indizien dafür, dass die Haffas im Jahr 2000 eben nicht die Interessen der Kleinaktionäre im Auge hatten. Da waren die Falschbuchungen in der Halbjahresbilanz, da war die verschwiegene Ecclestone-Option, da war kurz nach der Bestätigung der alten Prognosen die fulminante Gewinnwarnung vom Dezember, und da waren die kurz danach bekannt gewordenen Aktienverkäufe der EM.TV-Chefs: 40 Millionen Mark hatte der große Haffa eingesackt, als er

Anfang 2000 insgesamt 200.000 Aktien verkaufte, 34 Millionen Mark holte sich der kleine Haffa mit Verkäufen im Juli und Oktober 2000 – und die Kleinaktionäre saßen auf ihren Verlusten.

Und so dauerte es denn auch nicht lange, bis im März 2001 die ersten Schadenersatzklagen erboster Kleinaktionäre eingereicht wurden. Sie richteten sich vor allem gegen den Prospekt zur Kapitalerhöhung Ende 1999, in dem eine sechsmonatige Haltefrist für die Haffa-Aktien enthalten war. Zwar hatte sogar Thomas Haffa selbst zugegeben, dass er innerhalb der Haltefrist Aktien verkauft hatte, aber große Chancen wurden dem Klageweg dennoch nicht eingeräumt: Da es sich, so juristische Experten, bei der Schutzfrist um eine privatrechtliche Vereinbarung zwischen EM.TV und der Konsortialführerin WestLB handelte, konnte nur die WestLB gegen Haffa vorgehen – und die wollte das nicht. Da Haffa seine Aktien zudem nicht im Kursabschwung, sondern noch in der Aufschwungzeit verkauft hatte, dürfte es auch keinem Aktionär gelingen nachzuweisen, dass ihm durch die Verletzung der Haltefrist ein direkter Schaden entstanden ist. Warum überhaupt Haltefristen im Prospekt stehen, wenn sie doch nicht eingehalten werden müssen, wird hierdurch allerdings nicht beantwortet.

Bei all den Sanierungs-, Aufräum- und Schadensbegrenzungsarbeiten, die bei EM.TV im ersten Halbjahr 2001 stattfanden, machte Thomas Haffa nicht etwa keine gute Figur – er machte überhaupt keine Figur. Widerstandslos ließ er sich den eigenen Laden aus der Hand nehmen, ließ sich in die Ecke drängen, unternahm nicht einmal den Versuch, den immer weiter fortschreitenden Absturz der EM.TV-Aktie, also das beständige Abschmelzen seines Vermögens, zu beenden.

Als Mitte Februar der Einstieg von Kirch beschlossene Sache wurde, wurde Haffas EM.TV-Anteil an der Börse noch mit 900 Millionen Mark bewertet,

Mitte März waren es 780 Millionen,
Mitte April waren es 740 Millionen,
Mitte Mai noch 580 Millionen,
Mitte Juni 380 Millionen
und Mitte Juli schließlich noch ganze
250 Millionen Mark.

Am 24. Juli 2001 nimmt Thomas Haffa dann endgültig Reißaus. Er verkauft 25,2 Prozent von EM.TV an den Spiegel-Manager Werner E. Klatten, tritt mit sofortiger Wirkung vom Posten des Vorstandsvorsitzenden zurück, hält Tags darauf noch einmal eine Pressekonferenz ab und schippert erst mal auf seiner Yacht durchs Mittelmeer. Die Hauptversammlung am 1. August, bei der ihm die schonungslose Abrechnung der Aktionäre präsentiert worden wäre, will er sich nicht mehr antun.

Eine halbe Milliarde trockene Schäfchen

Bei jemand, dem Geld mindestens so wichtig ist wie das Lebenswerk, ist es da nicht merkwürdig, dass er so leidenschaftslos zusieht, wie sein Vermögen Monat für Monat schwindet? Angesichts seiner Vorgeschichte würde es doch Haffa kaum gelingen können, noch einmal als Unternehmer oder Manager einen Neustart zu schaffen. Er würde also von dem leben müssen, was beim EM.TV-Desaster für ihn übrig blieb – wie konnte es da sein, dass er keine Anstalten machte, sein Kapital zu retten?

„Es geht ihm nicht mehr um das Geld, es geht ihm um die Reputation", sagte der Merrill-Lynch-Analyst Bernard Tubeileh im Handelsblatt über seinen einstigen Favoriten, womit er im Frühjahr 2001 so ziemlich der Einzige war, der in Haffas Handeln einen Kampf um seinen Ruf erkennen mochte. Der erste Halbsatz allerdings stimmte: Es ging Haffa in der Tat nicht mehr ums Geld. Doch die Begründung dafür war eine ganz andere: Es ging Haffa nicht mehr um das Geld, das in seinen EM.TV-Aktien steckte, weil er seine Schäfchen bereits ins Trockene gebracht hatte. Denn der öffentlich eingestandene Verkauf von 200.000 Aktien Anfang 2000 war nur die Spitze des Eisbergs – Thomas Haffa hatte zuvor offenbar s chon eine weit höhere Anzahl seiner Aktien zu Bargeld gemacht.

Der Beleg hierfür ist leicht zu erbringen. Man muss einfach nur die Aktien zählen:

1. Nach dem Börsengang gehörten Thomas Haffa 1.325.000 EM.TV-Aktien. Ein 1:1-Aktiensplit im Jahr 1998 machte daraus 2.650.000 Aktien, ein 1:24-Split im Jahr 1999 erhöhte die Aktienzahl auf 66.250.000.
2. Davon ziehen wir die Anfang 2000 verkauften 200.000 Aktien ab – bleiben 66.050.000 Aktien.
3. Davon gehen die 36.164.630 Aktien weg, die er im Juli 2001 an Werner Klatten verkaufte – müssten also 29.885.370 Aktien übrig bleiben.

Tatsächlich aber gehören Thomas Haffa nach Recherchen der Frankfurter Allgemeinen nach dem Verkauf an Klatten nur noch 16,4 Prozent der EM.TV-Aktien, also etwa 23,5 Millionen Stück. Die Differenz, immerhin 6,4 Millionen EM.TV-Aktien, ist irgendwo auf der Strecke vom Börsengang bis heute aus Thomas Haffas Aktiendepot verschwunden. Und weil Aktien nicht einfach so verschwinden, heißt die einzig verbliebene Erklärung: Thomas Haffa hat über die bisher zugegebenen Verkäufe hinaus in großem Stil EM.TV-Aktien verkauft.

Nicht dass er das nicht gedurft hätte: Für die Altaktionäre, also die Haffas, gab es keine Verpflichtungen, alle ihre Aktien zu behalten. Die einzigen Ausnahmen: Die ersten sechs

Monate nach dem Börsengang und die Kapitalerhöhung vom November 1999 – dort war eine sechsmonatige Schutzfrist für Aktienverkäufe des Vorstands festgeschrieben. Gegen diese Bestimmung hat er zwar verstoßen, aber rechtlich bleibt das ohne Folgen. Haffa war nicht einmal verpflichtet, seine Aktienverkäufe zu veröffentlichen: Erst im Frühjahr 2001 wurden Vorstände und Aufsichtsräte von Firmen am Neuen Markt verpflichtet, Transaktionen in Aktien der eigenen Gesellschaft innerhalb von drei Börsentagen zu melden.

Aber in Ordnung war diese Vorgehensweise trotzdem nicht. Wenn es sich bis zu den Aktionären herumgesprochen hätte, dass der große Thomas Haffa immer wieder Aktien seines so großartigen Unternehmens verkauft, hätte sich die Begeisterung für die Aktie wohl in etwas engeren Grenzen gehalten. Schließlich hatten die Marktteilnehmer unmissverständlich deutlich gemacht, dass sie eine Veräußerung von Haffas Aktien nicht wünschten: Bei der Ende 1998 platzierten Kapitalerhöhung, mit der der Ankauf des Junior-TV-Pakets finanziert wurde, hätten die Haffas gerne einen Greenshoe aus ihrem Anteilsbesitz zur Verfügung gestellt – der Markt akzeptierte aber nur neu ausgegebene Aktien. Auch bei der Kapitalerhöhung Ende 1999, der zweiten Chance, standen nur neue Aktien zur Zeichnung an. Haffas klammheimliche Verkaufsfreude hat also ein ordentliches Gschmäckle.

Was hat Thomas Haffa für seine 6,4 Millionen Aktien kassiert? Schwer zu sagen. Wenn man seiner Aussage glaubt, dass er „während des gesamten Downturns", also ab März 2000, keine Aktien verkauft hat und zusätzlich annimmt, dass er Anfang 2000 nur die bereits eingestandenen 200.000 Stück verkauft hat, geht es also um Aktienverkäufe zwischen Mai 1998 und Dezember 1999. Zudem wird er nicht alle Aktien auf einmal verkauft haben, sondern immer wieder Pakete abgegeben haben. Je nachdem, zu welchem Zeitpunkt er wie viele Aktien verkauft hat, dürfte der (um die Aktiensplitts bereinigte) Durchschnittskurs zwischen 20 und 40 Euro je Aktie liegen – seine Einnahmen aus diesen Verkäufen also zwischen 250 und 500 Millionen Mark betragen.

Ein solches Polster im Rücken macht Haffas Verhalten im ersten Halbjahr 2001 schon viel erklärlicher: Ganz egal, was aus EM.TV noch werden sollte, das Wohlergehen der Familie Haffa war für die nächsten Generationen gesichert. Jetzt ging es nur noch darum, jemand zu finden, der ihn so aus seinem eigenen Laden herauskaufte, dass er zum einen nie mehr mit den Resten seines vorgeblichen Lebenswerks behelligt werden würde, und zum anderen so viel Geld aufs Konto kommt, dass er allein damit jederzeit seinen weiterhin luxuriösen Lebenswandel begründen könnte. Um dieses zu erreichen, war das Abtauchen in den Monaten zuvor natürlich die richtige Strategie: Durch das beständige Absacken des Aktienkurses musste die Firma irgendwann so billig werden, dass irgendjemand zugreifen würde. Und das war dann eben Werner E. Klatten.

10
Die Abrechnung

Niemand wird so gestreichelt wie das Opferlamm
auf dem Weg zur Schlachtbank.
Johannes Gross

Wenn David Copperfield in seiner Show die Freiheitsstatue wegzaubert, muss er sie irgendwann im Lauf der Show auch wieder herzaubern. Schließlich kann auch der beste Magier die Naturgesetze nicht außer Kraft setzen. Und solange ihm genügend Menschen genügend viel zahlen, um seine Tricks zu sehen, zaubert Copperfield weiter und verdient damit Geld. Bei Thomas und Florian Haffa war das so ähnlich: Die Gewinne, die sie in den Jahren von 1997 bis 1999 herbeigezaubert hatten, mussten danach wieder weggezaubert werden. Denn auch die wildesten Rechenkunststücke ändern nichts daran, dass am Ende nur der nachhaltigen Profit erwirtschaften kann, der mehr einnimmt, als er ausgibt – sie können es lediglich schaffen, dass das „am Ende" ein paar Jahre später kommt.

Bei EM.TV kam es mit der Bilanz für das Jahr 2000. Und weil seither niemand mehr dafür zahlen möchte, den Haffas beim Zaubern zuzuschauen, haben sie sich aus der Zauberei zurükkgezogen. Aber sie haben ja mit ihren Kunststücken auch genügend Geld verdient.

Die Katastrophenbilanz 2000

Am Donnerstag, den 30. November 2000, waren genau elf Zwölftel des aufregendsten Geschäftsjahres in der EM.TV-Geschichte vergangen. Zu diesem Zeitpunkt galt offiziell noch die Prognose, dass dieses Jahr mit einem Umsatz von 1,6 Milliarden Mark und einem Gewinn vor Steuern (EBIT) von 600 Millionen Mark abschließen werde. Am Abend des folgenden Tages schickte EM.TV die Aktionäre mit einer stark herabgesetzten Prognose ins erste Advents-Wochenende: Als Umsatz wurden nunmehr 1,38 Milliarden Mark erwartet, das EBIT sollte gerade noch 50 Millionen Mark betragen.

Doch als Ende Mai 2001 dann mit ebenso verständlicher wie erheblicher Verspätung der Geschäftsbericht für das Jahr 2000 fertig war, sahen die Zahlen noch einmal ganz anders aus. Der Umsatz war weiter auf 1,28 Milliarden Mark eingedampft, und das EBIT war nicht mehr wirklich positiv – es war sogar extrem stark negativ: Ein Verlust vor Zinsen und Steuern von 2,3 Milliarden Mark führte am Ende zu einem Jahresfehlbetrag von 2.632.086.000 Mark. Die Haffa-Firma hatte es also fertig gebracht, im Jahr 2000 einen Verlust zu machen, der höher lag als alle Umsätze zusammengenommen, die EM.TV seit der Gründung 1989 gemacht hatte!

Die dicksten Verlustbrocken in dieser so katastrophal aussehenden Bilanz beruhen allerdings auf der Bereinigung des Heißluftanteils an den beiden Großeinkäufen: Der Bilanzposten „Abschreibungen auf immaterielle Vermögensgegenstände, Sach- und Finanzanlagen", insgesamt in der lichten Höhe von 2,44 Milliarden Mark ausgewiesen, besteht zum größten Teil aus zwei „außerplanmäßigen Abschreibungen": 1,17 Milliarden Mark für die Formel 1 sowie 664 Millionen Mark für die Jim Henson Company. Von den offiziell fast fünf Milliarden Mark, die diese beiden Beteiligungen gekostet hatten, blieben nach der Aufräumaktion noch 2,75 Milliarden Mark als Restbuchwert übrig – was immer noch eine gute Milliarde mehr ist, als EM.TV in bar dafür gezahlt hatte.

Auch bei sechs anderen Beteiligungsunternehmen reduzierte EM.TV den Buchwert der eigenen Anteile drastisch:

Der Anteil an der Tabaluga GmbH war nicht mehr 14 Millionen Mark wert, sondern nur noch 1,4 Millionen, und bei der israelischen Talit Productions, vor kurzem noch hoffnungsvoller Börsenkandidat, wurde gar der Beteiligungswert von 16,9 Millionen auf Null abgeschrieben. Einzig die Anteile an Junior TV und an TMG blieben weitgehend ungeschoren.

Bei Junior TV gingen dafür, wie nicht anders zu erwarten, die Umsätze erheblich zurück – statt der künstlich aufgeblähten 312,8 Millionen Mark von 1999 waren es nun nur noch 49,7 Millionen. Aus einem Überschuss von 123,5 Millionen war ein Verlust von 68,9 Millionen Mark geworden. Auch bei den meisten anderen Schäfchen aus der Herde der EM.TV-Beteiligungen zeigte sich nun ein ernüchterndes Bild:

(Tabelle nächste Seite)

Unternehmen	EM.TV-Anteil	Umsatz (in 1000 DM)		Ergebnis (in 1000 DM)	
		2000	1999	2000	1999
ACC Agentur für PR	100 %	261	194	- 5	+ 5
EM-Sport	100 %	600	610	+ 9	+ 150
EM Supply	100 %	4234	3119	- 86	+ 553
EM-VA	100 %	234	329	+ 0,3	+ 42
EM.TV Musikverlag	100 %	45	6	+ 20	+ 0,6
Publishing Partner	100 %	2497	3771	+ 307	+ 915
Super Cartoon TV	100 %	0	0	- 4	- 10
HaffaDiebold	50 %	6277	12713	+ 465	- 144
Tabaluga GmbH	100 %	1743	0	- 14739	+ 22
TFC Holding	60 %	18375	14869	- 2530	+ 443
Junior Toys	65 %	20982	23887	- 6298	+ 229
Networx Internat.	100 %	1941	5951	- 78	- 18
EM Interactive	74,9 %	0	-	- 5	-
Junior.Web	73,4 %	0,4	-	- 27261	-
EM.TV&Wavery	100 %	4772	6150	- 1650	+ 1911
Talit	50 %	12788	-	- 758	-
Plus Licens	50 %	7235	434	- 58	- 284
Junior Publishing	50 %	k.A.	k.A.	- 736	- 774
Dolce Media	51 %	13803	-	+ 1072	-
Oktoberfest GmbH	50 %	0	3	+ 1	+ 6
TheatrO CentrO	41,9 %	k.A.	k.A.	- 19024	-
Yoram Gross	50 %	17341	5243	+ 2981	+ 34
EM.TV Images	50 %	9630	2765	+ 89	+ 15
FJE	25 %	1253	-	+ 141	-
Alle kleinen EM.TV-Beteiligungen		124011	82044	- 68147	+ 3096

-: im Jahr 1999 noch nicht zu EM.TV gehörig

Quelle: EM.TV-Geschäftsbericht für 2000

All die kleinen und mittleren Beteiligungen, mit deren Abschluss EM.TV in der Vergangenheit den Eindruck permanenter Aktivität und ewigen Wachstums erweckt hatte, hatten schon im „Rekordjahr" 1999 nur 3,1 Millionen Mark Überschuss zusammengebracht (aufgrund unterschiedlicher Beteiligungsverhältnisse und Konsolidierungsmethoden entspricht dies nicht dem Beitrag zum EM.TV-Betriebsergebnis). Im Jahr 2000 allerdings hatte sich auch hier das Ergebnis ins Negative gedreht: 68 Millionen Mark Verlust bei 124 Millionen Mark Umsatz – ebenfalls eine reife Leistung.

Wie sehr das schlechte alte EM.TV-Prinzip, jeden Deal sofort bei Unterschrift schon als Umsatz zu buchen, nach hinten losgehen konnte, zeigt sich vor allem bei Junior-Web. Dort waren in den Zwischenergebnissen in großem Stil Umsätze mit dem Partner im Internet-Geschäft, der Victory-Gruppe, verbucht worden. Im Jahresabschluss heißt es dann lapidar: „Im Einzel- und Konzernabschluss sind Umsatzerlöse mit der Victory-Gruppe in Höhe von 79 Mio. DM enthalten, die zum 31. Dezember 2000 in voller Höhe aufgrund fehlender Werthaltigkeit wertberichtigt wurden." Übrig blieben damit die bereits erwähnten 384 Mark Gesamtumsatz. Dass ein bereits als Umsatz gebuchtes Geschäft dann doch noch platzt, kann einmal passieren. Aber dass von allen im Jahr 2000 verbuchten Umsätzen nur 0,001 Prozent als werthaltig stehen bleiben dürfen, macht den Internet-Bereich von EM.TV zum heißen Anwärter für das Guinness-Buch der Rekorde.

Die Profiteure der EM.TV-Story

Florian und Thomas Haffa, die Inspirationsquellen für solche ebenso luftigen wie lustigen Zahlen, haben EM.TV inzwischen verlassen. Thomas hat zwar noch ein paar Millionen Aktien, aber nichts mehr zu melden, dafür hat Kirch jede Menge zu melden, obwohl er keine einzige Aktie hat. Auch wenn die Firma EM.TV noch weiter existiert und auch noch weiter an der Börse notiert ist, scheint die Zeit günstig, um ein Zwischenfazit zu ziehen. Die heiße Luft ist aus der Aktie entwichen, und auch in der Bilanz sind die großen Deals drastisch wertberichtigt worden. Wer hat denn nun, nach all dem atemberaubenden Auf und Ab, tatsächlich von der EM.TV-Story profitiert, und wer hat dabei draufgezahlt?

Wie steht es bei dem wichtigsten Mitspieler, dem Titelhelden Thomas Haffa? Vor dem Börsengang gehörte ihm eine 30-Mann-Firma am Rande der Zahlungsunfähigkeit, was gehört ihm jetzt? Die Yachten, Häuser und Autos nicht eingerechnet, bleibt das Geld, das ihm EM.TV eingebracht hat. Bislang sind nur drei Punkte bekannt, an denen er EM.TV-Aktien in Geld eingewechselt hat:

1. Beim Börsengang im Oktober 1997 gab Thomas Haffa 100.000 Aktien aus seinem Besitz als Greenshoe ab. Einnahme daraus bei einem Zuteilungspreis von 34 Mark: 3,4 Millionen Mark.
2. In den Monaten Januar und Februar 2000 verkaufte Thomas Haffa insgesamt 200.000 Aktien aus seinem Besitz an „einen strategischen Investor“. Einnahme daraus: rund 40 Millionen Mark.
3. Am 25. Juli 2001 verkaufte Thomas Haffa 36.164.630 Aktien an den neuen EM.TV-Großaktionär Werner Klatten. Der Kaufpreis wurde bisher nicht veröffentlicht, die Schätzungen für das Gesamtpaket liegen zwischen 75 und 150 Millionen Euro. Der Einfachheit halber sei ein Erlös von 200 Millionen Mark veranschlagt.

Dazu kommt noch Haffas Vorstandsgehalt, das in der Summe der Jahre 1998 bis 2001 eher über als unter 10 Millionen Mark gelegen haben dürfte. Um insgesamt auf eine runde Summe zu kommen, nehmen wir an, dass ihm davon nach Steuern 6,6 Millionen Mark übrig blieben. Damit ergeben sich für Thomas Haffa seit dem Börsengang Einnahmen von 250 Millionen Mark in bar.

Übrig bleiben ihm außerdem nach dem Verkauf an Klatten noch 16,4 Prozent der EM.TV-Aktien, also etwa 23,5 Millionen Stück. Bei einem Kurs von 2,20 Euro (Anfang September 2001) entspricht das rechnerisch einem Betrag von etwas mehr als 100 Millionen Mark.

250 Millionen Mark auf dem Konto, 100 Millionen im Aktiendepot – so müsste Haffas Vermögensstand nach offizieller Lesart aussehen. Durch die Aktienverkäufe, die Haffa in großem Stil in den Jahren 1998 und 1999 vorgenommen haben muss, liegt sein Barvermögen allerdings weit über 250 Millionen Mark. Die etwa 6,4 Millionen Aktien, um die sein Depot abgenommen hat, sollten auf seinem Bankkonto für eine Zunahme von 250 bis 500 Millionen Mark gesorgt haben.

Insgesamt dürfte Thomas Haffa also zwischen einer halben und einer dreiviertel Milliarde Mark an EM.TV verdient haben und verfügt darüber hinaus noch über Aktien im Wert von mehr als 100 Millionen Mark. Das reicht zwar nicht mehr ganz für die Mitgliedschaft im exklusiven Club der Milliardäre, aber es ist doch mehr als genug, um den aufwendigen Lebensstil, den er als EM.TV-Chef pflegte, noch bis ans Lebensende beizubehalten.

Sein Bruder Florian, der mit 75.000 Aktien ins Börsenleben von EM.TV startete (aus denen durch die Aktiensplitts 3.750.000 Stück wurden), ist von dieser Dimension weit entfernt. Zwei Aktienverkäufe im Jahr 2000 hat er bisher dem Spiegel gegenüber eingeräumt: am 14. Juli 50.000 Stück zu je 62,50 Euro sowie am 27. Oktober 400.000 Stück zu je 35,80 Euro. Einnahmen daraus: 34 Millionen Mark. Dass Florian Haffa, der im Dezember 2000 die Firma verlassen musste, heute noch über EM.TV-Aktien in nennenswertem Umfang verfügt, ist nicht anzunehmen. Wenn er die 3,3 Millionen

Aktien aus seinem Besitz, über deren Verbleib bisher nichts bekannt ist, für einen Durchschnittspreis von 20 Euro verkaufen konnte, dann hätte er daraus 129 Millionen Mark erlöst, zusammen mit den 34 Millionen aus den bereits gemeldeten Verkäufen also gut 150 Millionen Mark eingenommen.

Der zweite Hauptakteur in dem vielteiligen Drama um EM.TV war und ist Leo Kirch. Wie sieht seine Bilanz aus? Nachdem der Anfang 2001 vereinbarte direkte Einstieg der Kirch-Gruppe bei EM.TV am Bundeskartellamt scheiterte, betreffen die Kirch-Gruppe direkt nur zwei Deals: Das Joint Venture Junior TV vom Dezember 1998 und die teilweise Übernahme der Formel-1-Beteiligung Anfang 2001.

Der Junior-Deal sieht inzwischen für Kirch wesentlich vorteilhafter aus als für EM.TV. Die 500 Millionen Mark für den 50-Prozent-Anteil an knapp 20.000 Trick- und Realfilmepisoden lagen schon damals weit höher als der eigentliche Wert des Pakets (siehe Kapitel 5). Sie mögen zwar zur damaligen Zeit wie ein angemessener Preis ausgesehen haben. Aber damals sah es auch so aus, als würde die Zahl der Fernsehkanäle weit schneller steigen als der dafür verfügbare Content. Inzwischen hat zwar die Zahl der Fernsehsender nicht abgenommen, aber dafür die Intensität des Wettbewerbs zwischen ihnen. Dass die Digitalisierung zu vielen hundert TV-Kanälen führen werde, würde heute wohl auch Thomas Haffa nicht mehr behaupten. Internetgestützte Pay-per-view-Angebote werden das gleiche weit kundenfreundlicher bieten können – und dann hat das letzte Stündlein der großen Filmpakete geschlagen. Dann muss man Klasse im Angebot haben, nicht Masse. Wenn Kirch jetzt auch noch mit dem Plan durchkommt, seine Anteile an Junior auf Basis des damals vorgegaukelten Mondpreises von 500 Millionen Mark gegen die restlichen Formel-1-Anteile von EM.TV einzutauschen, hat er in der Tat mit dem Kinderfilmpaket ein richtig gutes Geschäft gemacht.

Bei der Formel 1 hingegen hat Leo Kirch kein Geld bekommen, sondern musste einen ordentlichen Batzen echtes Geld hinlegen: 550 Millionen Dollar an EM.TV, 987 Millionen Dollar an Bernie Ecclestone, macht zusammen 1,537 Milliarden Dollar, zum damaligen Umrechnungskurs etwa 3,4 Milliarden Mark. Dafür gehören ihm nun 77 Prozent an der Firma Speed, der wiederum 75 Prozent der Formel-1-Holding SLEC gehören – durchgerechnet ergibt sich für ihn also ein Anteil von 57,75 Prozent an der Formel 1.

Ob die Mehrheit am Rennzirkus für die Kirch-Gruppe so viel Geld wert ist, muss sich erst noch zeigen. In der EM.TV-Bilanz jedenfalls wird zum Stichtag 31.12.2000 die komplette Firma Speed, also 50 Prozent der Formel 1, nur noch mit rund 1,8 Milliarden Mark bewertet. Man habe den Ertragswert der Formel 1 neu berechnet, begründete der damalige Finanzvorstand Rolf Rickmeyer im Mai 2001 diese Abwertung. Würde Kirch nach der gleichen Methode rechnen wie die EM.TV-Bilanz, wäre seine Speed-Beteiligung, also 57,75 Prozent der Formel 1, nur knapp 2,1 Milliarden Mark wert. Er hätte also 1,3 Milliarden Mark zu viel gezahlt.

Vielleicht ist der EM.TV-Ansatz zu pessimistisch, vielleicht der Kirch-Ansatz zu optimistisch, vielleicht liegt die Wahrheit irgendwo in der Mitte. Sicher aber ist, dass für die Kirch-Gruppe, anders als für EM.TV, die Formel-1-Beteiligung einen erheblichen strategischen Wert hat. Die Formel 1 ist zur Zeit die heißeste Ware, die es auf dem Fernsehmarkt gibt. Kein anderes Event ist in der Lage, so viele Menschen in so vielen Ländern gleichzeitig zu erreichen. Und Kirch kann dabei für sein Imperium ein paar gute Deals herausschlagen. Er muss ja gar nicht, wie von vielen befürchtet, die Formel 1 ins Pay-TV-Ghetto sperren – für den Anfang könnte schon reichen, die Free-TV-Übertragungen ein wenig abzuspecken: keine Bilder mehr von den Helmkameras zum Beispiel, und ein paar der Kameras an der Strecke und in der

Boxengasse liefern ihre Bilder exklusiv fürs Pay-TV. Oder er könnte dafür sorgen, dass ab 2003 die Formel 1 nicht mehr von RTL, sondern von Sat.1 übertragen wird. Oder er könnte allein schon durch seine Präsenz in der Formel-1-Holding den einen oder anderen TV-Boss dazu bewegen, auf ein besonders freundschaftliches Verhältnis zur Kirch-Gruppe zu achten. Oder oder oder.

Leo Kirch hat mit der Formel 1 eine teure Trumpfkarte gezogen. Er hat damit durchaus Chancen, das Spiel zu gewinnen – er darf sich allerdings nicht zu sehr mit Ecclestone verkrachen, und er muss aufpassen, sein Blatt nicht zu überreizen. Denn die Drohung der Autokonzerne, man könne ja auch die Formel 1 verlassen und eine eigene Rennserie gründen, war eindeutig an die Adresse Leo Kirchs gerichtet. Die globale Massenwirksamkeit dieses Spektakels macht es für die Marketingstrategen der Teams und der Sponsoren so attraktiv, eine Beschränkung aufs Pay-TV werden sie nicht mittragen.

Darüber hinaus gibt es noch ein paar andere Punkte, an denen Kirch indirekt mit EM.TV in Berührung kam oder kommt. So besteht das neue Management-Team von EM.TV fast durchgängig aus Kirch-Leuten: Vorstandschef Werner Klatten war lange genug bei Kirch, um zu wissen, wann man sich besser nicht mit dem Alten anlegen sollte; Rainer Hüther, seit März 2001 im EM.TV-Vorstand für Marketing und Werbung zuständig, kommt sogar direkt von der Kirch-Gruppe – dort war er zuletzt Vorstandssprecher der Kirch New Media. Und der neue Finanzvorstand Marius Schwarz, der zum 1. September 2001 sein Amt antrat, war zwar direkt davor für die Finanzen der Kinokette Cinemaxx verantwortlich, hat sich aber ebenfalls seine Sporen bei Kirch verdient: Der Diplomkaufmann arbeitete seit 1984 in den verschiedensten Positionen für die Kirch-Gruppe, unter anderem von 1995 bis 1998 als Geschäftsführer der Gruppe und danach als kaufmännischer Geschäftsführer bei Sat 1.

Bei einer solchen Besetzung braucht Leo Kirch gar keine Anteile an EM.TV zu erwerben – es ist auch so klar, dass dieses Unternehmen nichts tun wird, das ihm schaden könnte.

Auf eine weitere, etwas delikatere Beziehung zwischen Kirch und EM.TV weist der Börsenjournalist Sascha Magsamen hin. Er berichtet, dass ein Spezialfonds der Bayerischen Landesbank zeitweise mit 25 bis 30 Prozent des Fondsvermögens in EM.TV-Aktien und -Anleihen investiert war – und dass die in diesem Fonds angelegten Gelder wiederum zu 80 Prozent von der Kirch-Gruppe kämen. Natürlich liegt der Verdacht nahe, dass es sich dabei zumindest zum Teil um Aktien handeln könnte, die direkt Thomas Haffa abgekauft wurden: Kirch wäre ein nahe liegender „strategischer Investor", und Pakete in dieser Größenordnung wird Haffa kaum direkt über die Börse verkauft haben. Belege hierfür gibt es allerdings nicht.

Hingegen dürfte kein Zweifel daran bestehen, dass die an dieser Stelle aufgebaute Position an EM.TV-Aktien schon weit vor dem endgültigen Abschmieren des Aktienkurses wieder abgebaut wurde – und das wahrscheinlich mit Gewinn.

Während sich bei der Kirch-Gruppe noch nicht sagen lässt, ob sie am Ende als Gewinner oder als Verlierer aus der EM.TV-Story hervorgehen wird (weil völlig unklar ist, ob sich das Investment in die Formel 1 auszahlen wird), sind für die übrigen Unternehmen bzw. Personen, die an den großen Deals von EM.TV beteiligt waren, alle Messen gesungen. Und mit einer Ausnahme haben sie alle fett vom Kaufrausch der Haffas profitiert.

Den größten Reibach machte einer, der nie direkt Geld oder Aktien von EM.TV bekommen hat: Bernie Ecclestone. In der Reihenfolge verkaufte er

- 12,5 % der Formel-1-Anteile im September 1999 an die

Morgan Grenfell Private Equity für 325 Millionen Dollar,
- 37,5 % der Anteile im Februar 2000 an Hellman & Friedman für 712,5 Millionen Dollar, und
- 25 % der Anteile im März 2001 an die (zu diesem Zeitpunkt faktisch schon von der Kirch-Gruppe dominierte) Speed-Holding für 987 Millionen Dollar.

Das macht zusammengenommen offizielle Erlöse von 2,024 Milliarden Dollar für 75 % der Formel-1-Holding SLEC. Wir können aber getrost davon ausgehen, dass noch ein bisschen mehr für Ecclestone herausgesprungen ist. Denn der Kaufpreis, den Hellman & Friedman bezahlt haben, ist verdächtig niedrig: Aus dem Morgan-Grenfell-Verkauf ergibt sich, rein rechnerisch, eine Gesamtbewertung der SLEC von 2,6 Milliarden Dollar und aus dem Verkauf an Speed gar eine von 3,9 Milliarden Dollar – aber aus dem Verkauf an Hellman & Friedman nur eine von 1,9 Milliarden Dollar!

Nun kommt es ja durchaus vor, dass ein und dasselbe Unternehmen zu unterschiedlichen Zeiten unterschiedlich viel kosten kann (was viele EM.TV-Aktionäre zu ihrem Leidwesen erfahren haben). Aber warum sollte gerade auf dem Höhepunkt der Aktien-Euphorie der Preis am niedrigsten sein? Und warum sollte ausgerechnet ein Käufer so gut dabei wegkommen, von dem damals schon klar war, dass er nur sehr kurzzeitig die Anteile halten würde, um sie, mit ordentlichem Aufschlag in Form von EM.TV-Aktien, so schnell wie möglich an die Haffas weiterzuverkaufen? Bernie Ecclestone ist nun gar nicht der Typ, der einem Zwischenhändler leichten Herzens einen Profit von mehreren Dutzend Prozent in ein paar Wochen gönnt. Eine ordentliche Provision, vielleicht die Hälfte des von Hellman & Friedman erzielten Profits, wird er sich schon ausbedungen haben.

Und dieser Profit war in der Tat außerordentlich: Bis Anfang Oktober 2000 hatten Hellman & Friedman alle ihre

EM.TV-Aktien verkauft – Marktteilnehmer gehen davon aus, dass sie dabei einen Durchschnittspreis von etwa 60 Euro je Aktie erzielt haben. Da ja nicht 10 Millionen, sondern 12,58 Millionen Aktien von EM.TV insgesamt gezahlt wurden, dürfte das H&F-Paket nicht aus 5,5 Millionen, sondern aus knapp 7,2 Millionen Aktien bestanden haben. Das Ergebnis wäre ein Profit von 841 Millionen Mark, umgerechnet etwa 400 Millionen Dollar. Werden hiervon vermutete 50 % Provision für Ecclestone abgezogen, kommen Hellman & Friedman auf einen Gewinn aus dem Formel-1-Deal von 200 Millionen Dollar, und Ecclestone auf einen Gesamterlös von etwa 2,2 Milliarden Dollar.

Ein weit schlechteres Geschäft hat der letzte noch verbleibende Beteiligte am Formel-1-Deal gemacht: die Morgan Grenfell Private Equity. Die Londoner Wagniskapital-Tochter der Deutschen Bank hatte 325 Millionen Dollar in bar an Ecclestone gezahlt und dafür von EM.TV etwa 5,4 Millionen Aktien bekommen. Beim damaligen Stand von Aktie und Euro waren diese Aktien umgerechnet 450 Millionen Dollar wert, auf dem Papier ergab sich also ein Profit von knapp 40 Prozent. Anders als Hellman & Friedman haben sich die Verantwortlichen bei Morgan Grenfell mit dem Weiterverkauf ihres Aktienpakets allerdings Zeit gelassen – zu viel Zeit. Im Dezember 2000, als die Aktie die 10-Euro-Marke nach unten durchbrochen hatte, saß Morgan Grenfell immer noch auf dem größten Teil der damals erhaltenen EM.TV-Aktien: 325 Millionen Dollar Bargeld hatten sich dadurch in vielleicht noch 30 Millionen Dollar Papiergeld verwandelt.

Sicherlich ist Morgan Grenfell Private Equity als wohl einziger der Big Player mit einem Verlust aus dem Abenteuer EM.TV hervorgegangen. Dass er allerdings tatsächlich so hoch war, wird in Börsianerkreisen bezweifelt. Im ersten Halbjahr 2000, so die Beobachtung, hätte sich die Zahl der EM.TV-Aktien in den Beständen einiger DWS-Fonds erstaunlich stark erhöht. Da die DWS die Fondstochter der Deutschen Bank ist, liege es nahe, dass Morgan Grenfell eine größere Zahl seiner Aktien auf die DWS-Fonds umplatziert habe. Damit wiederum würde ein Teil des Verlustes aus dem Formel-1-Deal nicht mehr bei Morgan Grenfell anfallen, sondern bei den Fonds – und damit wiederum bei den Kleinanlegern.

In jedem Fall besser als die Töchter der Deutschen Bank haben die Söhne und Töchter Jim Hensons bei ihrem Deal mit EM.TV abgeschnitten. 340 Millionen Dollar in bar, plus 6,2 Millionen Aktien, von denen 900.000 schon vor dem Kurseinbruch Anfang Oktober verkauft worden waren und der Rest so schnell wie möglich danach losgeschlagen wurde. Nehmen wir für die erste Tranche einen Kurs von 60 Euro an und für das restliche Paket einen von 30 Euro, haben die Hensons für ihre Aktien insgesamt etwa 210 Millionen Euro, also etwa 190 Millionen Dollar erhalten. In der Endabrechnung ergibt sich damit für den Verkauf der Jim Henson Company ein Erlös von 530 Millionen Dollar. Das ist zwar weit weniger als die ursprünglich verkündeten 680 Millionen Dollar, aber es ist immer noch weit mehr, als sie von irgendjemand anderem für ihre Firma hätten bekommen können.

Das lässt sich auch für Herbert Kloiber sagen. 800 Millionen Mark hat ihm EM.TV für 45 Prozent der Tele München Gruppe gezahlt, 137 Millionen Mark flossen als anteiliger Erlös aus dem Verkauf der Beteiligung am Fernsehsender tm3 an die Haffa-Firma zurück. Seit dem Schulterschluss mit Kirch im Dezember 2000 versucht EM.TV, die Beteiligung am Unternehmen des Kirch-Konkurrenten Kloiber wieder loszuwerden – wird aber mit ziemlicher Sicherheit keine 660 Millionen Mark dafür bekommen: Die Schätzungen für einen möglichen Verkaufserlös schwanken zwischen 250 und 600 Millionen Mark.

Finanziell hat Kloiber also ein Schnäppchen gemacht, strategisch sieht es nicht ganz so gut für ihn aus: Die Kooperation mit EM.TV sollte dazu beitragen, TMG zur dritten Kraft zwischen Kirch und Bertelsmann zu machen. Dieser Versuch ist gescheitert. In der jetzigen Konstellation ist TMG zu klein, um auf Dauer zwischen den beiden großen Playern im deutschen TV-Markt bestehen zu können. Gut möglich, dass Kloiber gar nichts anderes übrig bleibt, als sich zukünftig an Bertelsmann anzulehnen. Sollte Bertelsmann von EM.TV die TMG-Anteile übernehmen, was in Branchenkreisen als die plausibelste Lösung gilt, wäre diese Anlehnung praktisch vollzogen.

Wer bleibt noch? Die Fonds-Manager, die in der Anfangszeit den sagenhaften Aufstieg der EM.TV-Aktie erst möglich gemacht hatten. Kurt Ochner und Marian von Korff haben rechtzeitig Kasse gemacht: Zwischen April und Juni 2000 bauten sowohl Ochner als auch von Korff den größten Teil ihrer EM.TV-Bestände ab und realisierten damit für ihre Anleger ein paar hundert Prozent Gewinn – und Marian von Korff dürfte für sich privat ein paar tausend Prozent Gewinn eingestrichen haben. Der dritte im Bunde, der Adig-Fondsmanager Kerstan von Schlotheim, der erst später im Jahr 1998 in EM.TV eingestiegen war, verpasste den richtigen Ausstiegszeitpunkt und machte den Absturz der EM.TV-Aktie fast zur Gänze mit.

Doch nicht bei allen Aktien, mit denen Ochner und von Korff ihr Spielchen trieben, ging die Rechnung so gut auf wie bei EM.TV. Bei buecher.de, Biodata und MWG Biotech beispielweise gelang es zwar auch, den Kurs hochzuziehen, doch es fanden sich nicht viele Kleinanleger, die den Gurus in der Nähe der Höchstkurse ihre Bestände wieder abgenommen hätten. Und so wie die Fonds-Zocker vom Aufstieg des Neuen Marktes überproportional profitiert hatten, traf sie auch der Absturz dieses Börsensegments extrem hart: Wenn keiner mehr Neue-Markt-Aktien kaufen will, sitzen Fonds wie der Ochner-Fonds Julius Bär Special oder der Korff-Fonds VMR Strategie Quadrat auf Bergen hochgejubelter Aktien und kommen nicht mehr davon herunter.

Ende März 2001 zog das Bankhaus Julius Bär schließlich die Konsequenz: Kurt Ochner wurde abgelöst, sein Nachfolger verkündete einen Wandel der Anlagestrategie – und die gerade aktuellen Ochner-Favoriten wie Biodata und Caatoosee stürzten ins Bodenlose.

Marian von Korff dagegen ist immer noch bei VMR Strategie Quadrat engagiert. Allerdings lässt der Erfolg des einstmals so gefeierten Aktienprofis stark zu wünschen übrig: War im März 2000 ein Anteil dieses Korff-Fonds noch bis zu 5400 Euro wert, sackte er bis zum Sommer 2001 auf weniger als 700 Euro ab.

Noch ein paar Profiteure gefällig? Bei den vielen kleinen Deals und Kooperationen, die EM.TV regelmäßig vermeldete, allein schon, um die Aktionäre bei Laune zu halten, möchte man nach den Erfahrungen mit den vier großen Deals die Angemessenheit der gezahlten Preise lieber nicht so genau nachrechnen. Als größter der kleinen Deals wäre noch der Einstieg bei Constantin im September 1999 zu nennen: Hier zahlte EM.TV 125 Millionen Mark, bekam durch den Börsengang aber 22 Millionen wieder zurück, bleiben netto 103 Millionen. Dafür gehören EM.TV knapp 17 Prozent an der Constantin Film AG. Die ganze Firma bringt es heute auf eine Marktkapitalisierung von mal etwas mehr, mal etwas weniger als 100 Millionen Euro, der EM.TV-Anteil ist also zur Zeit 30 bis 35 Millionen Mark wert, also etwa ein Drittel dessen, was EM.TV seinerzeit netto gezahlt hatte.

Und dann, natürlich, die Banken. Jedes Mal, wenn EM.TV neue Papierwährungen auf den Markt brachte, ob als Kapitalerhöhung oder als Wandelanleihe, machten die im Konsortium befindlichen Banken ihren Schnitt. Die WestLB, die in der Aufstiegszeit quasi als Haus-Investmentbank fungierte, konnte mit der Erfolgsstory EM.TV Kunden für ihr IPO-Geschäft werben, Merrill Lynch, die ab der ersten Kapitalerhöhung mit dabei waren, konnten ihr Standing auf dem deutschen Markt deutlich verbessern, ja, die ganze Branche machte geradezu einen Quantensprung: Erst der Siegeszug des Neuen Marktes ab Anfang 1998 machte in Deutschland Branchen wie das Investmentbanking sowie Berufe wie Analyst, Fondsmanager oder Broker populär – und der raketengleiche Aufstieg der Haffa-Firma war eine der Hauptursachen dafür, dass viele bis dato börsenunerfahrene Anleger begannen, in „Wachstumswerten" zu spekulieren.

Und dazu kommt dann noch das ganz reguläre Kleinzeug-Geschäft der Banken, wie Depoteröffnungen und die Provisionen für den Kauf und Verkauf von Aktien. Nehmen wir einmal als Durchschnitt über alle Transaktionen in EM.TV-Aktien eine Provision von 0,2 Prozent des jeweiligen Kurswertes an, so kommt allein für die seit dem Börsengang in Frankfurt sowie über das Xetra-System gehandelten Aktien eine Gesamt-Provision von 154,4 Millionen Mark zusammen. Wobei es sich hier, wohlgemerkt, nicht um den Gewinn handelt, den die Banken durch den EM.TV-Handel gemacht haben, sondern um den Umsatz.

Die Milliardenverluste der Kleinanleger

Wenn (fast) alle Profis ihre Schäfchen rechtzeitig ins Trockene gebracht haben: Wer hat dann die Rechnung gezahlt? Richtig, die Kleinanleger. Aber während jeder Einzelne, der einmal EM.TV-Aktien besessen hatte, sich auf den Cent genau ausrechnen kann, was ihn dieses Abenteuer gekostet hat, gibt es keine Möglichkeit, eine komplette und korrekte Gesamtrechnung aufzumachen, wieviel denn all die draufgezahlt haben, die sich von der Begeisterung für die Klitsche aus Unterföhring mitreißen ließen. Aber eine Schätzung zumindest ist möglich.

Die übliche, weil einfache Methode, Gewinne und Verluste an der Börse zu berechnen, geht so: Man nehme die Marktkapitalisierung der EM.TV-Aktie bei ihrem absoluten Höchststand, ziehe davon den aktuellen Börsenwert ab, und die Differenz ist die Menge des durch EM.TV vernichteten Kapitals.

Der Höchststand war am 14. Februar 2000 mit einer Marktkapitalisierung von 13.800.860.000 Euro erreicht, am 20. August 2001 waren noch 388.420.000 Euro übrig, macht also eine Kapitalvernichtung von 13.412.440.000 Euro, umgerechnet also 26,2 Milliarden Mark.

Diese Rechnung hat zwei Vorteile: Sie ist einfach zu machen und das Ergebnis ist plakativ, weil eine sehr hohe Zahl dabei herauskommt. Sie hat allerdings den gravierenden Nachteil, dass sie mit den tatsächlichen Verlusten der Kleinanleger nichts zu tun hat. Dafür gibt es vor allem zwei Gründe.

Der erste: In der Marktkapitalisierung sind nicht nur Aktien der Kleinaktionäre, sondern auch die der Großaktionäre enthalten. Auch deren Aktienpakete haben natürlich durch den Kurssturz an Wert verloren, aber bei der Rechnung, die hier aufgemacht werden soll, geht es ja nicht um die Verluste der Gebrüder Haffa, sondern um die der anderen Aktionäre. Im Februar 2000 hielten die Haffas etwa 53 Prozent aller EM.TV-Aktien, im August 2001 entfielen auf sie noch etwa 43 Prozent (inklusive des Klatten-Pakets). Berechnet man nur den Börsenwert des jeweiligen Streubesitzes, so lag dieser am 14. Februar 2000 bei etwa 6,5 Milliarden Euro und am 20. August 2001 bei etwa 220 Millionen Euro. Daraus ergäbe sich eine Kapitalvernichtung bei den Kleinanlegern von etwa 12,3 Milliarden Mark.

Aber auch diese, schon realistischere Zahl, übertreibt den

tatsächlichen Schaden bei weitem. Denn all die Anleger, deren EM.TV-Aktien am 14. Februar 2000 zusammengenommen 12,8 Milliarden Mark wert waren, hatten ja für den Kauf ihrer Aktien weit weniger als 12,8 Milliarden Mark gezahlt. Nehmen wir den (wahrscheinlich nur in der Theorie existierenden) Kleinaktionär der ersten Stunde, der beim Börsengang 100 Aktien für 3.400 Mark gekauft hatte und sie bis heute gehalten hat: Am 14. Februar 2000 waren seine inzwischen 5000 EM.TV-Aktien 1.129.491,80 Mark wert, am 21. August 2001 dann nur noch 25.132,41 Mark. Einem solchen Aktionär ist natürlich kein Schaden in Millionenhöhe entstanden (auch wenn ihm das bestimmt so vorkommt), er verzeichnet zum Stichtag 21. August ganz im Gegenteil einen Gewinn von 21.732,41 Mark.

Ein anderes, sicherlich weit häufigeres Beispiel: Wer die zweite Chance genutzt hatte, und sich bei der Kapitalerhöhung Ende 1999 für 4.500 Euro, also etwa 8.800 Mark, 100 EM.TV-Aktien ins Depot gelegt hatte, hätte am 14. Februar 2000 mit einem Gewinn von 13.788,60 Mark aussteigen können. Wer den Ausstieg verpasste, saß am 21. August 2001 auf einem rechnerischen Verlust von 8.300 Mark.

Den tatsächlichen Gewinn oder Verlust, den ein Aktionär beim Kauf einer Aktie gemacht hat, kann er erst dann beziffern, wenn er die Aktie wieder verkauft hat. Und da es keinerlei Statistik gibt, auch gar nicht geben kann, aus denen sich die Ein- und Ausstiegszeitpunkte der Aktionäre herauslesen ließen, ist es schlicht nicht möglich, auch nur annähernd zu schätzen, wieviele Aktionäre mit wieviel Gewinn oder Verlust bei EM.TV engagiert waren.

Um den Schaden, der den Kleinanlegern durch EM.TV zugefügt wurde, halbwegs realistisch zu beziffern, führt ein anderer Weg zu einer plausiblen Größenordnung. Dieser Weg orientiert sich an dem zynischen Trost für Börsenverlierer – Ihr Geld ist nicht weg, es gehört jetzt nur jemand anderem.

Bei einer Aktie wie EM.TV, die (fast) bei Null begann und nun wieder nicht weit von Null entfernt angekommen ist, müssen sich schon rein rechnerisch alle Gewinne und Verluste gegenseitig aufheben. Für jede Mark, die der eine an EM.TV verdient hat, muss es einen anderen geben, der diese Mark gezahlt hat.

Jetzt ziehen wir aus dem großen Kreis all jener, die in EM.TV engagiert waren, den kleinen Kreis der großen Profiteure heraus. Das sind die Insider, wie Marian von Korff, wie die Haffas, wie Freunde, Bekannte und Mitarbeiter, die rechtzeitig vor dem Absturz einen guten Teil ihrer Kursgewinne in echtes Geld eingewechselt haben. Und das sind die Beteiligten der großen Deals, die in bar und/oder in Aktien bezahlt wurden. Auch sie haben Geld aus EM.TV herausgezogen, und auch dieses Geld muss ja jemand gezahlt haben; und da sonst kein anderer gezahlt hat, werden das ja wohl die Anleger gewesen sein. Die Summe dessen, was an Insider und Deal-Profiteure geflossen ist, muss also in etwa dem entsprechen, was die Kleinaktionäre draufgezahlt haben.

Zusammengezählt ergibt sich folgendes Bild:

Aktienverkäufe der Haffas (ohne den Verkauf an Klatten)	ca. 500 Millionen Mark
Aktienverkäufe anderer Insider	ca. 500 Millionen Mark
Einnahmen der Hensons	ca. 1100 Millionen Mark
Ausgaben für Junior TV	500 Millionen Mark
Ausgaben für Tele München Gruppe (netto)	660 Millionen Mark

Ausgaben für Constantin AG (netto)	100 Millionen Mark
Bargeld für Formel 1 (netto)	ca. 330 Millionen Mark
Aktienverkäufe Hellman & Friedman	ca. 840 Millionen Mark
Provisionen der Banken	ca. 250 Millionen Mark
Gesamteinnahmen der Profiteure	ca. 4,8 Milliarden Mark

Um den Schaden zu berechnen, muss von dieser Summe noch der Zeitwert der aktuellen EM.TV-Beteiligungen abgezogen werden, schließlich hat Thomas Haffa bei seiner Einkaufstour auch immer Substanzwerte erworben. Die Telebörse schätzte Anfang August 2001 den gesamten Wert aller EM.TV-Beteiligungen auf etwa 1,6 Milliarden Mark. Damit ergibt sich ein Gesamtverlust der Kleinaktionäre aus dem Abenteuer EM.TV in Höhe von etwa 3,2 Milliarden Mark. Es können ein paar hundert Millionen weniger sein, es kann auch eine Milliarde mehr sein – insbesondere beim Posten „Aktienverkäufe anderer Insider“ kann naturgemäß nur eine sehr vage Schätzung abgegeben werden.

Würde man all die Verluste zusammenzählen, die Anleger beim Handel mit EM.TV-Aktien gemacht haben (was man aufgrund fehlender Datenbasis nur schätzungsweise tun kann), käme mit Sicherheit eine weit größere Verlust-Summe zusammen als die eben errechneten 3,2 Milliarden Mark. Aber diese Addition der Verluste wäre wiederum unfair, da sie nicht berücksichtigt, dass den vielen Verlierern auch Kleinaktionäre gegenüber stehen, die mit EM.TV Gewinne gemacht haben.

Doch ein Löwenanteil der mit EM.TV gemachten Gewinne

ist eben nicht von normalen EM.TV-Aktionären gemacht worden, sondern von einem kleinen Personenkreis: den Haffas, sonstigen Insidern und den an den großen Deals Beteiligten. Und nur eine Institution aus diesem Kreis, die Morgan Grenfell Private Equity, musste aus ihrem Deal mit EM.TV einen Verlust verbuchen. Ansonsten zahlte den Preis für die Profite im kleinen Kreis – der große Kreis der übrigen Beteiligten.

11
Von Haffa lernen

Es gibt nichts Schlechtes, aus dem am Ende
nicht doch irgendetwas Gutes kommt.
Arabisches Sprichwort

Auf dem Höhepunkt seines Ruhms, im Frühjahr 2000, war Thomas Haffa davon überzeugt, dass er für die Deutschen ein hervorragendes Vorbild abgebe – dass an seinem Wesen das trübselige und neidische Teutonenvolk genesen könne, dem er zwar dem Pass, aber nicht der Lebensauffassung nach angehörte: „Wenn ich einen gesehen habe, der es geschafft hatte, dann habe ich dem das erstens gegönnt und mich dann zweitens gefragt: Was muss ich tun, um da hinzukommen, wo der ist?“, sagte er der Süddeutschen Zeitung im März 2000. Auf diese Weise hatte er es geschafft, ganz noch oben zu kommen, und jetzt wünschte er sich, dass die Deutschen ihm das erstens gönnen und ihm zweitens nach Kräften nacheifern sollten.

Aber die taten es nicht: „Erfolg ist in Deutschland dubios, das heißt: er bietet Anlass für Zweifel. Wenn Sie hier Erfolg haben, glaubt jeder, Sie haben jemanden bestohlen oder sonst ein Ding gedreht. In Amerika freut sich jeder mit Ihnen, wenn Ihre Aktien steigen. Es geht nicht, dass man sich für eine Success Story, von der das ganze Land profitiert, auch noch entschuldigen soll.“ Insbesondere die Einstellung der Deutschen zum Unternehmertum müsse sich dringend ändern. „Als ich jung war, hieß es immer, selbstständig zu sein, sei nicht gut. Sogar von Freunden, deren Eltern selbst Unternehmer waren, hörte ich das“, sagte Haffa im August 2000 der Financial Times Deutschland.

Inzwischen sei der Weg in die Selbstständigkeit zwar leichter, aber bis zur erstrebten Unternehmerfreundlichkeit sei es noch weit: „In diesem Land muss sich vieles ändern. Was wir hier brauchen, sind nicht Fördermittel, sondern Motivation, Anerkennung, Respekt. Das hab ich auch neulich Ministerpräsident Stoiber gesagt." Die bekanntlich kurzen Wege zwischen bayerischer Politik, bayerischer Wirtschaft und bayerischen Medien brachten Thomas Haffa schließlich doch noch die gebührende Anerkennung: Am 7. Dezember 2000, seine Aktie hatte gerade die 90-Prozent-Verlustmarke übersprungen, setzte die Zeitschrift Bunte Thomas Haffa in der Rangliste der erotischsten Männer Deutschlands auf Platz 5 – nur Boris Becker, Campino, Michel Friedman und Rudi Assauer rangierten noch vor ihm.

Nun, da sich der Ruhm in Schande verwandelt hat, wird nicht nur diese Platzierung nicht mehr zu halten sein. Jetzt stellt sich heraus, dass Thomas Haffa zwar in der Tat eine herausragende Rolle bei der Veränderung der Einstellung der Deutschen zu Börse, Unternehmertum und Geldverdienen gespielt hat – allerdings eine ganz andere, als er sie sich vorgenommen hatte:

- Die Metamorphose des Neuen Marktes von der Goldgrube zum Misthaufen (für die EM.TV das teuerste Beispiel war) hat auf Jahre hinaus die Bereitschaft der Deutschen zerstört, über die Börse Kapital für die Wachstumsfinanzierung junger Unternehmen bereitzustellen.
- Da es praktisch zum Ding der Unmöglichkeit geworden ist, neue Unternehmen an den Neuen Markt zu bringen, wird der gerade erst begonnene Aufbau der Venture-Capital-Szene in Deutschland abrupt gestoppt. Denn ohne die Möglichkeit, die anfänglichen Investitionen durch einen Börsengang wieder hereinzuholen, wird gar nicht erst investiert.

- Das alte deutsche Grundmisstrauen, dass der besonders Erfolgreiche seinen Erfolg womöglich Betrug und Ausbeutung verdankt, wurde durch die EM.TV-Story wieder einmal aufs Prächtigste bestätigt.
- Der ähnlich traditionelle Argwohn gegenüber all denen, die ihren Reichtum besonders ungeniert zur Schau stellen, hat sich an Thomas Haffa ebenfalls bewahrheitet.

Thomas Haffa wollte durch sein Erfolgsbeispiel den Wirtschaftsstandort Deutschland voranbringen. Hat nun sein Misserfolgsbeispiel den Standort Deutschland zurückgeworfen? Die Antwort „Ja“ liegt nahe. Sie könnte sich dennoch als falsch erweisen. Ob oder ob nicht, liegt an uns – wollen wir die Verluste, die er uns zugefügt hat, einfach komplett abschreiben, oder sollten wir nicht zumindest versuchen, sie als Lehrgeld, als Investition in die Zukunft anzusehen? Dann könnte sich am Ende die Story von Aufstieg und Fall des Thomas Haffa als geradezu segensreich auswirken.

Aktie ist nicht gleich Aktie

Langfristig schneidet die Investition in Aktien besser ab als jede andere Form der Geldanlage. Wir alle haben diese Aussage oft gehört, haben die dazu passenden Statistiken und Charts gesehen, die Vergleiche von Durchschnittsrenditen und die schönen Rechnungen, wie wenig Geld man Monat für Monat sparen muss, um bei 15 Prozent Rendite pro Jahr nach 30 Jahren Millionär zu sein. Beim Blick auf die meist eher negative Rendite der eigenen Investments drängt sich vielen die Vermutung auf, dass Aktien wie EM.TV damit wohl nicht gemeint waren.

Waren sie ja auch nicht.

Unternehmen wie EM.TV, Intershop, Qiagen oder gar Matchnet, Ejay, Metabox hatten bis 1997 in Deutschland gar keine Chance, an die Börse zu gehen. Wer in den Amtlichen Handel aufgenommen werden wollte, musste nachweisen, dass er die drei Geschäftsjahre zuvor mit Gewinn abgeschlossen hatte. Auf diese Weise wurde quasi eine Vorsortierung vorgenommen: Von allen deutschen Unternehmen kamen nur diejenigen für einen Börsengang infrage, die bereits erwachsen waren und noch dazu profitabel arbeiteten. Damit war im Grunde gewährleistet, dass die börsennotierten Unternehmen tendenziell besser abschneiden als die Gesamtheit aller deutschen Unternehmen – mit den entsprechenden positiven Auswirkungen auf die Rendite.

Für diesen Markt der reifen, erwachsenen Unternehmen funktioniert auch das gesamte Instrumentarium der Kapitalmärkte: Sowohl die Branchen als auch die einzelnen Unternehmen werden zum Teil seit Jahrzehnten beobachtet – und das nicht nur von ein paar Analysten und Tippgebern, sondern über die gesamte Breite des Marktes hinweg. Bei Unternehmen wie Daimler-Chrysler oder der Deutschen Bank gibt es eine beachtliche, über Jahrzehnte gewachsene Substanz – die Börsenbewertung ist in erster Linie Ausdruck der am Markt herrschenden Ansicht, was der Konzern mit seiner Substanz anstellen kann. Ein Analyst, der sich mit seinen Prognosen zu weit aus dem Fenster lehnt, wird schlicht ausgelacht, ein Vorstandschef, der das Blaue vom Himmel herunter verspricht, wird von der Börse eher gestraft als gestreichelt, und wenn sich viele Marktteilnehmer doch darauf einlassen, mit einem Konzern in dessen Luftschloss zu ziehen, brechen Hedge-Fonds und Spekulanten mit Leerverkäufen der Aufwärtsbewegung die Spitze ab und holen Aktie und Aktionäre auf den Boden der Realität herunter. Funktionierende Unternehmen treffen auf funktionierende Finanzmärkte. So war das an der Börse.

Dann kam der Neue Markt, und obwohl auch hier nichts weiter ablief als der Handel mit Aktien vieler Unternehmen, waren die Grundvoraussetzungen doch gänzlich anders – denn die meisten dieser Firmen waren keine Erwachsenen, sondern Kinder. Und so wie es bei den Menschen gilt, dass Kinder keine jungen Erwachsenen sind (auch wenn sie jahrhundertelang als solche behandelt wurden), so gilt das auch bei den Unternehmen. Erwachsene, sowohl Menschen als auch Unternehmen, haben ihren Platz in der Welt gefunden, kennen ihre Stärken und Schwächen; es hängt von ihnen selbst und vor ihrem Umfeld ab, ob sie viel oder wenig aus sich machen. Wer sich hier einkauft, weiß also in etwa, was er für sein Geld bekommt und was er darüber hinaus erwarten kann.

Kinder hingegen müssen erst noch etwas werden. Ihre Zukunft ist, im positiven wie im negativen Sinn, völlig offen – und je kleiner sie sind, desto offener. Sie mögen zwar ihre Eltern emotional und psychisch bereichern, aber ob sich die Investitionen in den Nachwuchs auch auszuzahlen werden?

Ganz ähnlich die Situation bei Firmen wie EM.TV, Intershop, Brokat oder Qiagen. Wer in sie investiert, zahlt nicht so sehr dafür, dass sie mehr aus dem machen, was sie sind, sondern dafür, dass sie etwas ganz anderes werden als das, was sie sind. Und je weiter der Weg bis zum Erwachsenen, desto größer die Unsicherheit, desto größer die Chancen aber auch die Risiken.

Es ist richtig, angemessen und die Dynamik einer Volkswirtschaft fördernd, wenn auch für junge Unternehmen die Möglichkeit geschaffen wird, an der Börse Kapital für die Wachstumsfinanzierung aufzunehmen. Der Neue Markt hätte hier die Rolle eines Talentschuppens der deutschen Wirtschaft spielen können. Doch er wurde ihre Krabbelgruppe. Viele der Unternehmen, die in den vergangenen vier Jahren aufs Börsenparkett gehievt wurden, „wären besser in einer Art beschützter Werkstatt von Existenzgründerzentren aufgehoben", so Telebörse-Chefredakteur Roland Tichy. Man kann sie zwar auch an der Börse spielen lassen, aber dann bitte mit Laufstall, Wickeltisch und ständiger Aufsicht erfahrener Kindergärtnerinnen. Dann dürfen die stolzen Eltern gerne davon träumen, dass ihr Sprössling der nächste Michael Schumacher wird, weil er sich als schnellster seiner Klasse entpuppt. Wenn den Börsianern mitgeteilt werden müsste, dass es sich um ein Wettrennen mit Rutscheautos handelte, würden sie wohl nicht gleich das Geld für einen richtigen Ferrari vorschießen, sondern nur das für ein Tretauto.

Die Deutsche Börse hat gerade erst damit begonnen, besonders missratene Kinder aus der Krabbelgruppe Neuer Markt hinauszuwerfen. Damit stimmt zumindest die Richtung, in die sich dieses Börsensegment bewegt. Obwohl die Kapriolen der Jahrtausendwende viel Vertrauen zerstört haben: Das Potenzial, das in einem funktionierenden Kapitalmarkt für Wachstumsunternehmen steckt, kann sich in den kommenden Jahren durchaus entfalten.

Rendite allein genügt nicht

Eine „gigantische Luftnummer" warf die Focus-Redaktion dem Spiegel vor, als der im Juni 2000 das Börsenteam der Münchner Kontrahenten attackierte. Focus rechtfertigte sich mit dem denkwürdigen Argument: „Die Focus-Börsentipps waren gut. Wer die empfohlenen Aktien kaufte, konnte viel Geld verdienen." Die drei Aktien, mit deren Performance sich Focus dabei brüstete, hießen EM.TV, CE Consumer Electronic und U.C.A.

Seither sah die Entwicklung etwas anders aus. Alle drei „vom Spiegel attackierten Erfolgswerte" haben in den 15 Monaten seither mehr als 90 Prozent an Wert verloren. Und vielleicht dämmert es so langsam auch Focus-Chef Helmut Markwort, dass die kurzfristige Rendite einer Aktienempfehlung noch lange kein Beweis für deren Qualität ist.

Insbesondere nicht bei der besonderen Kombination, die für Focus so typisch war: euphorische Kaufempfehlungen für extrem marktenge Werte. Bei einem als seriös geltenden Blatt mit wöchentlich drei Millionen Lesern wäre es sensationell gewesen, wenn solche Tipps ein Wertpapierchen wie U.C.A. nicht nach oben gezogen hätten. Solange das System funktioniert und alle daran verdienen, herrscht eitel Sonnenschein bei Anlegern und Chefredakteuren, und man lobt sich auch gern einmal selbst: „Der wesentliche Grund für die Qualität der Focus-Empfehlungen: die herausragende Marktkenntnis des Geldanlageteams – sowohl mit dem ehemaligen Redakteur Marian von Korff wie auch mit seinen Nachfolgern."

Doch wenn das System nicht mehr funktioniert (und bisher sind noch alle diese Spielchen irgendwann in sich zusammengesackt), ist der Schaden nicht nur für die Anleger, sondern auch für die betreffenden Medien um so größer. Der ursprünglich so hilfreiche Seriositäts-Bonus ist weg, die Empfehlungen bewegen nicht mehr die Märkte, sondern nur noch einen kleinen Zockerclub. Sowohl Focus (und später dann auch Focus Money) als auch die 3sat-Börse haben hier bitteres Lehrgeld bezahlt – der Leichtsinn der Schönwetterzeit kommt teuer zu stehen, wenn die Börsengewitter toben.

Die eingeschränkte Brauchbarkeit von Rendite-Ranglisten zeigt sich nicht nur bei der Performance einzelner Medien. Sie gilt genauso für die Performance einzelner Investmentfonds oder einzelner Aktien. Es gibt genügend Tricks, um sich zumindest kurzfristig seine Performance selbst zu basteln, wie Kurt Ochner immer wieder unter Beweis gestellt hat. Wer in einem Jahresvergleich der Renditen immer wieder auf Spitzenplätzen zu finden ist, muss deshalb noch lange nicht mit faulen Tricks arbeiten – der märchenhafte und jahrzehntelange Aufstieg der Microsoft-Aktie beispielsweise beruhte in erster Linie auf einem ebenso langen und märchenhaften, aber völlig berechtigten Aufstieg des zugehörigen Unternehmens. Aber anstelle des Pawlow'schen Branchenreflexes, jeden Performance-Sieger schallend zu bejubeln, müsste eigentlich ein ganz anderer Reflex einsetzen. Denn eigentlich müsste erst einmal die Recherche beginnen: Mit welchen Methoden hat der Sieger seine Performance erzielt? Welche speziellen Risiken nimmt er dafür in Kauf? Oder sollte er tatsächlich den Stein der Weisen gefunden haben und ohne Extra-Risiko dauerhafte Extra-Rendite erwirtschaften können?

Am Ende einer solchen Recherche stünde, leider, aber nicht zu ändern, die Erkenntnis, dass keiner außer Warren Buffett auf Dauer wesentlich besser abschneiden kann als der Gesamtmarkt, und dass jemand, der mit seiner Rendite weit, weit vor allen Konkurrenten liegt, mit irgendwelchen Tricks arbeitet. Und dann gebietet es die journalistische Sorgfaltspflicht, diese Tricks auch zu benennen. Nicht einmal, nicht zweimal, sondern jedes Mal. Wann immer die Financial Times Deutschland über den Verlag Gruner+Jahr oder dessen Mutterkonzern Bertelsmann berichtet, wird im Text erwähnt, dass diese mit 50 Prozent an der Financial Times Deutschland beteiligt sind. Und wann immer in irgendeinem Wirtschaftsmedium über die Performance von Kurt Ochner berichtet wurde, hätte dabeistehen müssen, dass seine Methode, große Stückzahlen von marktengen Werten aufzukaufen, unter Experten als umstritten gilt.

Langfristige Performance-Vergleiche sagen da schon viel mehr aus. Wer es über einen Zeitraum von fünf Jahren schafft, besser als der Markt abzuschneiden, ist entweder wirklich gut oder ganz besonders raffiniert, und beides ist ja ein Zeichen für Qualität. Aber „langfristig" ist natürlich immer auch langweilig, und wenn es nur langfristig orientierte Investoren gäbe, könnte keine Börse funktionieren. Die

Typen, die den Bullen bei den Hörnern packen, sind da natürlich spannender. Sie liefern die attraktiveren Geschichten, und manchmal auch die besseren – schließlich sind die Börsen der Marktplatz für die Zukunft, wer immer etwas Neues zu bieten hat, hat deshalb ein Interesse des Marktes verdient. Auch dem seriösesten Blatt muss es erlaubt sein, ein kleines Unternehmen mit nur wenigen Aktien zu „entdecken“, wenn die Geschichte dahinter stimmt.

Aber könnte das nächste Mal bitte irgendjemand prüfen, ob die Geschichte auch tatsächlich stimmt?

Deutschland wird nicht wie Amerika

Vom Schulabbrecher zum Milliardär, das war der Weg des Thomas Haffa. Und das war die Verwirklichung eines Traums – des American Dream. Deutsche Träume gehen anders. Da ist Arbeit nicht mit Reichtum verbunden, sondern bestenfalls mit Wohlstand: „Wohlstand für alle“, Ludwig Erhards Slogan für die soziale Marktwirtschaft, ist die bisher beste Beschreibung für den „German Dream“. Insofern ist es auch wieder typisch deutsch, dass der Neue Markt im Allgemeinen und EM.TV im Besonderen genau so lange wohl gelitten waren, wie sie die Illusion erwecken konnten, allen Beteiligten zu Wohlstand zu verhelfen. Seit sich herausgestellt hat, dass man auch arm werden kann, wenn man am Neuen Markt investiert, ist der Flirt der Deutschen mit dem Silicon-Valley-Feeling beendet.

Und ganz ehrlich, das ist auch gut so. Die Haffas, die Schambachs, die Neefs, die Lejeunes, sie waren die Protagonisten des Versuchs, eine in den USA erfolgreiche Wirtschaftsweise auf Deutschland zu übertragen. Mobil, flexibel, innovativ, unternehmerisch und geldgierig, so präsentierten sich die Vorbilder, und so sollten die anderen gefälligst auch werden.

Dabei war eine ähnliche volkspädagogische Attacke doch gerade glücklich abgewehrt worden. Vor gut zehn Jahren hatten Medien, Manager und Politiker versucht, der lahmenden deutschen Wirtschaft mit japanischen Rezepten das Laufen beizubringen. Arbeit, Arbeit, Arbeit, Identifikation mit der Firma, und Null-Fehler-Ethos, das waren die Faktoren, die zum unaufhaltsamen Aufstieg Japans zur Wirtschaftsweltmacht Nr. 1 geführt hatten; sie würden sicherlich auch hierzulande Früchte tragen. Inzwischen ist Japan in einer schier unendlichen Finanzkrise gefangen, von Weltmachtambitionen ist nichts mehr zu spüren, und die Deutschen können sich glücklich schätzen, dass sie damals so wenig auf die Ratschläge der Japan-Fans gegeben hatten.

Nun, Ende der 90er Jahre, sollte es hier werden wie in Amerika. Wäre dieser Versuch geglückt, hätte das zwar viele anfängliche Erfolge gezeitigt, am Ende aber die deutsche Wirtschaft – und die deutsche Gesellschaft – in die Krise gestürzt. Die Deutschen hätten sich damit auf den Weg gemacht, die zweitbesten Amerikaner der Welt zu werden – anstatt zu versuchen, die eigenen Stärken zu entwickeln und die besten Deutschen (oder eher: die besten Europäer) der Welt zu werden.

Der Vorreiter auf dem Weg zur Amerikanisierung der deutschen Wirtschaft war der Neue Markt. Thomas Haffa, der so gerne gehabt hätte, dass die Deutschen ihm sein Haus, sein Auto, sein Boot gönnten, formulierte diese Story in einem von ihm selbst verfassten Beitrag für die Frankfurter Allgemeine im März 2000: „Deutschland ist wieder auf dem Weg zum Gründerland, denn der Neue Markt puscht nachweislich das schlummernde unternehmerische Potenzial. Dabei ist es erfreulich, dass der Neue Markt gerade bei jungen Menschen den Unternehmergeist geweckt hat." Wie hip das Unternehmertum zwischenzeitlich geworden war, zeigte die Shell-Jugendstudie 2000. Danach erwogen 47 Prozent der deutschen Jugendlichen, nach der Ausbildung eine eigene Firma zu gründen. Bei den Gymnasiasten stieg dieser Anteil sogar auf 57 Prozent. Inzwischen dürfte der Prozentsatz der Unternehmerfreunde unter den Jugendlichen wieder stark zurückgegangen sein – zumindest das Drittel der damals Befragten, dass vor allem Unternehmer werden wollte, weil damit ein besonders geringes Risiko verbunden sei, dürfte sich doch für eine andere Karriere entschieden haben.

So faszinierend der Gedanke auch sein mag, jedes Jahr ein paar dutzend Prozent beim Umsatz, ein paar hundert Prozent beim Gewinn und ein paar tausend Prozent beim Börsenkurs zuzulegen – er passt nicht. Er passt vielleicht in Amerika, aber nicht in Deutschland; die Unternehmen, die ihn verkörperten, wirkten schon in ihrer Glanzzeit wie Fremdkörper. Wer mit ihren Aktien reich wurde, fühlte sich weniger wie ein cleverer Investor, sondern eher wie, ja: wie ein Lottogewinner.

Und der Traum vom ganz schnellen, ganz großen Geld, er passt jetzt auch definitiv nicht mehr in die Zeit. Die vergangenen Jahre erschienen wie ein neuer Goldrausch, eine gigantische Landnahme auf dem neuen Kontinent, den das Internet eröffnet hatte. „Der frühe Vogel frisst den Wurm", hieß das Motto. Doch da war gar kein neuer Kontinent, der erschlossen werden konnte. Eine neue Technologie, die die Wirtschaft revolutionieren würde, das ja – aber damit nimmt das Internet in der Wirtschaftsgeschichte nun wirklich keine Ausnahmestellung ein. Ähnlich revolutionär wie heute das Internet wirkten in früheren Epochen die Dampfmaschine, die Eisenbahn, die Elektrizität, das Automobil, der Tarifvertrag, das Telefon, der Container und der Computer. Sie alle veränderten die Rahmenbedingungen, unter den gewirtschaftet wurde, und sie alle führten im Laufe der Jahre zu einem grundlegenden Umbau der betroffenen Wirtschaftsstrukturen.

Und wenn es darum geht, wie man ein komplettes Wirtschaftssystem am besten und profitabelsten umbaut, kommt es eben nicht in erster Linie auf Schnelligkeit an, sondern mehr auf Ausdauer, Marktkenntnis, Kapitalkraft. Und den frühen Vogel – frisst die Katze.

Japanische Tugenden sind am besten geeignet, um erprobte Technologien für den Massenmarkt aufzubereiten – das wurde in den 80er Jahren gebraucht.

Amerikanische Tugenden sind am besten geeignet, um neuen Technologien zum Durchbruch zu verhelfen – das wurde in den 90er Jahren gebraucht.

Europäische Tugenden sind am besten geeignet, um neue Technologien nach ihrem Durchbruch in allen Branchen und in aller Welt zu verbreiten – und das wird jetzt gebraucht.

Und Unternehmer wie die Haffas? Die werden nur von denjenigen gebraucht werden, die weiterhin vom Lottogewinn träumen wollen. Ob dabei mit regulären oder mit manipulierten Losen gespielt wird, hängt von all den Institutionen ab, die im Fall EM.TV so kläglich versagt haben.

Der Teufelskreis der Mittelmäßigkeit

Frankfurt ist eine Provinzbörse. Und sowohl die Teilnehmer am Börsengeschehen als auch die Beobachter und Kontrolleure benehmen sich entsprechend. Das ist zwar einerseits durchaus verständlich: Was in Tarifverhandlungen oder am Kabinettstisch beschlossen wird, ist für die deutsche Wirtschaft allemal wichtiger als das Auf und Ab an der Börse. Deshalb zieht der Aktienmarkt eben nicht die besten Leute an, sondern nur die, die schnelles und leichtes Geld verdienen wollen (und sogar bereit sind, dafür nach Frankfurt zu ziehen). Andererseits entsteht gerade hierdurch ein Teufelskreis der Mittelmäßigkeit, bei dem am Ende jeder mit gezinkten Karten am Tisch sitzt und sich damit rechtfertigt, dass alle anderen es ja auch so machen.

Und leider stimmt das auch. Alle Institutionen, die sich in Deutschland mit dem Finanzmarkt beschäftigen, sind in einem jämmerlichen Zustand. Das betrifft die Investmentbanker, die für einen lukrativen Deal das Vertrauen des Marktes aufs Spiel setzen, von dem allein langfristig ihr Erfolg abhängen wird; das betrifft die Research-Abteilungen, die blind den Zahlen und Prognosen des zu bewertenden Unternehmens vertrauen und sich immer wieder willig den Interessen anderer Bereiche unterordnen; das betrifft die Börse, die sehenden Auges zugelassen hat, dass ihr Hoffnungssegment Neuer Markt in die Hände von Hütchenspielern fiel und erst viel zu spät und halbherzig Regeln zum Schutz der Anleger einführte; das betrifft die Aufsichtsbehörden, die ob ihrer viel zu beschränkten Handlungsmöglichkeiten in Resignation verfielen, hin und wieder einen kleinen Fisch an den Kiemen packten, aber die Big Sharks gewähren ließen; das betrifft die Gerichte, die Anlegerbetrug als ein Kavaliersdelikt behandeln; und das betrifft nicht zuletzt die Medien.

Als hätten sie mit dem ganzen Debakel der letzten zwei Jahre nichts zu tun, fordern die Wirtschafts- und Finanzblätter nun strengere Gesetze, härtere Kontrollen, neue Regeln für den Neuen Markt. Sicher, das mag helfen; aber die Story von EM.TV, die auf den vergangenen gut 200 Seiten aufgeblättert wurde, macht klar, dass hier nicht die Lösung liegt. Die Jahresabschlüsse von EM.TV waren immer formal in Ordnung, die Informationspolitik des Unternehmens ebenso, in der ganzen Börsengeschichte der Haffas gab es wohl nur eine formale Unsauberkeit: Bei der Put-Option, die im März 2000 mit Bernie Ecclestone vereinbart worden war, handelte es sich eindeutig um eine kursrelevante Information, sie hätte also per Ad-hoc-Mitteilung veröffentlicht werden müssen. Aber von dieser einen Ausnahme abgesehen, haben Thomas und Florian Haffa immer mit offenen Karten gespielt. Die Tricks, mit denen sie und andere den EM.TV-Kurs hochjubelten, waren ebenso legal wie billig wie öffentlich. Jeder Journalist, jeder Analyst hätte die Wunderstory knacken können. Aber keiner hat’s getan. Und dass die Haffas auf Fragen, die nicht gestellt werden, etwa die nach den eigenen Aktienverkäufen, auch nicht antworten, kann man ihnen wohl kaum zum Vorwurf machen.

Das heißt: Einmal war Thomas Haffa in einem Interview sogar direkt auf Aktienverkäufe angesprochen worden. Und dabei hat er nicht etwa geleugnet, er ist nicht etwa ausgewichen – er hat zugegeben, in der Vergangenheit immer wieder Aktien verkauft zu haben. Er hat sogar, wenn auch nur indirekt, verraten, wie viele Aktien er verkauft hatte. Aber die Interviewer, die Spiegel-Redakteure Hans-Jürgen Jakobs und Armin Mahler, haben es einfach nicht gemerkt. Hier die entsprechende Passage aus dem am 11. Dezember 2000 erschienen Interview im Wortlaut:

Spiegel:	Sind Sie künftig wieder Kirch-Angestellter?
Haffa:	Nein. Ich habe, wenn diese Transaktion (*der Einstieg von Kirch bei EM.TV, D.G.*) voraussichtlich im Februar 2001 gelaufen ist, 28 Prozent der Stimmrechte von EM.TV und rund 36 Prozent der Aktien – insgesamt 62 Millionen Stück.
Spiegel:	Wenn Sie nicht wieder mal, wie in der Vergangenheit, EM.TV-Aktienpakete verkaufen.
Haffa:	Worauf wollen Sie hinaus? Ich habe natürlich im Laufe der vergangenen Jahre Aktien abgegeben. Richtig ist auch, dass ich in den ersten zwei Monaten dieses Jahres ein kleines Paket von 200.000 Stück an einen strategischen, institutionellen Investor verkauft habe.

Spiegel: Bei einem Kurs von damals rund 100 Euro eine Einnahme von etwa 40 Millionen Mark – ein attraktives Insider-Geschäft, wie Kritiker argwöhnen?

Haffa: Unsinn. Damals war von einer negativen Entwicklung unserer Aktie nichts zu ahnen. Ich habe die Aktien auch nicht über die Börse verkauft, sondern an einen Investor, der an mich herangetreten war.

Wenn jemand, der, wie jederzeit leicht nachrechenbar war, eigentlich 66,25 Millionen Aktien haben müsste, selbst zugibt, dass er nur noch 62 Millionen Stück hat (denn der Kirch-Einstieg sollte vor sich gehen, ohne dass Haffa Aktien hätte verkaufen müssen), heißt das doch, dass er 4,25 Millionen Aktien abgegeben hat – und dass er tatsächlich „im Laufe der vergangenen Jahre Aktien abgegeben" hatte, gab Thomas Haffa hier erstmals öffentlich zu. Aber die wackeren Haffa-Jäger vom Spiegel stürzten sich auf den von Haffa hingeworfenen Brocken von 200.000 Stück und ließen die anderen vier Millionen Aktien (vermutlich eher sechs Millionen) einfach links liegen.

Ein „Sturmgeschütz der Marktwirtschaft"

Wenn Deutschland dauerhaft im Konzert der wichtigsten Wirtschaftsnationen mitspielen will, führt an einer ordentlichen und transparenten Börse kein Weg vorbei. Das kann gelingen, wenn der Teufelskreis der Mittelmäßigkeit an einer Stelle durchbrochen wird, und dadurch alle Beteiligten aus der Abwärts- in eine Aufwärtsspirale gezwungen werden. Wer dabei den Anfang macht, spielt keine Rolle – jede der beteiligten Institutionen könnte diese Funktion übernehmen.

Der Staat kann die Gesetze verschärfen, die Börse ihre Regularien, die Aufsichtsbehörden könnten neue Kompetenzen (und Planstellen) bekommen. Fondsgesellschaften, Analysten und Journalisten könnten durch TÜV-ähnliche Selbstverpflichtungen den schwarzen Schafen in ihren Reihen das Leben schwer machen. Drei Beispiele hierfür:

- Wenn einzelne Fonds nicht mehr als 10 Prozent der umlaufenden Aktien eines Unternehmens halten dürfen, würde das Kursmanipulationen à la Ochner verhindern.
- Wenn Analysten bei der Übernahme von Zahlen und Prognosen des zu bewertenden Unternehmens jeweils begründen müssen, warum sie den Angaben des Unternehmens Glauben schenken, wird schon bei der Erstellung der Studien wesentlich weniger geschludert und mehr geprüft werden.
- Wenn Wirtschaftsjournalisten für ihre eigenen Wertpapiergeschäfte die gleichen Compliance-Regeln einhalten müssen, wie sie in den Großbanken heute üblich sind, würden sich Ausmaß und Dreistigkeit der Insidergeschäfte dramatisch reduzieren.

Solche und ähnliche (und natürlich auch ganz andere) Maßnahmen werden von den Beteiligten bereits seit langem diskutiert, in jüngster Zeit auch mit zunehmender Intensität: Der – völlig berechtigte – Vertrauensverlust der Anleger macht allen, die am Aktienmarkt bisher gut verdient haben, schwer zu schaffen. Doch passiert ist bislang nur wenig. Wie immer, wenn für ein Vorhaben viele Parteien mit divergierenden Interessen unter einen Hut gebracht werden müssen, braucht es dafür ebenso viel Zeit wie Leidensdruck. Und der ist offensichtlich noch nicht groß genug, um vom Geldverdienen auf Kosten der Kleinaktionäre zum sauberen, und damit mühsameren, Geldverdienen überzugehen.

Ohne hier die ganze Diskussion um Sauberkeit und Ordnung an Deutschlands Börsen aufzugreifen (das würde ein eigenes Buch füllen), soll doch ein Gedanke an dieser Stelle vertieft werden. Wenn es so lange dauert, um alle zum gemeinsamen Handeln zu bewegen – gibt es die Möglichkeit, dass ein Einzelner vorprescht, und durch sein eigenes Handeln die anderen zwingt, es ihm gleich zu tun? Bei der Entdeckung des Neuen Marktes hat dieser Weg ja auch funktioniert: Es war im Wesentlichen das Vorpreschen Egbert Priors, das dieses Marktsegment ins Rampenlicht gezogen hat. Kann auf ähnliche Weise auch Sauberkeit und Transparenz an den deutschen Börsen entdeckt werden?

Ich denke ja. Wobei ich vermute, dass eine einzelne Person dazu nicht ausreichen wird. Der Würzburger Aktienprofessor Ekkehard Wenger hat in den vergangenen Jahren praktisch als Einzelkämpfer immer wieder den Kampf mit großen Konzernen aufgenommen, wenn er glaubte, ihnen aktionärsschädigendes Verhalten nachweisen zu können. Meistens hatte er Erfolg, manchmal nicht, aber trotz seines nimmermüden Einsatzes hat sein Renommee gelitten: Den PR-Strategen seiner Gegner ist es gelungen, Wenger als verbiesterten Einzelkämpfer in die Ecke zu stellen, als öffentlichkeitsgeilen Egozentriker, der bei jedem Auftritt Porzellan in rauen Mengen zerschlägt. Mag sein, dass Wenger seine Macken hat – aber gegen die konzertierten PR-Etats von Daimler-Chrysler bis Deutscher Telekom könnte sich wohl auch ein Jesus Christus nicht behaupten.

Doch wo eine Einzelperson auf verlorenem Posten kämpft, kann sich eine ganze Institution durchaus behaupten. So wie der Spiegel als „Sturmgeschütz der Demokratie“ seit Jahrzehnten den Politikern auf die Finger sieht, könnte eine solche Institution als „Sturmgeschütz der Marktwirtschaft“

den Unternehmen und den Börsianern auf die Finger sehen. Die beiden am besten funktionierenden Aktienmärkte der Welt haben solche Institutionen: In den USA ist es die Aufsichtsbehörde SEC, in Großbritannien ist es die Tageszeitung „Financial Times".

In Deutschland gibt es bislang keine Institution, die eine solche Wächterfunktion übernommen hätte. Diejenigen, die hierzulande noch am ehesten mit solchen Bezeichnungen belegt werden, sind nichtsnutzige Ökonomieprofessoren und Chefvolkswirte, die vor lauter Begeisterung über die geniale Funktionsweise von Märkten völlig ignorieren, welche Bedingungen erst einmal erfüllt sein müssen, damit sich das freie Spiel der Kräfte segensreich entfalten kann.

Bernie Ecclestone konnte die Formel 1 nur deshalb so groß und marktwirtschaftlich effizient machen, weil er den Markt regulierte. Die Deutsche Börse hat den Neuen Markt fast völlig unkontrolliert laufen lassen – und ihn damit beinahe zerstört. Um nun den Sheriff abzugeben, den dieses Marktsegment bräuchte, fehlt der Börse aber nicht nur das Vertrauen des Marktes, es fehlen ihr auch die dafür nötigen Charaktere.

Es gibt ein paar Medien, die in diese Wächterrolle schlüpfen könnten: die Börsen-Zeitung, die FAZ, die Financial Times Deutschland und natürlich auch der Spiegel; es gibt ein paar Verbände, die eine solche Rolle übernehmen könnten: die Schutzgemeinschaft der Kleinaktionäre zum Beispiel, oder auch das Deutsche Aktien-Institut; und es gibt zwei Unternehmen, die das leisten könnten: die Deutsche Bank und die Allianz. Sie sind die einzigen, die am deutschen Kapitalmarkt einen so großen Einfluss haben, dass sie mit Aussicht auf Erfolg eine Art „Qualitätsoffensive für den Börsenstandort Deutschland" starten könnten.

Wenn allerdings niemand den Versuch unternimmt, die gezinkten Karten aus dem deutschen Börsenspiel zu entfernen, wird der Aktienmarkt wieder in das Schattendasein zurückfallen, das er bis zur Entdeckung des Neuen Marktes gefristet hatte. Denn Kleinaktionäre mögen zwar dumm sein – aber so dumm, dass sie noch einmal in die gleiche Falle gehen wie 1999/2000 dann doch wieder nicht.

Firmen- und Personenregister

Anmerkung: Die Namen Thomas Haffa, Florian Haffa und EM.TV wurden der Häufigkeit wegen nicht ins Register aufgenommen.